Geschichte der Pädagogik

von

Hermann Weimer

19., völlig neu bearbeitete Auflage

von

Juliane Jacobi

1992

Walter de Gruyter · Berlin · New York

SAMMLUNG GÖSCHEN 2080

Dr. phil Juliane Jacobi, Professorin für Pädagogik an der
Fakultät für Pädagogik der Universität Bielefeld

♾ Gedruckt auf säurefreiem Papier, das die US-ANSI-Norm
über Haltbarkeit erfüllt.

Die Deutsche Bibliothek – CIP-Einheitsaufnahme

> **Weimer, Hermann:**
> Geschichte der Pädagogik / von Hermann Weimer. – 19., völlig neu bearb. Aufl. / von Juliane Jacobi. – Berlin; New York: de Gruyter, 1992
>
> (Sammlung Göschen ; 2080)
> ISBN 3-11-012229-4
> NE: Jacobi, Juliane [Bearb.]; GT

© Copyright 1991 by Walter de Gruyter & Co., D-1000 Berlin 30.

Dieses Werk einschließlich aller seiner Teile ist urheberrechtlich geschützt. Jede Verwendung außerhalb der engen Grenzen des Urhebergesetzes ist ohne Zustimmung des Verlages unzulässig und strafbar. Das gilt insbesondere für Vervielfältigungen, Übersetzungen, Mikroverfilmungen und die Einspeicherung und Verarbeitung in elektronischen Systemen.

Printed in Holland.

Textverarbeitung: Jürgen Stephan, 1000 Berlin 12 –
Druck: Kanters, B.V., Alblasserdam, Holland – Buchbinderische Verarbeitung:
Dieter Mikolai, 1000 Berlin 10.

Vorwort

Dieser Neuauflage liegt die 17., von Heinz Weimer 1967 überarbeitete Fassung der „Geschichte der Pädagogik" von Hermann Weimer zugrunde. Eine ursprünglich in den zwanziger Jahren geschriebene „Geschichte der Pädagogik" noch einmal zu überarbeiten ist ein gewagtes Unternehmen. Es gibt mehrere Gründe, weshalb ich mich dazu entschlossen habe, dieses Wagnis einzugehen. Zum einen gibt es, obwohl in den letzten Jahren mehrere gute Gesamtdarstellungen erschienen sind, die sich mit unterschiedlicher Schwerpunktsetzung entweder auf die Geschichte der Pädagogik, die Geschichte der Erziehung oder die Schulgeschichte konzentrieren, keine Darstellung, die vor der Neuzeit einsetzt. Eine kurzgefasste Gesamtdarstellung, die in der Antike ihren Ausgangspunkt nimmt, den Hellenismus und das europäische Mittelalter sowie die frühe Neuzeit behandelt, fehlt. Weimers „Geschichte der Pädagogik" bot einen geeigneten Ausgangstext, um die neueren Forschungsergebnisse der Geschichtswissenschaft einzuarbeiten. Gerade unser Bild der Vormoderne hat sich so stark durch neuere historische Untersuchungen, die sozialgeschichtliche, sozialanthropologische und wissenschaftsgeschichtliche Fragen an die Quellen stellen, verändert, daß das bisherige pädagogische Standardwissen über das Mittelalter und die frühe Neuzeit, das zumeist auf Friedrich Paulsens unverzichtbarer Darstellung der „Geschichte des gelehrten Unterrichts" (1885, letzte Auflage 19919/1921, Neudruck 1965) beruht, gänzlich überholt ist. Ich hoffe, durch die Überarbeitung zu einer Revision des Bildes beizutragen.

Ein weiterer Grund für die Entscheidung, dieses Bändchen noch einmal zu überarbeiten, lag in der Vorgabe, sich auf ideengeschichtliche und institutionengeschichtliche Aspekte zu beschränken. Die historisch pädagogische Forschung der letzten beiden Jahrzehnte hat genau wie die Pädagogik im Allgemeinen durch die gesellschaftswissenschaftliche Wendung entscheidende Impulse bekommen. Diese wissenschaftsgeschichtliche Tendenz führt in der Geschichte der Pädagogik zu einer enormen thematischen und materialbedingten Ausweitung. Der bewußte Verzicht auf eine solche Ausweitung und die Konzentration auf theoriegeschichtliche Aspekte muß eben nicht zwangsläufig bedeuten, daß ein Bild vermittelt wird, als stünden die Ideen für die gesamte Wirklichkeit. Das gerade im Erscheinen begriffene „Handbuch zur deutschen Bildungsgeschichte" ließ es nachgerade sinnlos erscheinen, den Versuch zu unternehmen, ein schmales Informationsbändchen, das den Studierenden Überblicke verschaffen soll, mit komplexen gesellschaftstheoretischen Zusammenhängen zu überfrachten. Leitlinie für die Neubearbeitung war es also, eine möglichst verständliche, übersichtliche, quellennahe und anschauliche Darstellung dessen zu geben, was in der europäischen Geschichte seit ihren Anfängen über Erziehung gedacht worden ist.

Weite Teile der Kapitel über die Neuzeit sind gänzlich umgeschrieben worden. Erweiterung hat die Darstellung vor allem an den Stellen erfahren, wo von der Erziehung und Bildung des weiblichen Geschlechts gehandelt wird. Das Kapitel über die Bildungsreform der siebziger Jahre ebenso wie über die Pädagogik der Zeit nach 1945 ist bewußt knapp ausgefallen. Wegen der großen zeitlichen Nähe wollte ich mir kein abschließendes Urteil anmaßen. Die subjektiven pädagogischen Präferenzen sollten in einem solchen Studienbuch nicht allzusehr in den Vordergrund geraten. Daß sie in die Darstellung eingegangen sind, war unvermeidbar.

Die Literaturhinweise sowohl in der Auswahlbibliographie aus Darstellungen größerer Themen oder Zeitabschnitte wie auch in den Angaben am Schluß der einzelnen Abschnitte oder Kapitel sind bewußt kanpp gehalten und auf monographische Darstellungen und nur in Ausnahmen auf Sammelbände beschränkt. Für die ersten drei Abschnitte (Altertum, Mittelalter und frühe Neuzeit) ist die neuere deutschsprachige Literatur im Gegensatz zur französisch- und englischsprachigen, die sich monographisch mit Themen aus der Bildungsgeschichte befasst, äußerst spärlich. Aus Gründen der Einfachheit ist deshalb nur am Ende jeden Abschnitts der Literaturhinweis, vorgenommen. Es gibt genügend umfassende Bibliographien, die mithilfe der Angaben in der Auswahlbibliographie für das vertiefende Studium aufzufinden sind.

Zum Schluß möchte ich meinen Kollegen Gisela Bock, Sandro Fusco, Wolfgang Mager und Klaus Schreiner danken, die mir den Zugang zu ferneren Zeiten durch vielfältige bibliographische Hilfen erleichtert haben. Den Studierenden der Fakultät für Pädagogik an der Universität Bielefeld danke ich für ihr reges Interesse in Vorlesungen und Seminaren, in denen ich ihnen die Vorarbeiten für diese Überarbeitung vortrug.

Bielefeld, April 1991   Juliane Jacobi

Inhaltsverzeichnis

Vorwort	3
I. Das Erziehungs- und Bildungswesen des Altertums	9
1. Das griechische Erziehungs- und Bildungswesen	10
2. Römisches und altchristliches Bildungswesen	18
II. Das mittelalterliche Erziehungs- und Bildungswesen	25
3. Das Frühmittelalter	25
4. Das Hoch- und Spätmittelalter	32
III. Das Zeitalter des Humanismus und der Reformation (bis Ende des 16. Jh.)	42
5. Die humanistische Bewegung in Italien	42
6. Der Humanismus in Deutschland	46
7. Stellung der Reformatoren zur humanistischen Bewegung	50
8. Das protestantisch-humanistische Bildungswesen des 16. Jh.	54
9. Das katholisch-humanistische Bildungswesen des 16. Jh.	60
10. Die Bildung des Volkes	64
11. Frauenbildung in der frühen Neuzeit	68
IV. Der Rationalismus und seine ersten pädagogischen Auswirkungen	73
12. Der Rationalismus des 17. Jh. Die muttersprachliche Bewegung	73
13. Ratke	78
14. Comenius	81
15. Das Bildungswesen im 17. Jh.	86
16. August Hermann Francke und die pietistische Pädagogik	90

V. Das Zeitalter der Aufklärung — 99
17. Die Aufklärung, Locke und Rousseau — 99
18. Die philanthropische Bewegung — 109
19. Die Entwicklung des staatlichen Schulwesens im Zeitalter der Aufklärung — 116
20. Die Mädchenerziehung im 18. und frühen 19. Jahrhundert — 124

VI. Der Neuhumanismus, die deutsche Klassik und Pestalozzi — 128
21. Der Neuhumanismus — 128
22. Die Bildungsideale der deutschen Klassik — 132
23. Pestalozzi — 144

VII. Das 19. Jahrhundert — 152
24. Die Schulreform am Anfang des 19. Jh. — 152
25. Konservative gegen liberale Schulpolitik — 156
26. Die Fürsorge- und Heilerziehung. Die Kleinkindererziehung — 165
27. Das Bildungswesen in der zweiten Hälfte des 19. Jh. — 171

VIII. Das 20. Jahrhundert — 179
28. Das Schulwesen und die pädagogischen Reformbestrebungen am Ende des 19. und Anfang des 20. Jh. — 179
29. Das Bildungswesen zwischen 1918 und 1945 — 193
30. Die großen pädagogischen Richtungen nach 1918 — 200
31. Das Bildungswesen nach 1945 — 207
32. Die Pädagogik nach 1945 — 215

Auswahlbibliographie — 220
Register — 221

I. Das Erziehungs- und Bildungswesen des Altertums

Vorbemerkung

Das Bildungswesen hat in allen europäischen Gesellschaften eine dem jeweiligen Grad ihrer Verfaßtheit entsprechende Entwicklung durchgemacht. Aufgabe der Bildungsgeschichte ist es, diese verschiedenen Entwicklungsgänge von ihren Anfängen bis zur Gegenwart zu verfolgen; eine Aufgabe freilich, die wegen der gewaltigen Ausdehnung des Stoffgebietes und wegen der überaus unterschiedlichen Entwicklung in den einzelnen Epochen der europäischen Geschichte nur unvollkommen gelöst werden kann. Aus diesem Grunde und aus Rücksicht auf den begrenzten Raum, der zu Gebote steht, habe ich mich für die erneute Überarbeitung dazu entschieden, mich in dem vorliegenden Werk in der Hauptsache auf eine geschichtliche Darstellung des deutschen Bildungswesens zu beschränken, so wie sie von den beiden ersten Bearbeitern dieses Bändchens vorgegeben war und die pädagogischen Leistungen außerhalb Deutschlands nur soweit zu berücksichtigen, wie sie auf die Entwicklung des Erziehungs- und Unterrichtswesens in Deutschland Einfluß gewonnen haben. Das Bildungswesen der Griechen hat mittelbar, das der Römer unmittelbar auf das europäische Bildungswesen und damit auch auf das deutsche eingewirkt, und zwar in der Form sowohl wie im Inhalt. Auch für das Mittelalter läßt sich eine Beschränkung auf eine „deutsche" Geschichte der Pädagogik nicht begründen.

Zwar konzentriert sich diese Geschichte der Pädagogik auf den deutschsprachigen Raum, aber erst für das Zeitalter der Reformation kann dann von einer spezifischen deutschen Bildungsgeschichte gesprochen werden. Deutsche Bildungsgeschichte soll also hier in ihrem europäischen Rahmen zur Darstellung kommen. Ein Rückblick auf die bildungsgeschichtliche Entwicklung des klassischen Altertums steht deshalb an ihrem Anfang.

1. Das griechische Erziehungs- und Bildungswesen

Auf zwei Wegen suchten die Griechen ihr staatliches Dasein zu sichern: durch Pflege der Leibeserziehung und durch Wahrung der Gottesfurcht und Sittlichkeit. Das Hochziel der Frühzeit (vor dem 7. Jahrhundert v.Chr.), in der die adligen Geschlechter noch die Herrschaft im Staate hatten, war daher der gottesfürchtige, heldenhafte Adelsmensch. Sein Lob sang bereits Homer, der Dichter der Ilias (9.Jahrhundert vor Chr.); seiner Verwirklichung strebte die Jugenderziehung (paideia) durch Übung und Ertüchtigung des Leibes mit dem Mittel der Musik zu. Zu Ehren der Götter wurden für ganz Griechenland geltende heilige Spiele (wie die zu Olympia) veranstaltet, die durch ihre Wettkämpfe das Streben nach dem heroischen Urideal wachhielten. Sieger in solchem Wettkampf (agon) zu sein, galt als höchster Ruhm in der griechischen Welt.

An diesem Ideal haben die Spartaner am zähesten festgehalten. Ihre Erziehung war ausgesprochene Staats- und Kriegserziehung. Sie wurde darum nur dem Nachwuchs der kleinen Erobererschicht zuteil, nicht den unterworfenen Ureinwohnern, den Periöken und Heloten. Schwächliche Kinder wurden gleich nach der Geburt ausgesetzt, die übrigen nur in den ersten 6 Lebensjahren der mütterlichen Pflege überlassen. Dann trat die öffentliche Erziehung in ihre Rechte. Die Knaben kamen in gemeinsame Erziehungshäuser, wo sie bis zum 18. Lebensjahr unter der Oberaufsicht des Paidonomen durch harte Zucht und tägliche Leibesübungen wehrfähig gemacht wurden. Im Pentathlon (Fünfkampf) waren die wichtigsten dieser Übungen zusammengefaßt: Laufen, Ringen, Springen, Diskus- und Speerwerfen. Häufige Wettkämpfe boten immer neuen Anreiz zum Üben. Den Abschluß dieses Alters bildete die Knabenweihe. Die Ausbildung der Jünglinge (Epheben) war eine rein kriegerische; sie hatten für die Bewachung des Landes zu sorgen. Erst vom 30. Jahre ab traten sie in die einzelnen Zeltgemeinschaften (Syssitien) ein, eine typische Form von Männerbünden, die das öffentliche Leben in Sparta beherrschten, aber auch den einzelnen fest im Banne der Gemeinschaft hielten. Auch den Mädchen wurde eine strenge körperliche Erziehung zuteil, damit sie später gesunde Kinder gebären und im Notfall die Vaterstadt verteidigen könnten. Die Knaben übten nackt (Gymnos, daher Gymnastik), die Mädchen mit kurzem Gewand.

Mit der leiblichen eng verbunden war die musische Bildung. Zu den Übungen zogen die Knaben unter dem Gesang feuriger Marsch- und Heldenlieder. Zu deren Begleitung lernten sie das Lyra- und das Flötenspiel. Um die Götter zu ehren, übten beide Geschlechter feierliche Reigentänze ein, zu denen sie gottesdienstliche Lieder (Hymnen) sangen. Für schulmäßigen Lese- und Schreibunterricht tat die öffentliche Erziehung nichts.

Für die Kultur der Folgezeit ist übrigens nicht das spartanische, sondern das athenische Bildungswesen maßgebend geworden. Jene blieb starr und unverwandelbar bis in die Zeit der römischen Herrschaft, dieses paßte sich der politischen, wirtschaftlichen und geistigen Entwicklung des attischen Volkes an. Bis tief ins 5. Jahrhundert v. Chr. bildete auch hier der wehrfähige Staatsbürger das alles beherrschende Erziehungsideal. Der Stadtstaat (polis) erzog durch seine feste Lebensordnung und Sitte, seinen Götterkult, seinen Zwang zur körperlichen Ausbildung der wehrfähigen Jugend unmittelbar jene Bürger, die in den Perserkriegen den Angriff einer Weltmacht abschlugen. Jeder Bürger war seit Solons Tagen verpflichtet, seine Söhne auf eigene Kosten in der Gymnastik unterweisen zu lassen. Der Staat sorgte für die Bewachung und Instandhaltung der vor der Stadt liegenden Übungsplätze, der offenen Palästra für die Knaben und der von Hallen umrahmten Gymnasien für die Jünglinge. Während die ersteren wie in Sparta sich im Fünfkampf übten, wurden die letzteren nach Leistung des Ephebeneides zwischen dem 18. und 20. Lebensjahr zum Schutze des Staates im Waffendienst ausgebildet. Das Symposion war für Männer die Form des gemeinsamen Umgangs; literarische und musikalische Fähigkeiten mußten für diese Form der Geselligkeit ausgebildet werden, und waren deshalb Bestandteil der Knabenerziehung. Auch die Verpflichtung zur Teilnahme am öffentlichen Kult, die für alt und jung in gleicher Weise galt, sicherte die entsprechende Pflege der musischen Bildung. Im feierlichen Tanzschritt, im Gesang frommer Lieder, die bei den Götterfesten von der Kithara (Saiteninstrument) begleitet wurden, in den Chören der attischen Tragödien, die athenische Bürger beim Dionysosfeste vortrugen, gelangte die seelenformende Macht der Musik zu unmittelbarer Wirkung. Sie galt als das beste Mittel der Erziehung zu Ebenmaß und Schönheit. Der Typus des Kalos k'agathos, des schönen und zugleich guten, d.h. charaktervollen Staatsbürgers, war das Ziel der Paideia dieser Zeit.

War das Bildungswesen für Männer ganz auf deren Aufgaben als Bürger der polis ausgerichtet, so fand das Leben der Frauen vorrangig im Haus statt. Hinweise darauf, daß Frauen am öffentlichen Kult beteiligt waren, daß sie Theateraufführungen beiwohnten, daß Mädchen an kultischen Wettkämpfen teilnahmen, zeigen, daß es ein eigenes Bildungsideal für Mädchen und Frauen gab. Die sapphischen Lieder ebenso wie die Ausgrabungen arkaner Kultstätten zeigen, daß es Frauengemeinschaften gab, in denen junge Mädchen erzogen wurden. Das „schön sein und gut sein" war für Frauen der griechischen Welt ein eigenes Bildungsideal.

Die wirtschaftliche Blüte Athens, die den Perserkriegen folgte, führte allmählich zur Umbildung des ehemaligen Kriegerstaates in den Kultur- und Handelsstaat. Das machte die Kenntnis des Lesens und Schreibens zum allgemeinen Bedürfnis und führte zur Schulbildung. Besondere Buchstabenlehrer, Grammatisten genannt, erboten sich den athenischen Bürgern zur Unterweisung in beiden Künsten. In Begleitung eines Leibsklaven, des Pädagogen (Knabenführers), schickten diese ihre Söhne vom 7. Jahre ab zu solchen Lehrern. Schulbücher im heutigen Sinne des Wortes fehlten natürlich. Die Werke der Dichter, vor allem Homers, dann Hesiods, Äsops und der Spruchdichter, gaben den einzigen brauchbaren Lese- und Lernstoff ab. Es zeigte sich bald, daß sie darüber hinaus den verschiedensten Bildungszwecken dienen konnten. Sie waren Gemeingut aller Griechen. Durch ihre Aneignung wurde die

Grundlage der hellenischen Kultur geschaffen; durch ihren Inhalt machten sie die Jugend mit dem Heldenzeitalter und der Götterlehre der Griechen bekannt. Was sie sonst berichteten, war Ausgangspunkt des ersten Sachunterrichts; ihre Redewendungen bereicherten die Ausdrucksfähigkeit der Schüler, die Sprachformen wurden Unterlage der späteren Sprachlehre. So wurde durch diesen Unterricht eine gewisse Einheit musisch-ästhetischer, religiös-sittlicher und verstandesmäßiger Bildung der griechischen Männer erreicht. Die letztere aber gewann im Laufe der Zeit mehr und mehr die Oberhand, und der Begriff des „Musischen" verschob sich entsprechend zu dem des Intellektuellen überhaupt. Schulbildung wurde so der Inbegriff der Paideia.

Diese Wandlung trat noch deutlicher in der Bildung der reiferen Jugend zutage. Seit der Glanzzeit des Perikles (um 450 v. Chr.) zog es die geistig bedeutendsten Köpfe Griechenlands mehr und mehr nach Athen. Künstler sowohl wie Lehrer der Weisheit, Sophisten genannt, kamen hier zusammen. Die letzteren brachten mit, was die gesamte Griechenwelt an Geistesschätzen hervorgebracht hatte: philosophisches, mathematisches und sprachlich-grammatisches Wissen, Kenntnis der Erd- und Himmelskunde, der Staats- und Rechtskunde. Einige, wie Gorgias, blendeten durch ihre Redekunde, andere wie Pythagoras, durch ihre Schlagfertigkeit und Geistesschärfe im philosophischen Streitgespräch. Solche Künste, besonders die der Rede (Rhetorik), erschienen wertvoll für das Auftreten vor Gericht, in den Volksversammlungen und bei den Festen des mehr und mehr demokratisch gewordenen Staates. Sie wurden daher der vornehmen athenischen Jugend wichtiger als die bisher gepflegten gymnastischen und musischen Übungen. An den von jung und alt gern besuchten Gymnasien änderte sich nun das Bild. In den Hallen um den Ringplatz traten die Sophisten als Lehrer auf und erteilten Unterricht gegen Bezahlung. Deren Höhe war überaus unterschiedlich. Innerhalb von zwei Generationen sank sie von 10.000 Drachmen, die Pythagoras pauschal für die 3-4jährige Ausbildung eines jungen Mannes erhielt, auf 1000 Drachmen, die Isokrates für die gleiche Leistung verlangte. Damit war der erste Schritt zur Umwandlung der Gymnasien in geistige Bildungsstätten getan. Die Philosophen- und Rhetorenschulen des hellenistischen Altertums haben von hier ihren Ausgang genommen. Die Leibeserziehung dagegen verfiel mit dem Auftreten berufsmäßiger Athleten.

Mit dem Wirken der Sophisten begann die Loslösung des einzelnen Menschen von der Bindung an die Normen und Ordnungen der Gemeinschaft. Durch Einwirkung auf den Verstand suchten sie aufklärerisch zu wirken und mit dialektischer Gewandtheit zogen sie die überlieferten Werte in Zweifel: den Glauben an die Götter, an die Rechtmäßigkeit der Gesetze, an die Möglichkeit einer allgemeinen gültigen Erkenntnis und Sittlichkeit. Gleichzeitig mit dieser philosophisch-pädagogischen Richtung entstand die Gegenposition. Zunächst repäsentiert durch Sokrates. Er trat in der 2. Hälfte des 5. Jahrhunderts mit Erfolg gegen die Sophisten auf (geb. 399 v.Chr.) und muß als der größte griechische Philosoph bezeichnet werden. Sein ganzes Philosophieren war pädagogisch geprägt und das „sokratische Gespräch" gilt bis heute nicht nur als eine Form der Erkenntnisgewinnung, sondern als eine diaktische Grundform. Es war Sokrates vor allem darum zu tun, das Wahre als solches zu finden und das Streben seiner Schüler nicht auf den Nutzen, sondern auf die Tugend zu lenken. Er ging dabei so vor, daß er sich selbst unwissend stellend und scheinbar um sich belehren zu lassen (sokratische Ironie), im Zwiegespräch mit dem Schüler aus dem Wust der Meinungen den Wahrheitsgehalt herausarbeitete. Mäeutik (Entbindungskunst) nannte er solches Verfahren, weil es Einsichten zur Welt bringe, die im Lernenden schon vorhanden sind. Aber so bedeutsam und folgenreich diese Bestrebungen waren, so bedeuteten doch auch sie eine Weiterentwicklung des alten griechischen Bildungsideals. Sokrates lehrte die Tugend und betrat damit den gleichen Weg wie die Sophisten, nämlich den der verstandesmäßigen Unterweisung.

Sein größter Schüler Platon (geb. 347 v.Chr.), ein Mann aus althellenischem Adel, hat diese Entwicklung auch nicht aufhalten können. Er hat die Gefahr, die dem Staatsganzen aus der individualistischen, nur auf den Erfolg des einzelnen gerichteten Bildungsweise der Sophisten erwuchs, klar erkannt und daher in seinem „Staat" (Politeia) und den „Gesetzen" (Nomoi) eine Erziehungslehre aufgestellt, nach der die Bildung des Einzelwesens ganz dem Staatsziele untergeordnet wird.

Die Überzeugung, daß alle Staaten seiner Zeit schlecht regiert wurden, hat ihn zum Suchen nach der besten Staatsform veranlaßt. Er sieht sie dort verwirklicht, wo wahre Gerechtigkeit herrscht, wo jeder das Seine tut und das Seine erhält. Die Menschen sind ihrer Natur nach ungleich an Art und Wert. Die meisten sind sinnlich gerichtet und zu erwerbstätigen Berufen geeignet, die Mutigen für den Krieg, die wenigen Hochbegabten für das schwierige Amt des Herrschens. Diese mit den Kriegern zusammen sind zu „Wächtern" des Staates berufen; die Philosophen, d.h. die Höchstgebildeten, müssen die Herrscher sein, die Krieger ihre Stützen. Die Hauptsorge des Staates gilt daher diesen beiden Ständen. Ihre Glieder müssen eine große Familie bilden; Eigentum, Weiber und Kinder müssen ihnen gemeinsam sein. Nur die Besten sollen sich mit den Besten paaren, die Nachkommenschaft der Schlechtesten wird unterdrückt. Die Kinder gehören weniger den Eltern als dem Staate. Daher werden die Neugeborenen auf ihre Erziehungswürdigkeit hin geprüft, die Schwächlichen ausgesetzt, die Gesunden besonderen Pflegerinnen in die „Hürde" (Säuglingsheim) zur Aufzucht übergeben. Das Spiel der Kinder wird beobachtet, um ihre seelische Eignung kennenzulernen. In das 7. bis 10. Lebensjahr fällt die erste gymnastische, in das 10. bis 17. die musische, in das 18. bis 20. die kriegerische Ausbildung, und zwar für beide Geschlechter. In der Zeit der musischen Bildung soll die Jugend nichts Unwahres, Unsittliches und Verweichlichendes kennenlernen. Daher werden Homer und andere Dichter, welche Götter mit menschlichen Schwächen schildern, aus der Erziehung ebenso verbannt wie die verweichlichende lydische und jonische Musik. Nur die männliche dorische und die phrygische Tonart werden zugelassen. Größtes Gewicht ist auf rechtes Ebenmaß in leiblicher und geistiger Erziehung zu legen. – Nach der ersten Ausbildungszeit findet eine Scheidung der Geister statt: die „Mutmenschen" bleiben beim Waffendienst, die „Sinnesmenschen" gehen zu den Gewerben über, die „Vernunftmenschen" studieren zunächst Mathematik, dann Philosophie. Im praktischen Leben haben diese im Kriegswesen und in höheren Staatsämtern dann zu zeigen, ob sie sich bewähren. Erst vom 50. Jahre ab sind die, die sich überall als die Besten erwiesen haben, reif zum höchsten Herrscheramt.

Diesen Idealstaat, dessen spartanisches und pythagoreisches Vorbild unverkennbar ist, hat Platon nicht verwirklichen können. Er schuf zwar in der „Akademie" eine ideale Lebens- und Forschungsgemeinschaft; aber diese vermochte der Vaterstadt ebensowenig die ersehnte Erneuerung zu bringen wie seine politischen Schriften. Sie hat als älteste, rein der Wissenschaft dienende Hochschule über 900 Jahre bestanden und, wie alle ihre Nachfolgerinnen wohl Gelehrte, aber keine Staatsreformer hervorgebracht. Die praktischer eingerichteten und besonders der Rechtspflege dienenden Rhetorenschulen, deren bedeutendste von Platons Zeitgenossen Isokrates geleitet wurde, fanden in der Folgezeit raschere und weitere Verbreitung als die reinen Philosophenschulen. Isokrates wurde der Philosoph, an dessen Pädagogik sich das hellenistische Zeitalter fast siebenhundert Jahre lang orientierte.

Platons bedeutendster Schüler, der spätere Lehrer und Erzieher Alexanders des Großen, Aristoteles (geb. 322 v. Chr.), sah ebenso wie sein Meister das wichtigste Ziel der Erziehung in der Bildung zum Staatsbürger. Seine Erziehungsgedanken bilden bezeichnenderweise einen Teil seiner Staatslehre (Politika). Darin nennt er den Menschen ein Gemeinschaftswesen (zoon politikon), das vom Ganzen her Zweck- und Zielbestimmung findet. Vom Staate losgelöst, kann der einzelne nicht mehr leisten als eine Hand, die von ihrem Körper getrennt ist. – Wie seine „Ethik" zeigt, erkannte Aristoteles klarer als Sokrates und Platon, daß Wissen und Einsicht nur da zum sittlichen Handeln führen, wo Naturanlage und Gewöhnung den Boden dazu bereitet haben. In seinen zahlreichen philosophischen Schriften hat alles Berücksichtigung gefunden, was das Altertum bis dahin an Geistesschätzen hervorgebracht hatte. Er hat ihnen eine Form und einen Gehalt gegeben, durch die er zwei Jahrtausende hindurch die morgen- und abendländische Kultur beherrschte; aber er hat damit auch die Zurückdrängung der gymnastisch-musischen durch die Verstandesbildung vollendet.

Die politischen Verhältnisse haben diese Entwicklung in der 2. Hälfte des 4. Jahrhunderts erheblich begünstigt. Die Zwietracht der griechischen Stadtstaaten endete mit dem Verlust ihrer Freiheit. Als wertvollster Eigenbesitz blieb nur die selbstgeschaffene verbindende Kultur. Mit ihr eroberten Griechen nach den politischen Siegen Alexanders des Großen in der Weltkultur des Hellenismus das Morgen- und später auch das Abendland. In den Hauptstädten der Diadochenreiche bildeten sich neben Athen neue geistige Zentren, so in Alexandria, Antiochia, Pergamon und Byzanz. Es entwickelten sich aus der Philosophie die einzelnen Fachwissenschaften: die Philologie, die Mathematik und die Naturwissenschaften. Auch die bildende Kunst der Griechen beherrschte von nun ab die Welt des Altertums. Eine überragende Stellung nahm besonders die neue Hauptstadt Ägyptens, Alexandria, ein. Hier boten die Ptolemäer in der Gelehrtenakademie des Museions und in zwei großen Bibliotheken unvergleichliche Forschungs- und Bildungsstätten; hier wirkten die größten Grammatiker (Aristarchus von Samothrake, Dionysius Thrax), sowie die berühmtesten Naturwissenschaftler und Mathematiker des Altertums (der Astronom Aristarchus, der Mathematiker Euklid, der Physiker und Mathematiker Heron, der Geograph Eratosthenes, vorübergehend auch der Syrakusaner Archimedes). Man nennt nach ihnen heute noch das ganze Zeitalter der Verfachlichung griechischer Wissenschaft das alexandrinische. Hauptsitz philosophischer Studien blieb jedoch Athen, von wo auch die Philosophenschulen der Stoiker und der Epikureer ihren Ausgang nahmen. Mit ihren individualistischen Glückseligkeitslehren haben diese den letzten vorchristlichen Versuch einer neuen Lebensgestaltung gemacht. Im sich selbst genügenden „Weisen" sahen sie das Ideal menschlicher Vollkommenheit.

Mit dem Verlust der politischen Freiheit wurde auch das staatsbürgerliche Bildungsziel der Griechen gegenstandslos. Dafür setzte sich mit der geistigen Eroberung der alten Welt ein neues Erziehungsideal durch, das des gebildeten Weltbürgers (Kosmopoliten). Der Redner Isokrates, der als einer der ersten dieses Ideal vertrat, wollte jeden als Hellenen gelten lassen, der an griechischer Sprache und Bildung teilhabe. Die Lehre der Stoiker von der alles durchwaltenden Weltvernunft und dem ihr entsprechenden Weltstaat, in dem alle Menschen unter dem göttlichen Gesetz gleich seien, hat die weltbürgerliche Gesinnung noch verstärken helfen. Die alten Bildungsmittel, Gymnastik und Musik, rückten mit dem Lese- und Schreibunterricht als Elementarfächer bescheiden an den Anfang der Schulbildung. Auf dieser Unterstufe unterrichteten neben dem Grammatisten der Turnlehrer (Paidotribe) und der Musiklehrer (Kitharist). Über ihr baute sich im Anschluß an die alten Ringplätze der Jünglinge (Gymnasien) ein höherer Unterricht für die reifere Jugend auf. Dessen Kernstück bildete der vom Grammatikos (auch Philologos genannt) erteilte Grammatikunterricht, der sich mit der Einführung in die eigentliche Grammatik und der Erklärung der großen griechischen Dichter befaßte. Erweitert wurde dieser Unterricht durch die nun zu Lehrfächern gewordene Rhetorik (Rede- und Aufsatzlehre), Dialektik (Einführung in die Philosophie), die Mathematik und Theorie der Musik. Es war ein immer fester werdender Kreis von Wissensfächern, den man Enzyklopädie (enkyklios paideia) nannte, ein lehrfähig gewordener Niederschlag der griechischen Kultur. Solche höhere Allgemeinbildung mußte der freigeborene Jüngling sich angeeignet haben, wenn er Anspruch auf gesellschaftliche Geltung haben wollte. In den Rhetorenschulen konnte er sich noch besondere Kenntnisse für juristische und Verwaltungszwecke erwerben. Als höchste Stufe der Bildung galt die des reinen Gelehrten, die man nur auf Hochschulen, wie denen von Athen, Alexandria u.a. gewinnen konnte. Der ungebildete Handwerker (Banause) war verachtet.

2. Römisches und altchristliches Bildungswesen

Staatsbürgerliche Erziehung war auch in Rom von Anfang an Ziel und Aufgabe der Jugendbildung; doch überließ man diese Arbeit der Familie. Das alte Römertum besaß eine stark menschenformende Kraft. Es war ein militärisches Bauerntum, das im Haus wie in der Öffentlichkeit streng auf Zucht und Sitte, auf Recht und Rechtlichkeit hielt und das Leben des einzelnen den Bedürfnissen und Notwendigkeiten des Staates unterordnete. Da das Leben des Vollbürgers sich zwischen dem Dienst am Vaterland und der Besorgung der eigenen Wirtschaft bewegte, so konnten die Söhne durch ständigen Umgang mit dem Vater alles erlernen, was sie zur späteren Führung des eigenen Hauses wie zum Wohle des Staates in Krieg und Frieden brauchten: Kenntnis der Landwirtschaft, Kenntnis der Staatseinrichtungen und Gesetze, Übung in Reiten, Schwimmen, Jagen und Waffenführung. Als im Laufe des 5. Jahrhunderts v. Chr. die Kunst des Lesens und Schreibens in Rom Eingang fand, eröffneten Buchstabenlehrer (literator, ludi magister) nach Handwerkerart ihre Schulstuben am Marktplatz oder an Straßen. Sie lehrten hier, solange das Geschäft lohnte, Lesen, Schreiben, Rechnen (mit Rechensteinen oder auf einem Rechenbrett, dem Abacus), ferner das für Altrom so wichtige Zwölftafelgesetz und einen Katechismus überlieferter Sittensprüche.

Zu eigenständiger Weiterbildung ist dieses Schulwesen nicht gekommen. Mit dem 3. Jahrhundert begann in Rom die Wirkung griechischer Kultur. Sie drang trotz des zähen Widerstandes altrömisch gesinnter Männer (M. Porcius Cato) hier wie allerorten siegreich durch. Vereinzelte Grammatiker eröffneten schon nach dem ersten Punischen Kriege besondere Grammatikschulen, in denen nach hellenischem Muster griechische Sprache und Literatur gepflegt wurden. Seit der Mitte des 2. Jahrhunderts v. Chr. galt der Besuch dieser fremdsprachlichen Schulen bereits als Kennzeichen höheren Bildungserwerbs. Die vornehmen Römer hielten sich gebildete griechische Sklaven oder Freigelassene, die als „Pädagogen" Hauslehrerdienste versahen und ihren Zöglingen das Griechischsprechen beibrachten. Der Unterricht im Lateinischen war wegen des Mangels eigener wertvoller Schriftwerke in Form und Inhalt lange Zeit ganz von dem griechischen Sprachunterricht abhängig (lateinische Odyssee usw.). Erst die Dichtungen eines Vergil, Horaz und Ovid, die seit der Bürgerkriegsepoche entstanden, bereicherten diesen Unterricht mit muttersprachlichem Lehrstoff von Bedeutung.

Als die politische Wandlung vom Auftreten der Gracchen bis zu

Cicero und Cäsar die Redekunst zu hoher Blüte brachte und rednerische Gewandtheit als wertvolles politisches Aufstiegsmittel erkannt wurde, lösten sich im letzten Jahrhundert v. Chr. von den Grammatikschulen besondere Rhetorenschulen ab. Die Bildung zum Redner (rhetor, orator) wurde nun nach griechischem Vorbild zum Endzweck und Inbegriff höherer Allgemeinbildung. Sie blieb es auch, als mit der Kaiserherrschaft die politische Beredsamkeit ihre Bedeutung verlor. In den Hofämtern, dem höheren Beamtentum, der Rechtspflege und der guten Gesellschaft brauchte man das, was diese Rhetorenschulen vermittelten: Beherrschung der lateinischen und der griechischen Sprache in Wort und Schrift und das nötige Sachwissen des gebildeten Menschen. Auch diese Schulen wurden zuerst von Griechen eingerichtet und folgten im Lehrstoff wie in der Lehrweise hellenistischen Vorbildern. Die so erreichte höhere Bildung nannte man humanitas, d.h. Bildung des Menschen (homo) zu seiner wahren, höheren Form. Es war die lateinische Form für die Paideia der Griechen.

Verständnis für philosophische Fragen blieb in Rom auf engere Kreise beschränkt. Zu tieferer Wirkung gelangte nur die Ethik, besonders in der Form der stoischen Lehre, die sich wegen ihrer Lebensauffassung am leichtesten mit der familien- und pflichtorientierten altrömischen Ethik verband. Mit ihrem Ideal von nüchterner Menschlichkeit und weltbürgerlicher Gesinnung war sie in weiten Kreisen des Spätrömertums die Religion der Gebildeten. – Leibesübungen wurden in diesem Zeitraum wenig gepflegt. Man spielte Ball, liebte üppige Bäder und verfolgte mit Leidenschaft die Zirkusspiele der Berufsathleten und Gladiatoren. – Die Einstellung zum Handwerk blieb dieselbe wie in Griechenland.

Unter den Cäsaren gelangte das hellenistisch-römische Bildungswesen zur Dauerform und zur Ausbreitung über das ganze Reich. Mit seinem Eindringen in die westlichen Provinzen hat es erheblich zur Romanisierung des Abendlandes beigetragen. In Italien, Spanien, Gallien und Nordafrika entwickelte sich ein vielgestaltiges höheres und Hochschulwesen, das dem älteren im Osten ebenbürtig war. Die Kaiser haben dieses Unterrichtswesen in langsam steigendem Maße gepflegt, im ganzen freilich mehr gelegentlich als planmäßig. Sie förderten es durch Befreiung der Grammatiker von Steuern und Kriegsdiensten, durch Zahlung fester Gehälter an Lehrer der Rhetorik und der Philosophie und durch Gründung von Fachschulen für Rechts- und Heilkunde. Nun erhielt auch der Kreis der hellenistischen Bildungsfächer, der enkyklios paideia, allmählich seine Ausgestaltung zur Siebenzahl der freien, d.h. eines frei geborenen Mannes würdigen Künste (artes liberales). Es waren die sprachlichen und formalen Fächer des triviums: Grammatik, Rhetorik und Dialektik, sowie die realistischen des quadriviums: Arithmetik, Geometrie, Astronomie und Musiklehre. In der Kaiserzeit ist auch die erfolgreichste pädagogische Schrift der Römer, die Institutio oratoria (Anweisung zur Redekunst) des Rhetors Quintilian (≈ um 100 n Chr.), entstanden. In ihr hat die Idealform der griechisch-römischen Hochbildung ihren klassischen Niederschlag gefunden. Die anspruchsvolle politisch-pädagogische Zielsetzung eines Platon und Aristoteles fehlt ihr freilich, da die Kaiser eine Gestaltung des Staates von der Erziehung her nie gestattet hätten. Dafür richtet sich der Blick des Verfassers wieder auf die Bildung des Einzelwesens um seiner selbst willen, und die technischen Fragen der Erziehung und des Unterrichts treten in den Vordergrund.

Quintilians Bildungsziel deckt sich ganz mit dem seiner Zeitgenossen: er sieht den vollkommenen Menschen im vollkommenen, d.h. gebildeten und sittlich hochstehenden Redner. Um dieses zu erreichen, muß in der Unterweisung des Kindes schon von Beginn seines Lebens an eine dem Ziele entsprechende Richtung eingeschlagen werden. Daher ist das Kind von klein auf an richtiges Sprechen der Muttersprache zu gewöhnen. Durch eifrige Pflege des Spiels muß es geistig geweckt werden, ehe der eigentliche Unterricht beginnt. Dieser hat mit dem Griechischen anzufangen, weil dadurch die grammatischen Gesetze der Muttersprache, deren Unterricht bald hinzutritt, um so leichter verständlich werden. Auf die Unterweisung im Lesen und Schreiben soll viel Zeit und Mühe verwandt und auf ausdrucksvolles, gedanklich richtiges Lesen von Anfang an geachtet werden. Man nehme schon bei diesem ersten Unterricht auf die geistigen Anlagen der Kinder Rücksicht und behandele sie mit gebührender Nachsicht; man gönne ihnen von Zeit zu Zeit die nötige Erholung und geisterfrischendes Spiel. Man nutze den Ehrtrieb des Kindes als Erziehungsmittel aus, sei freundlich und milde und vermeide die körperliche Züchtigung. – Ausführlich verbreitet er sich hinsichtlich des höheren Unterrichts über die Auswahl und Behandlung des Lesestoffes, der nicht nur die sprachliche, sondern auch die sittliche Bildung des Zöglings fördern soll. Er empfiehlt neben den Dichtern besonders die Geschichtsschreiber und Redner, vor allem Cicero, in dessen Nachahmung (imitatio) er die beste Stilübung sieht. Außerdem empfiehlt er zur vollkommenen Ausbildung Unterricht in Musik, Geometrie und Arithmetik, Übungen im Tanzen und in Mimik, die den Vortrag wirksamer mache. Als höchstes Erfordernis eines vollkommenen Redners aber gilt ihm der Besitz der Tugend. Daher verlangt er vor allem eine eingehende Beschäftigung mit der Philosophie, besonders der Ethik, die allein dem Menschen dies hohe gut sichere.

Reicher Lehrstoff zur Einführung in die Redekunst füllt den Rest des Werkes. Er war den Zeitgenossen wichtiger als die geschilderten, erzieherischen und unterrichtlichen Lehren. Diese fanden eine tiefere Würdigung erst im Zeitalter des Humanismus, das auch der römisch-hellenistischen Zeit (z.B. Seneca, geb. 65 n. Chr.) erneuerte Wertschätzung zuteil werden ließ. Eine lange Zeit hindurch dem Plutarch zugeschriebene kleine Schrift „Über Kindererziehung", die die Humanisten besonders hochschätzen, spricht zwar viel von Erziehung, sieht aber ebenso wie Quintilian „Anfang, Mitte und Ende" derselben im Unterricht.

Auf religiösem Gebiet begann schon zur Zeit Alexanders des Großen eine langsam zunehmende Orientalisierung. Morgenländische Mysterien- und Erlösungsreligionen stritten sich jahrhundertelang um die spirituelle Herrschaft bis sie zuletzt durch die christliche Kirche zurückgedrängt wurden. Sie wirkte jedoch von Anfang an mehr als Heilsbringerin mit dem Mittel des Sakraments denn als bloße Verbreiterin einer neuen Lehre. Darum verschwanden die reinen Wortverkünder, die missionierenden Evangelisten und die „Lehrer" der ersten Jahrhunderte, verhältnismäßig früh, während die Pfleger des Gottesdienstes und der Heilsvermittlung, die Bischöfe und Priester, die eigentlichen Träger der Kirche wurden. Die ersten und einzigen christlichen Hochschulen des Altertums, die Katechetenschulen, deren bedeutendste in Alexandria schon im letzten Viertel des zweiten Jahrhunderts zur Blüte gelangte, waren Lehr- und Arbeitsstätten christlicher Philosophen; sie dienten nicht der Priesterbildung, sondern dem wissenschaftlichen Ausbau und der Verteidigung der christlichen Glaubenslehre heidnischen und ketzerischen Angriffen gegenüber. Mit der Anerkennung des Christentums als Staatsreligion wäre ihre Mission erfüllt gewesen; sie gewannen aber erneutes Leben und Ausbreitung durch die kirchlichen Lehrstreitigkeiten des 4. bis 7. Jahrhunderts. Nach deren Abschluß gingen sie vollends ein. Ein frühzeitiger Ansatz zu einem rein christlichen Bildungswesen war in den Vorbereitungskursen für die Erwachsenentaufe, dem sog. Katechumenat, gegeben. Hier wurden die Täuflinge oder Katechumenen durch mehrstufigen Unterricht – für Hörende, Betende, Erleuchtete – im christlichen Kultus und Glauben unterwiesen und durch asketische Übungen seelisch für den Weiheakt der Taufe vorbereitet. Als jedoch vom 4. Jahrhundert ab die Massenbekehrungen einsetzten und die Kindertaufe üblich wurde, verfiel auch dieser Unterricht wieder. So ist weder eine christlich-wissenschaftliche Priesterbildung noch eine christliche Laienbildung zustande gekommen. Ein ungelehrter Priester war ebenso möglich wie ein Laie ohne Schulbildung. Wo aber ein Bedürfnis nach solcher vorhanden war, da konnte es nur auf den bestehenden heidnischen Schulen befriedigt werden. Die Stellungnahme zu deren Bildungsstoffen war lange Zeit schwankend. Man sieht das besonders an der Haltung der christlichen Glaubensverteidiger, der Apologeten, die teils die griechische Philosophie als Vorläuferin des Christentums auffaßten, teils sie als Quelle der Ketzerei aufs schärfste befehdeten. Im Morgenland entschieden die drei großen kappadozischen Kirchenväter Basilius, Gregor von Nazianz und Gregor von Nyssa, die alle drei griechische Hochschulbildung genossen hatten, zugunsten einer zwar vorsichtigen, im ganzen aber duldsamen Stellungnahme. Im Abendland gingen zwei Menschenalter später die ähnlich vorgebildeten Kirchenväter Hieronymus und Augustinus den gleichen Weg. Jener unterrichtete selbst in seinem Kloster zu Bethlehem die lateinische Sprache, dieser empfahl in seiner Schrift De doctrina christiana in Ermangelung eines Besseren die sieben freien Künste als Vorstufe zum theologischen Studium. So ging das griechisch-römische Lehrgut, freilich unter erheblichen Vorbehalten und Veränderungen, die sich vor allem durch die sprachliche und kulturelle Absonderung der Christen ausbildete, in den Lehrplan der Kirche über, wo es neben der Kenntnis der christlichen Lehre den Grundstock weltlichen Wissens bildete. Da das christliche Latein durch die Sprache der lateinischen Bibel geprägt war, verwandelte es die Sprache, die das öffentliche Leben im gesamten westlichen Mittelmeerraum regelte, in eine, die nur noch die religiösen Bedeutungen transportierte. Damit lösten sich die Christen aus dem antiken Schulbetrieb und Bildungshintergrund. Fähigkeiten und Verständnis für die Bewahrung des antiken Wissensstoffes auf allen Gebieten gingen seit dem 4. Jahhundert allmählich zurück. Julian Apostata (361–363) machte als römischer Kaiser einen letzten Versuch zur Rettung der antiken, nichtchristlichen Kultur, der jedoch nicht erfolgreich war. Die Christen selbst machten seit Ende des 6. Jahrhunderts zunehmend Front gegen heidnisches Wissen. Der Verfall des römischen Reiches und die Universalisierung des Christentums mithilfe der germanischen Eroberer führte zur mehrhundertjährigen Enstehung der mittelalterlichen lateinischen Kultur.

Literatur:

Der kleine Pauly, Lexikon der Antike, hrsg. von *Konrad Ziegler/Walter Sontheimer*, 6. Bde. Stuttgart 1964–1975

E. Eyben, De jonge Romein volgens de literaire bronnen der periode ca. 200 v.Chr. to ca. 500 n.Chr., Brüssel 1977

H.D.F. Kitto, Die Griechen, Stuttgart 1957

Ernst Liechtenstein, Der Ursprung der Pädagogik im griechischen Denken, Hannover 1970

Henri.-I. Marrou, Geschichte der Erziehung im klassischen Altertum, Freiburg 1957

Edith Specht, Schön zu sein und gut zu sein. Mädchenbildung und Frauensozialisation im antiken Griechenland, Wien 1989

II. Das mittelalterliche Erziehungs- und Bildungswesen

3. Das Frühmittelalter

Mit ihrem Eintritt ins Christentum nahmen die Germanen dessen Bildungsverfassung an, ein Vorgang von größter Tragweite, wenn er sich auch äußerlich ziemlich reibungslos vollzog. Die Kirche brachte den Bekehrten einen neuen Glauben: den christlichen, eine neue Sprache: die lateinische, und ein neues Wissen: das Nebeneinander von christlich-religiösen und hellenistisch-römischen Bildungsgütern. Das alles konnte nur Eingang finden durch einen lange dauernden Prozeß und in voller Stärke auch nur in einer besonderen Schicht von Menschen, die nach Neigung und Begabung dazu befähigt waren: die Schicht der Priester und der Mönche. In der Übergangsphase seit dem Ende des 6. Jahrhunderts finden wir für deren Bildungsverlauf ein eigenartiges Muster: der hohe Klerus der erstarkenden westlichen Kirche bestand zunächst ausnahmslos aus Männern der alten Oberschicht, die erst im Erwachsenenalter zum Christentum übergetreten waren. Ihre formale Ausbildung hatten sie in den großen Städten Italiens, Nordafrikas oder Spaniens erhalten. Oft wurden die lateinischen Sprachkenntnisse in den ehemaligen Senatorenfamilien vom Vater an den Sohn weitergegeben. Durch diese Erwachsenenkonversion konnte die Kirche noch immer von den kulturellen Überresten der ehemaligen Führungsschichten zehren. Seit dem 7. Jahrhundert setzt sich eine Tendenz durch, die darüberhinaus verhinderte, daß Wissen in Schulen möglichst vielen zugänglich gemacht wurde. Die Messe entwickelte sich zunehmend zu Geheimwissen. Die Erwachsenenkonversion wurde zunehmend suspekt. Gleichzeitig blieb die Konversion als Verhaltenstopos für christliche Erziehungsnormen erhalten. Äbte und Bischöfe suchten seit dem 6. Jahrhundert zunehmend erzieherischen Einfluß auf Jungen und Jugendliche zu gewinnen. Vornehme Familien schenkten der Kirche einzelne Söhne, zumeist den Klöstern. Diese pueri oblati waren bis zum 9. Jahrhundert immer wieder Gegenstand der kirchlichen Gesetzgebung. Aber auch an den großen städtischen Kirchen, häufig waren dies die Bischofssitze, wurden seit dem 6. Jahrhundert Kinder und Jugendliche erzogen, die den niederen Klerus bildeten. Zwar wurde diese Unterbringung von Jungen und Jugendlichen sowohl in den Klöstern wie auch an den Bischofssitzen als Erziehungsverhältnis definiert. Die Erziehung fand in Gruppen statt, jedoch nicht in Schulklassen und auch unter den älteren Mönchen und Klerikern gab es keine ausgesprochenen Lehrer. Ziel war nicht Wissensvermittlung sondern christliches Verhalten und christliche Lebensformen. Erreicht werden konnte dies Ziel nur durch Erfahrung und Praxis im gemeinsamen Leben. Armut und sexuelle Enthaltsamkeit mußten als außeralltägliche Lebenserfahrung institutionalisiert werden, wenn der Fortbestand und die religiöse Vorherrschaft der christlichen Kirche gewährleistet sein sollten. Zentrum dieses neuen Erziehungsverständnisses waren die auch im Westen entstehenden Klöster und in den Mönchsregeln des Benedikts von Nursia, dem Ausgangspunkt des abendländischen mittelalterlichen Mönchstums wurde dieses Lernen im Medium der Nachahmung erstmals formuliert. Wissensvermittlung und Wissensanhäufung, Tradierung und Rezeption waren im mönchischen und kirchlichen Leben des Frühmittelalters eher zufällig. Erst die Verwaltungsbürokratie der westfränkischen Kirche und der Karolinger schuf das Bedürfnis und in der Folge auch die Einrichtungen für schulisch organisierte Ausbildung. Erziehung im frühmittelalterlichen Mönchstum war eher Inititation in das gemeinsame Leben als Unterricht. Seinen bleibenden Inhalt erhielt der Klosterunterricht durch Cassiodor, den langjährigen Gehilfen ostgotischer Könige. Als dieser sich um 540 vom politischen Leben in das Kloster Vivarium in Süditalien zurückzog, dehnte er das Arbeitsgebot Benedikts für seine Mönche von der körperlichen auch auf die geistige Arbeit aus, indem er ihnen das Abschreiben der wichtigsten

Werke des heidnischen und christlichen Altertums und die dazugehörigen Studien zur Pflicht machte. Dieses Beispiel fand allgemeine Nachahmung, und damit war der Unterricht im Lesen, Schreiben und in der lateinischen Sprache in den Schulen des Abendlandes gesichert. Dies bedeutetete jedoch keineswegs planmäßigen Schulunterricht. Beschäftigung mit dem Griechischen ging dagegen im Laufe der Zeit ganz zurück.

Seit dem 6. Jahrhundert hört man auch von besonderen Schulen zur Ausbildung der Geistlichen, den an Bischofssitzen eingerichteten Dom- oder Kathedralschulen. Sie sind wohl aus dem schon von Augustin und anderen Bischöfen gepflegten Monasterium clericorum, einer klösterlichen Vereinigung der zum Bischofsstuhl gehörigen Geistlichen und ihres Nachwuchses, hervorgegangen. Wo außerhalb der Bischofssitze an größeren Pfarrkirchen Kollegiatstifte entstanden, in denen die Geistlichen unter der Leitung eines Propstes nach Klosterart zusammenlebten, ahmten die dort eingerichteten Stiftsschulen das Beispiel der Domschulen nach.

Bescheidenere Bildungsstätten des Mittelalters waren endlich die Pfarr- oder Parochialschulen. Sie dienten teils der Ausbildung von Messeknaben und Sängern durch den Ortspfarrer, teils der Vermittlung einer allgemeinen Christenlehre, d.h. der Einprägung des Vaterunsers und des Glaubensbekenntnisses und der Anleitung zur Beichte und Kommunion. Die Meßdiener hatten den Pfarrer im Verhinderungsfall beim Gottesdienst zu vertreten, mußten also wenigstens lateinisch lesen können. Auf der zweiten Synode zu Vaison (529) wurden solche Schulen als eine in ganz Italien verbreitete Einrichtung bezeichnet und ihre Nachahmung für das Frankenreich empfohlen. Auf dem 6. ökumenischen Konzil zu Konstantinopel (680) wurde ihre Gründung aufs neue gefordert. Wie weit sie Verbreitung und dauernden Bestand gewonnen haben, läßt sich nicht mehr feststellen.

Alle diese Bildungseinrichtungen suchte Karl der Große zu einer Einheit zusammenzufassen. Es ging Karl um eine großangelegte Kirchen- und Reichsreform, mit der auch die Weichen für eine Institutionalisierung des kirchlichen Schulwesens gestellt wurde.

Die Einheit der Kirche sollte die Grundlage der politischen und kulturellen Einheit des Reiches werden. Die Neuordnung des Gottesdienstes, die Normierung der Ausbildung der Geistlichen, die Vereinheitlichung von Lehre, Recht, Liturgie, Sprache und Schrift waren ein geeignetes Medium der Staatsbildung. Die Klöster dienten bei diesen Bemühungen als geistig-kulturelle Zentren, und der Durchsetzung der Benediktinerregeln galt die besondere Aufmerksamkeit. Die Gründung einer kaiserlichen „Palastschule" (781), einer Art Hofakademie, in der er die gelehrtesten Männer seiner Zeit, den Angelsachsen Alkuin, den langobardischen Geschichtsschreiber Paulus Diakonus, den Grammatiker Petrus von Pisa u.a., um sich versammelte, bildete den Kern- und Ausgangspunkt seiner Bildungsbestrebungen. In einem nach 780 verfaßten Rundschreiben über die Pflege der Wissenschaften (Epistola de litteris colendis) legte er den Geistlichen literarische Studien ans Herz, damit sie besser in das Verständnis der heiligen Schriften eindringen könnten. 789 folgte ein allgemeines Mahnschreiben mit der Bestimmung, daß bei allen Klöstern und Domstiften Schulen sein sollten, in denen die Knaben die Psalmen, die Schriftzeichen, den Kirchengesang, die Berechnung der Kirchenfeste und die Grammatik (d.h. lateinische Sprache) erlernten. Die so vorgebildeten, vom Bischof zu prüfenden Priester sollten weiterhin das Werk der christlichen Erziehung des ganzen Volkes übernehmen. Die Predigt in der Landessprache und ein Mindestmaß von allgemeiner religiöser Unterweisung, nämlich die gedächtnismäßige Übermittlung des Vaterunsers und des Glaubensbekenntnisses, sollten dieses Werk sichern. Eine Reihe von Erlassen, die zwischen 801 und 813 erschienen, schärfte den Geistlichen gerade die letztere Aufgabe immer aufs neue ein. Auch die Forderung der Gründung von Pfarrschulen (809) gehört wohl in den Rahmen dieser Bestrebungen.

Daß die Kirche seines Reiches den Forderungen Karls nicht unkritisch gegenüberstand, ist gewiß. Die nach der allgemeinen christlichen Volksunterweisung scheint den geringsten Erfolg gehabt zu haben, sonst hätte man sie nicht so oft wiederholen müssen.

Pfarrschulen werden in älteren Urkunden sehr selten genannt; erst gegen Ende des Mittelalters liest man öfter etwas von ihnen. Dagegen gelangten die Kloster- und Domschulen unter Karl und seinen nächsten Nachfolgern zu großer Blüte. Die Schulen zu Tours, die Alkuin gegründet hatte, zu Corbie, St.-Amand und Fontenelles waren in Frankreich, die zu Fulda, Corvey, St. Gallen, Reichenau u.a. in Deutschland Mittelpunkte regen geistigen Lebens im 9. Jahrhundert. Die Einfälle der Normannen und Magyaren in das fränkische Reich unterbrachen jedoch das Bildungswerk auf mehrere Menschenalter. Erst zur Zeit Ottos des Großen machte sich unter dem Einfluß des kaiserlichen Hofes (Ottos Bruder Bruno rief die kaiserliche Palastschule wieder ins Leben) ein erneuter Eifer für die Beschäftigung mit den klassischen Studien bemerkbar, der an das hohe geistige Leben der Karolingerzeit erinnert. Widukinds Sachsenchronik, Ekkehards Waltharius und die Dramen der Hroswitha von Gandersheim liefern beredtes Zeugnis dafür. Als jedoch mit Otto III. der zu kurzem Leben erweckte Geist der Antike wieder ins Grab sank, siechte auch in den Kloster- und Domschulen die Lehr- und Lernfreudigkeit langsam dahin.

Die frühmittelalterlichen Schulen waren fachliche Schulen zur Heranbildung der Geistlichen. Diese waren aber nicht nur Priester und Seelsorger, sie waren zugleich die einzigen Lehrer der Jugend, meist auch die Rechtsberater und politischen Ratgeber im öffentlichen Leben. Dem entsprach die Art, wie man die sieben freien Künste betrieb. Man unterschied in der Regel das dreigliedrige Trivium (Grammatik, Rhetorik, Dialektik) und das viergliederige Quadrivium (Arithmetik, Geometrie, Astronomie und Theorie der Musik). Jenes galt als Grundstock, dieses als die Oberstufe schulmäßiger Unterweisung. Gelehrt wurde von beiden aber nur, was man unbedingt brauchte. Wichtigstes Lehrfach war die Grammatik, d.h. der Unterricht in der lateinischen Sprache. Er begann mit dem Auswendiglernen des (unverstandenen) lateinischen Psalters. An ihm lernten die Kinder auch das Lesen, danach das Schreiben auf Wachstäfelchen, später auf Pergament. Frühzeitig setzte der Singunterricht ein, damit die Schüler an den zahlreichen Gesängen des täglichen Gottesdienstes teilnehmen konnten. Zählen und Fingerrechnen füllten den ersten Rechenunterricht aus. Der eigentliche Grammatikunterricht begann mit der Einführung in die Redeteile sowie mit dem Erlernen der Deklinationen und Konjugationen. Als erster Lesestoff wurden die lateinischen Fabeln Äsops und die Sittensprüche Catos in Verspaaren (Dicta Catonis) übersetzt und auswendig gelernt. Von klassischen Dichtern wurde am häufigsten Vergil gelesen, vereinzelt auch Ovid, Horaz, Lucanus, Statius u.a. Doch zog man häufig die christlichen Dichter Juvencus, Prudentius und Sedulius den heidnischen vor, ebenso den christlichen Geschichtsschreiber Orosius und die Lebensbeschreibungen der Heiligen den heidnischen Prosaikern (Seneca, Sallust usw.). Ein inneres Verhältnis zu den antiken Schriftstellern bestand nicht; man wollte nur Latein aus ihnen lernen. Daher verband man mit der Lektüre zahlreiche schriftliche Übungen (dictamina) mit möglichster Anlehnung an die lateinischen Vorbilder. Auch die Rhetorik hatte nichts vom Geist der Antike an sich. Sie vermittelte lediglich Übungen in der Abfassung von Briefen und Urkunden. Aus praktischen Gründen verband man damit Rechtsbelehrungen und Einführung in die wichtigsten Gesetzessammlungen. Die Dialektik spielte erst im Hochmittelalter eine bedeutendere Rolle.

Von den Fächern des Quadriviums wurden Arithmetik und Astronomie nur so weit betrieben, als sie zur Berechnung der kirchlichen Zeiten, besonders des Osterfestes nötig waren. Eine Hilfe dabei bot der von Gerbert von Reims, dem späteren Papst Silvester II., wieder eingeführte Abacus (s. S. 19), den er bei den Arabern kennengelernt hat. Die pythagoreische Zahlenmystik spielte in der Schrifterklärung eine große Rolle. Die Geometrie im heute üblichen Sinne wurde ganz vernachlässigt. Was man darunter verstand, war die Beschreibung fremder Länder und Tiere, also ein Teil von dem, was wir heute Erd- und Naturkunde nennen. Die Musik gab die Lehre von den Tonverhältnissen, ihrer Harmonie und Rhythmik. Nur selten wurde das Quadrivium wirklich durchlaufen. Den Abschluß bildete das theologische Fachstudium mit der Einführung in die Schriftauslegung, die Predigtlehre und die Liturgie. – All dies Wissen war Buchwissen, das man gläubig hinnahm. Eine kritische Stellungnahme zur weltlichen und kirchlichen Überlieferung oder eigenes Forschen nach Wahrheit war dem sich an Autorität und Erbweisheit haltenden Mittelalter fremd.

Als grammatische Lehrbücher dienten für die Unterstufe die kleine lateinische Grammatik (ars minor) des Rhetors Donatus und für die Oberstufe die größere des Grammatikers Priscianus. Den übrigen Lehrstoff lieferten drei leitfadenartige Zusammenstellungen der sieben freien Künste, die aus dem 5. und 6. Jahrhundert stammten: die allegorische Schrift über die „Vermählung Merkurs mit der Philologie" (De nuptiis Philologiae et Mercurii) des karthagischen Rhetors Martianus Capella, die

Institutiones Cassiodors (vgl. S. 26) und die Etymologiae des Bischofs Isidor von Sevilla, die in 20 Büchern das weltliche und theologische Wissen der altchristlichen Zeit zusammenfaßten. Auch des Boethius Übersetzungen der logischen Schriften des Aristoteles, seine Schriften über Arithmetik, Geometrie und Musik, ferner die Geschichtswerke des Angelsachsen Beda sowie Alkuins Schriften über das Trivium und die Mathematik waren hier und da in Gebrauch.

Das Lehrverfahren stützte sich wegen des Mangels an Büchern, wie im Altertum, vorwiegend auf das Gedächtnis. Die Zucht war hart, Rute und Stock galten als selbstverständliche Würdezeichen der Lehrenden. Freiheit von Unterricht gewährten außer den Sonntagen die zahlreichen kirchlichen Feiertage (feriae), die den Grundstock der heute noch üblichen Ferien bildeten. Die Lehrer unterstanden in den Klöstern dem Magister principalis, in den Domschulen dem Magister scholarum oder Scholaster, einem der angesehensten Geistlichen des Stifts. Ihm wurde später meist die Oberaufsicht über die Schulen des bischöflichen Sprengels, sowie das Recht der Anstellung und Entlassung der Lehrer übertragen. Diese Erweiterung seiner Amtsbefugnis machte die Anstellung eines besonderen Leiters (Rektor) für die Domschulen erforderlich. Den für den Gottesdienst wichtigsten Gesangunterricht leitete der Kantor, der unter den Stiftsgeistlichen ebenfalls eine bevorzugte Stellung einnahm. Welche Kenntnisse und Eigenschaften man von einem Lehrer seiner Zeit verlangen könne, hat Hrabanus Maurus (776 – 856) im 3. Buch seiner Institutio clericorum angegeben. Dieser berühmteste Lehrer des Fuldaer Klosters, ein Schüler Alkuins in Tours, hat darin die erste Schulpädagogik für Deutsche geliefert und sich dadurch den Titel eines Praeceptor Germaniae erworben.

Zusammenfassend läßt sich festhalten: Schulen im eigentlichen Sinn werden nicht etwa aus der hellenistischen Antike in die klösterliche Welt des christlichen Frühmittelalters herübergetragen. Vielmehr verändert sich durch den Zusammenbruch der antiken Welt und die neu entstehende Kirche die Aufgabe von Bildung. War zunächst die Bekehrung (Konversion) prägend für das Verständnis von Bildung, so wird diese im klösterlichen Leben durch die Initiation abgelöst und Erziehung wird im wesentlichen in diesem Sinne systematisiert und institutionalisiert. Erst nach der karolingischen Staatsgründung fordert der Hof Unterricht im engeren Sinn des Wortes und weist den klösterlichen und kirchlichen Einrichtungen diese Aufgabe zu. Die Dom- und Klosterschulen der bedeutenden karolingischen Gründungen sind somit die Keimzelle des mittelalterlichen Unterrichtswesen.

4. Das Hoch- und das Spätmittelalter

Die gedankliche Trennung des Hoch- und Spätmittelalters vom Frühmittelalter nimmt ihre Berechtigung aus der Tatsache eines geistig, wirtschaftlich und sozial reicher gewordenen Lebens und einer dadurch bedingten mannigfaltigeren Gliederung der europäischen Gesellschaft. Schärfer als bisher bildeten sich besondere Stände heraus, die mit eigenem Lebensbereich auch eigene Erziehungs- und Bildungsformen entwickelten. Neben den geistlichen trat der ritterliche und nach ihm der bürgerliche Stand. Alle drei wurden als gottgewollte Ordnungen empfunden mit fest umrissenen Rechten und Pflichten, die auch die Lebenshaltung, die Denk- und Gesinnungsweise des einzelnen bestimmten und so typische Lebensformen für die Menschen und ein besonderes Standesbewußtsein schufen: der gelehrte Kleriker, der ritterliche Kriegsmann und der bürgerliche Wirtschaftsmensch lebte in je spezifischer Weise. Von der Verschiedenheit der Berufe aus ergab sich die Trennung ihrer Bildungswege: der Geistliche suchte wissenschaftliche und religiöse Vertiefung, der Ritter Pflege seiner Wehrhaftigkeit, der Bürger Förderung der gewerblichen Tüchtigkeit. Der Bauernstand, der mehr und mehr in Unfreiheit versank, spielte politisch wie gesellschaftlich keine Rolle. Er wurde auch geistig am meisten vernachlässigt.

Bildungsmäßig an erster Stelle stand der geistliche Stand. Der von ihm und in ihm vermittelte Lehrstoff erfuhr vom 11. Jahrhundert ab eine so starke Bereicherung, daß er den überlieferten Bildungsrahmen sprengte und neue Formen schulmäßiger Übermittlung erstehen ließ. Ob diese tatsächlich als eine Reaktion auf gesellschaftliche Anforderungen an die Ausbildung einer neuen, weltlich

Das Hoch- und das Spätmittelalter

gerichteten Akademikerschicht zu verstehen sind, kann beim heutigen Kenntnisstand nicht beantwortet werden. Es war in jedem Fall die Folge eines Veränderungsprozesses in der Wissenschaft selbst, die von Frankreich und Italien aus allmählich die ganze europäische Kultur erfaßte. Aus dogmatischen Streitigkeiten erwachsen, entwickelten sich noch im Laufe dieses Jahrhunderts die Anfänge der Scholastik, jener Schultheologie, die mit den Mitteln philosophischer Beweisführung die kirchliche Glaubenslehre zu begründen suchte. Aus den Kloster- und Domschulen Nordfrankreichs sind die Väter dieser Wissenschaft hervorgegangen. Der Ruf ihrer Gelehrsamkeit lockte zahlreiche Schüler an, so daß der überlieferte Schulrahmen nicht mehr genügte und freie Lehr- und Lebensgemeinschaften daneben entstanden; in reichster Form zuerst in Paris, wo im Gebiete der Kathedralschule von Notre Dame und der alten Klosterschulen von St. Genovefa, St. Victor und St. Denis zu Beginn des 13. Jahrhunderts sich Lehrer und Schüler zu einer körperschaftlichen Einheit, der Universitas magistrorum et scolarium, zusammenschlossen. Dies war das Kerngebilde einer neuen Hochschulschöpfung, der Pariser Universität, der bedeutendsten Pflegestätte philosophischer und theologischer Wissenschaft im mittelalterlichen Abendland. Die italienischen Universitätsgründungen der gleichen Zeit waren vor allem die Rechtsschulen (Bologna, Ravenna, Pavia). Aus ihnen ging der neue Typ des Gelehrten hervor, der sich nicht mehr zum Kleriker eignete sondern sich auf weltliche Verwaltungsaufgaben und Rechtspflege in den Städten und an Höfen vorbereitete.

So blühte im gleichen Zeitraum in Italien die Rechtswissenschaft auf. Ihre Wurzeln reichen vielleicht noch ins Altertum zurück. Jedenfalls besaßen Ravenna und Pavia schon vor dem 11. Jahrhundert berühmte Rechtsschulen. Vom 12. Jahrhundert ab wurde Bologna der bedeutendste Sitz weltlicher (römischer) und kirchlicher (kanonischer) Rechtsgelehrsamkeit. Auch hier wurde die Wissenschaft in freien Vereinigungen von Lehrern und Schülern gepflegt, die sich wegen der zahlreichen von auswärts kommenden Scholaren nach Landsmannschaften (nationes) gliederten. – Als dritte Wissenschaft endlich entwickelte sich die Heilkunde. Sie genoß von alters her besondere Pflege in Salerno und Montpellier. Neue Anregung und Bereicherung erhielt sie durch die Berührung mit den Arabern. Von ihnen ging überhaupt seit dem 12. Jahrhundert ein beträchtlicher Zustrom neuer Bildungsschätze auf das christliche Abendland über. Die Eroberung Vorderasiens und Nordafrikas hatten sie in den Bereich der griechischen Geisteswelt gebracht, und auf diesem Boden war seit dem 8. Jahrhundert eine neue griechisch-arabische Kultur erwachsen. Von den philosophischen Schriften des Altertums waren besonders die des Aristoteles ins Arabische übersetzt und mit gelehrten Kommentaren versehen worden, ebenso die bedeutenderen mathematischen, naturwissenschaftlichen und medizinischen Werke der hellenistischen Zeit. Auf zahlreichen gelehrten Schulen haben sie die so überkommene Wissenschaft gepflegt und in bemerkenswerter Weise weitergebildet. Hauptsächlich von Spanien aus, wo eine hohe maurische Kultur erblüht war, durch die Kreuzzüge, aber auch von Osten her gelangte ihr Schrifttum in lateinischen Übersetzungen ins christliche Abendland.

Den reichsten Gewinn daraus zogen die Universitäten. Sie stellen die bedeutendste schulmäßige Neuschöpfung dar, die das Hochmittelalter hervorgebracht hat. Die in ihnen ausgebildeten Studenten bereiteten sie nur noch z.T. auf klerikale Aufgabe vor, erweiterten jedoch auch innerhalb der Klerikerausbildung ihre Wissensbestände erheblich und suchten in ihrem Aufbau die vorhandenen Bildungsbestände mit den neu hinzugekommenen zu vereinigen. So entstanden, zuerst in Paris, die vier Fakultäten: die artistische, die theologische, juristische und medizinische. Sie erwarben sich unter dem Schutz der Päpste und weltlichen Obrigkeiten neben dem Unterrichts- und Prüfungsrecht das der Selbstverwaltung und der eigenen Gerichtsbarkeit. An der Spitze der Hochschule stand der Rektor, an der Spitze der Fakultäten die Dekane, selbstgewählte Verwaltungsträger, die alljährlich im Amte wechselten. Den Grundstock des ganzen Lehrgebäudes bildete die Artistenfakultät, die den Lehrstoff der sieben freien Künste (artes) so vermittelte, wie der

Wandel der Zeit dies nötig machte. Das Studium der scholastischen Theologie erforderte nämlich eine gründliche philosophische Vorbereitung. Daher rückte unter den Fächern des Triviums die Dialektik (Logik) an die erste Stelle, und auf der Stufe des Quadriviums pflegte man ebenfalls die Philosophie in der nach Aristoteles geschaffenen Dreiteilung: Physik, Metaphysik und Ethik. Die alten Fächer des Quadriviums (Arithmetik, Geometrie, Astronomie und Musik) faßte man daneben als „Mathematik" zu einem Fach zusammen. In einem dreistufigen, genau vorgeschriebenen und durch Prüfungen gesicherten Lehrgang wurde dieses Bildungsgut durch Vorlesungen und Disputationen angeeignet: auf den Scholar (Lehrling) folgt der Baccalarius (Lehrgehilfe), auf diesen der Magister (Meister), der selbst in der Artistenfakultät lehren oder wieder als Student in eine der drei „oberen" Fakultäten, die theologische, juristische oder medizinische, eintreten durfte, um hier als Doktor seine Studien zu beenden. Das Ganze als Lehrgebilde hieß Generalstudium (studium generale). Zu ihm wanderten die Schüler von weither teils allein, teils in Scharen; man nannte sie darum Vaganten (Umherstreifer), später auch spottweise Bachanten (Bacchusschüler) oder Goliarden. Am Hochschulorte selbst wohnten sie nach klösterlichem Vorbild mit ihren unverheirateten Lehrern in besonderen Kollegienhäusern der Universität oder in privaten „Bursen" einzelner Magister zusammen.

Im 13. und 14. Jahrhundert wurden über 40 solcher Hochschulen errichtet, verhältnismäßig spät erst in Deutschland. Hier suchten seit dem 13. Jahrhundert die Bettelorden durch eifrige Pflege der Scholastik das überlieferte Klosterschulwesen zu neuer Blüte zu bringen. So haben die Dominikaner Köln und Erfurt damals zu berühmten Sitzen philosophischer und theologischer Wissenschaft erhoben, an denen Männer wie Albertus Magnus, Thomas von Aquino und Meister Eckhart wirkten. Aber das Fehlen juristischer und medizinischer Studien führte schließlich auch hier zu Universitätsgründungen, so in Prag 1348, Wien 1365, Heidelberg 1386, Köln 1388, Erfurt 1392, Würzburg 1403, Leipzig 1409, Rostock 1419. Die alten Kloster- und Domschulen sanken zu

Vorbereitungsanstalten für die Universitäten herab.

Eine unmittelbare Folge der Kreuzzüge bildete das Aufblühen des Rittertums. Aus der freien germanischen Gefolgschaft und aus den Reiterheeren Karl Martells entsprossen, dann durch Zuwachs aus den Reihen der im Fürstendienst stehenden Minsterialien erweitert, hatte es im mittelalterlichen Lehnsstaat ein ritterlich-christliches Lebensideal mit besonderen Formen und eigener Standesbildung geschaffen. Manheit (Tapferkeit) und maze (Maßhalten), milde (Freigiebigkeit) und staete (Beständigkeit, Treue gegen den Lehnsherren und die Kirche, Schutz- und Hilfsbereitschaft Frauen und Schwachen genüber, waren die Hochziele der hier gepflegten „höfischen Zucht". Unter Verzicht auf alles Buchwissen diente der ritterliche Sproß sich in einem festgestuften Bildungsgang an fremden Höfen zum Ritter empor, als Page vom 7. bis 14., als Knappe bis zum 21. Lebensjahre. Das Waffenhandwerk und alles, was dazu gehörte, bildete den Kern der körperlichen Ausbildung, die der Knappe auf der Jagd und im Ernstkampf erproben durfte, ehe er den Ritterschlag erhielt. Reiten, Schwimmen, Pfeil- und Speerschießen, Fechten mit Lanze und Schwert, Jagen, Schachspielen und zur Laute Singen galten als die „sieben Vollkommenheiten" eines echten Ritters. Erworben wurden sie unter der Führung eines Zuchtmeisters, dem der Hofkaplan als religiöser Erzieher zur Seite stand. Höfische Manieren, die man seit dem 11. Jahrhundert aus Frankreich übernahm, sorgten für die gute äußere Form. Im „Singen und Sagen", den Minnegliedern und Heldenepen der ritterlichen Dichter, waren die Ideale vorgezeichnet, die diesem Stande das ständische Ehrgefühl, den inneren Adel und sittlichen Halt gaben.

Mit dem Niedergang der Kreuzzugsbewegung sank das Rittertum langsam von seiner Höhe herab. Der Schwerpunkt des öffentlichen Lebens ging mehr und mehr auf das Bürgertum der Städte über. Hier waren mit dem Aufschwung von Handel und Gewerbe die Kaufmannsgilden und Handwerkerzünfte die herrschenden Mächte geworden. Nur in ihrem Rahmen konnte man im Stadtbereich zu selbständigem Erwerb, zu Bürgerrechten und Bürgerehren gelangen. Sie führten die gewerbliche Jugend durch die Stufen des Lehrlings- und Gesellentums zur Meisterschaft und vermittelten ihr mit dem nötigen beruflichen Können zugleich die standesgemäße sittliche und soziale Erziehung, den Zunftgeist und das zünftige Ehrgefühl. So waren die Zünfte mit ihren festen Ordnungen und patriarchalisch-strengen Grundsätzen die Lebensform des Stadtbürgertums.

Der Fortschritt der Gewerbe und der zunehmende Handelsverkehr weckten in diesen Kreisen vom 13. Jahrhundert ab auch das Bedürfnis nach schulmäßiger Bildung. Zunächst schickte man die Kinder in die vorhandenen Kloster- und Domschulen, mehr noch in die im Spätmittelalter immer häufiger werdenden Pfarrschulen. Der weltliche Zulauf zwang zu städtischer Unterstützung dieser Anstalten; es mußten Zuschüsse für die Lehrer geleistet und größere Schulhäuser gebaut werden. Für solche Leistungen verlangten die Städte entsprechende Patronatsrechte, vor allem das Recht der Aufsicht und der Besetzung der Lehrerstellen. Das führte öfter zu langwierigen Kämpfen mit den kirchlichen Stellen, denen von alters her diese Rechte allein zustanden (vgl. S. 27). Sie endeten aber meist zugunsten der Städte, die mindestens ein Mitbestimmungsrecht bei der Regelung der Schulangelegenheiten erhielten, weshalb auch die Bezeichnung Stadt- oder Ratsschulen für diese Anstalten allgemein üblich wurde. Ihr Lehrstoff war in der Regel auf Lesen, Schreiben, Rechnen und etwas Lateinunterricht beschränkt, da Latein noch lange die überstaatliche Handelssprache war. Nur wo die Nebenbuhlerschaft der Kloster- und Domschulen fehlte, durfte der Lehrstoff entsprechend erweitert werden.

Die Ausweitung der Gewerbe rief auch die ersten deutschen oder Schreibschulen ins Leben. Sie waren die Vorläufer einer rein weltlichen und deutschsprachigen Volksbildung, wenn sie auch zunächst nur als wirtschaftlich bedingte Berufsschulen in Erscheinung traten. Der Aufschwung der Weberei und des Tuchhandels hat sie seit Beginn des 14. Jahrhunderts zuerst in den Niederlanden nötig gemacht. Doch tauchten sie bald danach auch in den andern deutschen Handelsstädten (Lübeck, Frankfurt, Hamburg, Braunschweig, Breslau) auf. Es waren ursprünglich private Gründungen, die wegen ihrer bescheidenen Aufmachung Winkel- oder Klippschulen hießen (vom niederdeutschen klipp = klein). Seit dem 15. Jahrhundert gab es auch städtische Gründungen dieser Art. In ihnen konnten die zukünftigen Handwerker oder Kaufleute deutsch lesen und schreiben, seltener auch rechnen lernen. Geleitet wurden sie vom „Schulmeister", der oft zugleich „Stuhlschreiber" (Gerichtsschreiber) war und als solcher den Schriftunkundigen ihre Schriftsätze (Briefe, Rechnungen, Bittschriften usw.) verfertigte. Den Rechenunterricht, der in der mechanischen Übermittlung bestimmter Lösungsformen und Regeln bestand, erteilten in der Regel besondere Rechenmeister, von denen der Erfurter Adam Riese († 1559) noch heute bekannt ist. Die Lehrer in den Stadtschulen waren ursprünglich meist geistlichen Standes, gingen aber später in der Mehrzahl aus der Artistenfakultät hervor. Viele von ihnen hatten ihr Studium abgebrochen. Sie wurden nach dem Vorbilde der städtischen Zünfte als „Gesellen" (locati, baccalarii) vom Schulmeister oder Rektor im Dienste der Stadt angestellt. Von ihm erlernten sie rein praktisch das Lehrhandwerk durch Helfen und Nachahmen. Das Einkommen bestand, wenn es hoch kam, aus festem Gehalt und dem Schulgeld. Nach einem Jahre konnten Rektor und Gesellen wieder entlassen werden und mußten anderswo ihr Glück versuchen. Es bildete sich so ein wandernder Lehrerstand aus, der mit den fahrenden Schülern der Universitäten allmählich zur wahren Landplage wurde. Die Lehrbücher waren hier und in den geistlichen Schulen dieselben wie früher, nur das an Stelle des schwierigen Priscian seit Anfang des 13. Jahrhunderts das in Versen abgefaßte und darum leichter zu erlernende Doctrinale puerrorum des Alexander de Villa Dei (Villedieu) trat. Nach ihren Lehrbüchern, der Tabula oder Fibel, der Anfangsgrammatik des Donat und dem Doctrinale des Alexander waren die Schüler in „Haufen" oder „Letzgen" (lectiones) geschieden, die sich aber meist in einem Raum teilen mußten. Die Schüler blieben so lange in ihrer Abteilung, bis sie ihr Lehrbuch ausgelernt hatten. In den Erziehungs- und Unterrichtsgrundsätzen ist diese Zeit des Mittelalters ebenfalls nicht über den Stand der früheren hinausgekommen. Das zeigen auch die Schriften, die sich mit Erziehungsfragen beschäftigen, wie das Didaskalion (Lehrbuch) des deutschbürtigen Hugo v. St. Victor und der daraus schöpfende Traktat über „Prinzenerziehung" des Vinzens von Beauvais oder der selbständigere Fürstenspiegel des Ägidius Romanus (De regimine principium) und die gleichnamige Schrift Engelberts von Admont († 1331).

Neben den Bettelorden des Hoch- und Spätmittelalters nahmen die religiösen Erneuerungsbewegungen (Ketzerbewegungen und Mystik) des 13. und 14. Jahrhunderts Einfluß auf die Bildung in der mittelalterlichen Gesellschaft. Ausgehend von einzelnen religiösen Gemeinschaften, auch gerade den Frauengemeinschaften der Beginen und Dominkanerinnen, erfasste sie weite Teile des Volkes und es befanden sich wohl ebensoviele Frauen wie Männer unter ihren Anhängern. Ihre Literatur wurde häufig, – wenn auch durchaus nicht immer – in der Volkssprache abgefasst und führte damit zu deren Verschriftlichung.

Generell muß die Verschriftlichung der mittelalterlichen Kultur jedoch als ein überaus langsamer Prozeß angesehen werden. In ihrem Kern war die mittelalterliche Gesellschaft durch Hören und Gehorchen des mündlichen Wortes geprägt, weniger durch Lesen und Schreiben und gänzlich fremd war ihr Anschauung und Experiment. Als die spätantiken Schriftsteller von der frühmittelalterlichen Sprechkultur abgelöst wurden, ging das Schreibgeschäft zunächst fast vollständig in die Hände der Geistlichkeit über. Die mittelalterlichen Herrscher konnten erst seit der Jahrtausendwende wieder schreiben. Nur für die Geistlichkeit bestimmte das kanonische Recht, daß kein Geistlicher des Schreibens unkundig sein sollte. Dennoch konnten bspw. im Konvent von St. Gallen gegen Ende des 13. Jahrhunderts ein Teil der Mönche nicht schreiben. Die Männer der ritterlichen Kultur verzichteten gänzlich auf Schriftlichkeit, eher lernten im Adel die Frauen Lesen und Schreiben. Häufig fand dies in den Schulen der Nonnenklöster statt. Im bürgerlichen Stand der Kaufleute wurden seit dem 11. Jahrhundert Kleriker angestellt, wenn es etwas zu schreiben gab.

Erst in der zweiten Hälfte des 14. Jahrhunderts, als der Handel mit ausgemünztem Geld und die Verwaltung zunahm, verändert sich die Bildungsstruktur. Der Antrieb zum Lernen des Lesens, Schreibens und Rechnens war nun immer größeren Gruppen zugänglich. Wird man auch davon ausgehen, daß es vorwiegend die Jungen des bürgerlichen Standes waren, die in die Schule geschickt wurden, so gab es einzelne Gewerbe, in denen die Führung der Geschäfte (Ein- und Verkauf) von den Ehefrauen versehen wurden, die entsprechende Kenntnisse besaßen. Zu Beginn des 16. Jahrhunderts schätzt man, daß zwischen 10% und 30% der städtischen Bevölkerung lesen und schreiben konnten.

Mit Fragen der weiblichen Erziehung hatten sich bereits die Kirchenväter Hieronymus und Augustinus befaßt. Ihren Anweisungen suchten die Nonnenklöster des Mittelalters in ihren Mädchenschulen nachzukommen. Sie öffneten ihre Pforten meist nur den Töchtern höherer Stände oder solchen, die später selbst Nonnen werden wollten. Der Unterricht beschränkte sich auf die Erlernung kunstvoller Handarbeiten, auf Lesen, Schreiben und Auswendiglernen von Psalmen, Gebeten und Glaubensbekenntnis. Begabte Mädchen lernten auch Latein; viele waren geübt im Abschreiben von Handschriften. Die Klöster zu Gandersheim (Hroswitha S. 29), auf dem Ruppertsberg bei Bingen (die heilige Hildegard) und dem Odilienberg im Elsaß zeichneten sich auf dem Gebiete der Frauenbildung besonders aus. In adeligen Kreisen konnten damals mehr Frauen als Männer lesen und schreiben. Am Ende des Mittelalters sahen sich auch einige Städte zur Gründung von Mädchenschulen veranlaßt, oder sie gestatteten, daß Mädchen die Knabenschulen besuchten.

Literatur:

Laetitia Böhm, Das mittelalterliche Erziehungs- und Bildungswesen, in: Propyläen Geschichte der Literatur, Bd. 2, Berlin 1982

Johannnes Fried(Hrsg.), Schulen und Studium im sozialen Wandel des hohen und späten Mittelalters, Sigmaringen 1986

Detlef Ihmer, Erziehung und Wissensvermittlung im frühen Mittelalter, Ratingen 1979

Bernd Möller u.a. (Hrsg.), Studien zum städtischen Bildungswesen des späten Mittelalters und der frühen Neuzeit, Göttingen 1983 das klassische lateinische (nicht auch das griechische) Schrifttum durch eigene Werke wiederzubeleben und fortzuführen. So erblühte in der Tat ein neulateinisches Schrifttum, dessen Schöpfer ebenso gefeiert wurden wie einst die Dichter und Redner des Altertums. Mit Eifer gab man sich in diesen Kreisen auch dem wissenschaftlichen Studium der antiken Vorbilder hin. Es lebte die alexandrinische Philologie wieder auf mit Textkritik und gelehrten Kommentaren, mit grammatischer und lexikographischer Arbeit. Die Wiederentdeckungen und Veröffentlichungen alter Handschriften galten als literarische Ereignisse ersten Ranges.

Wie die Künstler der Zeit, so erwarben auch die Gelehrten als Erzieher, Sekretäre, Geschäftsträger der Fürstenhöfe oder reichen Patrizier in den Städten ihren Unterhalt oder sie wirkten als freie Gelehrte und blendeten bei festlichen Gelegenheiten ihre Hörer mit lateinischen Prunkreden (declamationes) und Gedichten in klassischem Stil. Viele führten ein unstetes Leben, abhängig von der Gunst ihrer Geldgeber und nicht mehr eingebunden in die kirchliche Hierarchie wie die Gebildeten des Mittelalters. Ihre Namen hüllten sie in lateinisches oder griechisches Gewand. Durch ausgedehnten Briefwechsel und Bildung von freien Gelehrtenverbänden (sodalitates), in denen sie gemeinsame Sprache, Dichtung und Philosophie pflegten, förderten sie sich und ihre Sache. Aus solchem Boden erwuchsen aufs neue Akademien, wie die der Medici in Florenz, in der die Philosophie Platons und der Neuplatoniker durch den Eifer des Marsilius Ficinus zu neuem Leben erwachte. Der Kirche standen viele Humanisten teilnahmslos, manche sogar ablehnend gegenüber. Die ihr dienende Scholastik verachteten und bekämpften sie wegen ihrer philosophischen Haarspaltereien und ihres „barbarischen" Lateins. Wenn ihre Sprache und ihre Studien schließlich auch in kirchliche Kreise eindrangen, so blieb ihr Lebens- wie ihr Erziehungsideal doch weltlich gerichtet.

Das 15. Jahrhundert brachte die volle Entfaltung der neuen Bewegung. Besonders der Fall Konstantinopels (1453), der viele byzantinische Gelehrte nach Italien führte, und die Erfindung der Buchdruckerkunst vollendeten ihren Sieg. Dauernden Bestand

Die humanistische Bewegung in Italien 45

gewann sie durch ihr Eindringen in die Universitäten und höheren Schulen. Auch dieses vollzog sich trotz des Widerstandes der Scholastiker noch im Laufe des 15. Jahrhundert. Zwar blieb das Studium der scholastisch-aristotelischen Philosophie an den Universitäten bestehen, daneben aber wurden besondere Lehrstühle für Poesie und Eloquenz errichtet. Dadurch lebte an allen höheren Bildungsanstalten das Studium der Grammatik und Rhetorik wieder auf, wie einst in den Grammatik- und Rhetorenschulen des Altertums. Cicero wurde der führende Schulschriftsteller, und die Pflege klassischen Lateins, in bescheidenem Maße auch die des Griechischen, die wesentlichste Aufgabe des Unterrichts. Nachdem Poggio 1415 in St. Gallen die Institutio oratoria des Quintilian (S. 21) wieder aufgefunden hatte, galt dieser fortan als der pädagogische Führer der Zeit. Sein Bildungsziel, der tugendhafte Redner, und seine Bildungslehre wurden in gleicher Weise für die Schulen wie für das üppig aufwuchernde pädagogische Schrifttum (Vergerius, Mapheus, Vegius, Aeneas Sylvius u.a.) maßgebend. Nicht mehr der Dienst des Gebildeten am Christentum stand im Zentrum dieses neuen Bildungsideals, sondern die Selbstvervollkommnung und Ehre des Einzelnen. Dieses Ideal war geeignet, von den führenden Schichten aufgegriffen zu werden und so wurde Bildung ganz auf die Prinzen- und Edelmannserziehung ausgerichtet.

Ein typisches Bild solcher Erziehung gab die berühmte Casa giocosa (Haus des Frohsinns) des Vittorino von Feltre († 1446) in Mantua, der dort die Söhne des Markgrafen Gonzaga und andere Adelskinder nach Quintilians Grundsätzen unterrichtete. An der Hand der größten Dichter und Redner des Altertums (Homer und Vergil, Demosthenes und Cicero) führte er seine Zöglinge in klassisches Latein und Griechisch ein, pflegte Mathematik und Musik und schenkte auch den lange vernachlässigten Leibesübungen wieder Beachtung. Die Knaben mußten sich im Reiten, Ringen, Fechten, Bogenschießen, Ballspielen, Laufen und Schwimmen üben, kriegerische Spiele unternehmen und wurden in Speise und Trank jeglichem Wohlleben entwöhnt. Selbst im Tanzen und in Anstandsformen wurden sie unterrichtet, wie dies einst für die jungen Römer schon Quintilian empfohlen hatte. Die christliche Grundlage in Leben und Lehre blieb erhalten.

6. Der Humanismus in Deutschland

Der Ruhm der italienischen Humanisten durchdrang im Laufe des 15. Jahrhunderts ganz Europa. Wißbegierige Jünglinge und Männer aus aller Herren Länder zählten sie zu ihren Schülern. In die Heimat zurückgekehrt, suchten diese durch Wort und Schrift ihre Landsleute für die neue Wissenschaft zu gewinnen, wobei sie allerdings oft auf den hartnäckigen Widerstand von Seiten der noch herrschenden Scholastiker stießen. So ging es in Frankreich, in England und auch in Deutschland. Hier wirkte die Bewegung als weltlich orientierte Bildungsbewegung freilich nicht so tief und aufrüttelnd wie in Italien. Es gab in Deutschland keine vergleichbaren sozialen und wirtschaftlichen Bedingungen in Form der Fürstenhöfe und Stadtstaaten; darum blieb sie in der Hauptsache eine Gelehrten- und Schulangelegenheit.

Die großen Reformkonzilien des 15. Jahrhunderts haben zuerst italienische Humanisten in engere Beziehung zu einem größeren Kreis deutscher Gelehrten gebracht. Gleichwohl brauchte die Bewegung diesseits der Alpen längere Zeit, um sich durchzusetzen. Erst im letzten Viertel des Jahrhunderts trat eine größere Zahl von Deutschen auf den Plan, die den Humanismus in seinem Heimatland kennengelernt hatten und sich nun mit oft leidenschaftlichem Eifer bemühten, ihm auf deutschem Boden den Sieg zu erkämpfen. Einer der Führer dieser Gruppe war der Niederländer Rudolf Agricola (1443–1485), der sich in Pavia und Ferrara eine gründliche Kenntnis der alten Sprachen erworben hatte. Er hat vielleicht mehr durch seine Persönlichkeit als durch seine Schriften gewirkt. Sein Leben sollte nur der freien Beschäftigung mit der Wissenschaft gewidmet sein. An eine bestimmte Örtlichkeit oder Aufgabe wollte er sich nicht ketten lassen und war daher nur mit Mühe zu bewegen, in Heidelberg durch Vorlesungen an der Umgestaltung der dortigen Universität zu einem Sitze klassischer Gelehrsamkeit mitzuwirken. Gleichwohl verkannte er die Wichtigkeit des Unterrichts für die Ausbreitung des Humanismus nicht. In einem Brief über die „Gestaltung des Studiums" (De formando studio) hat er seine von Quintilian beeinflußten pädagogischen Anschauungen niedergelegt. Danach vermittelt die Bekanntschaft mit den Klassikern alles, was zur Bildung eines echten Humanisten gehört: richtiges Denken und die Fähigkeit, das richtig Gedachte in klarer und schöner Form wiederzugeben. Gehörige Pflege des Gedächtnisses sowie Übersetzungsübungen mit eifrigem Nachahmen (imitatio, s. Quintilian S. 21) des klassischen Stils sind die besten Hilfsmittel dabei.

Im Anfang des 16. Jahrhunderts gewann der Humanismus in Deutschland stärker an Boden. Die Namen des Süddeutschen Johann Reuchlin (1455–1522) und des Niederländers Desiderius Erasmus (1467–1536) traten als die bedeutendsten in den Vordergrund. Erasmus überstrahlte alle Zeitgenossen. Reuchlin wurde durch die Veröffentlichung seiner hebräischen Grammatik (1506) der Begründer des Studiums der hebräischen Sprache für nichtjüdische Gelehrte. Dazu traten Reuchlin und Erasmus als die unermüdlichsten und erfolgreichsten Fürsprecher der Beschäftigung mit der griechischen Sprache auf. Ihnen ist es hauptsächlich zu verdanken, wenn man um 1520 auf jeder deutschen Universität Griechisch lernen konnte.

Weit mehr als Reuchlin hat sich Erasmus bemüht, dem Humanismus auch in den Schulen die Wege zu ebnen. Was er in seinen zahlreichen pädagogischen Schriften über Erziehung und Unterricht sagt, verrät zwar Quintilians Einfluß, erweist ihn aber auch als selbständigen Kopf von großem Verständnis für Kinder und Jugendliche. Sein Erziehungsideal war der wissenschaftlich gebildete, feinsinnige Weltmann. Bei Erasmus finden sich schon fast alle Züge, die später in der Verstandes-, der Sitten- und der Erziehungslehre der Aufklärung zutage treten, so auch in seiner pädagogisch bedeutsamen Schrift „Über die Notwendigkeit einer frühzeitigen sittlichen und wissenschaftlichen Unterweisung" (Declamatio de pueris ad virtutem ac literas liberaliter instituendis).

Sie beginnt mit der Schilderung des natürlichen Menschen als einer rohen, aber bildsamen Masse, die man durch Erziehung und Unterricht erst in die rechte Verfassung bringen kann. Die Natur hat ihm Keime des Guten und Edlen eingepflanzt; die Sorgfalt des Bildners muß sie entwickeln. Das wesentlichste Merkmal des Menschen ist die Vernunft, das schlimmste Übel die Unwissenheit. Darum beginne man gleich nach der Geburt mit dem Erziehungswerk und schicke das Kind frühzeitig zu einem bewährten Lehrer, der auf seine Anlagen und Neigungen zu achten weiß. Die sprachliche Unterweisung ist besonders wichtig. Unkenntnis der Sprachen verdirbt alle Wissenschaft. Erasmus verlangt gewinnende Lehrweisen, die das Lernen zur Lust, nicht zur Last machen und die dem Lehrer die Zuneigung der Schüler erwerben. Ehrliebe, Lob und Wetteifer seien seine Erziehungsmittel; zur Rute greife er nur im Notfall. Beharrlichkeit ist wertvoller als Strenge. Spielendes Lernen und Veranschaulichkeit durch Abbildungen sollen am Anfang des Unterrichts stehen, die Sprechfertigkeit vor dem Lesen und Schreiben geübt werden, die grammatische Unterweisung sich auf die notwendigsten und einfachsten Regeln beschränken. Alles Schwierige soll man allmählich und in Zwischenräumen beibringen. Erasmus weiß, daß die meisten Lehrer diesem Ideal nicht entsprechen; er verlangt daher bessere Vorbildung der Lehrenden ohne sich freilich näher über diese auszusprechen.

Die Gedanken und Wünsche dieser humanistischen Wortführer fanden im Schulwesen ihrer Zeit nur langsam Verwirklichung. Die Unterrichtsanstalten der von Geert Groote und Florentius Radewins gestifteten „Brüderschaft vom gemeinsamen Leben" (Fraterherren), deren Klöster sich seit Ende des 14. Jahrhunderts von Holland aus über ganz Nord- und Mitteldeutschland verbreiteten, kamen der neuen Bewegung zuerst entgegen. So gewährte Alexander Hegius, der Rektor der Fraterherrenschule zu Deventer, unter Agricolas Einfluß schon im letzten Viertel des 15. Jahrhunderts dem Humanismus, wenn auch zögernd und vorsichtig, Eingang in seine Anstalt. Entschiedener als er lenkten seine Schüler in humanistische Bahnen ein. So halfen Murmellius und Camener dem Domherrn Rudolf von Langen (seit 1500), die Domschule zu Münster in eine rein humanistische Anstalt umzuwandeln, deren Einrichtung für viele andere vorbildlich wurde. Seit 1512 wurde

Der Humanismus in Deutschland 49

dort nach dem Vorbild von Deventer auch Griechisch gelehrt. – Eine Vorstellung vom Unterrichtsgang und dem Aufbau dieser Schulen geben uns die Mitteilungen, die Johannes Sturm den Schulherren der Stadt Straßburg über die von ihm besuchte Lütticher Fraterherrenschule gemacht hat (siehe S. 57). Dort führte man in sechs Gymnasialklassen die Schüler anhand der Grammatik, reichlichen Lesestoffs und häufiger Stilübungen zur freien Nachahmung der klassischen Schriftsteller, nahm vom vierten Jahre an das Griechische hinzu und vollendete die Ausbildung der Zöglinge in einem zweijährigen akademischen Unterricht. Die ganze Unterweisung war nach einem einheitlichen Plan geregelt. Um den Lehrern die Arbeit zu erleichtern, waren die Klassen in Gruppen von je 10 Schülern (Dekurien) eingeteilt; an ihrer Spitze stand ein Dekurio, der die Aufsicht über seine Mitschüler führte.

Die süddeutschen Schulen konnten sich dem Einfluß des Humanismus ebensowenig verschließen wie die norddeutschen, aber auch bei ihnen kann man von einem Sieg des Neuen über das Alte nicht vor den beiden ersten Jahrzehnten des 16. Jahrhunderts reden. Die Geschichte der Schulen zu Schlettstadt, Straßburg, Nürnberg, Pforzheim, Stuttgart, Tübingen, Frankfurt a.M., Augsburg u.a. beweist das zur Genüge.

An den Universitäten wurde der eigentlich entscheidende Kampf zwischen den Vertretern der Scholastik und des Humanismus ausgefochten. Die erst seit der Mitte des 15. Jahrhunderts gegründeten Universitäten zu Freiburg, Basel, Ingolstadt, Wittenberg, Tübingen und Frankfurt a. O. öffneten am bereitwilligsten ihre Hörsäle den Verkündern der neuen Lehre, die wie Luder, Celtes, Buschius, Ästicampianus, Hutten u.a. schon früh von Hochschule zu Hochschule zogen, um Vorlesungen über klassische Beredsamkeit und Dichtkunst zu halten. Andere dagegen leisteten dem Eindringen der fahrenden „Poeten" lange Zeit hartnäckigen Widerstand. Als jedoch der Humanismus im zweiten Jahrzehnt des 16. Jahrhunderts die drei großen mitteldeutschen Universitäten Erfurt, Leipzig und Wittenberg endgültig erobert hatte, war seine Herrschaft auch auf den übrigen Hochschulen bald gesichert. An allen Artistenfakultäten wurden Lehrstühle für Dichtkunst und Beredsamkeit erreichtet und die lateinischen und griechischen Klassiker als Vorbilder zu eigener schriftstellerischer Tätigkeit gelesen und ausgelegt. Neben den bisher üblichen Vorlesungen und Disputationen galten die von Quintilian übernommenen Deklamationen (Redeübungen) als wertvolles Lehrmittel. Im übrigen blieb der Unterrichtsbetrieb der alten Fakultäten unangetastet, und die Artistenfakultät blieb die Vorstufe zu ihnen. Man wird den Siegeszug des Humanismus in Deutschland kaum angemessen beurteilen können, wenn man nicht sein Zusammentreffen und seine vielfältigen Verpflechtungen mit der Reformation berücksichtigt.

7. Stellung der Reformatoren zur humanistischen Bewegung

Kaum hatte der gelehrte Humanismus auf den deutschen Universitäten und Schulen festen Fuß gefaßt, da riß die Reformation die Geister mit sich fort. Die meisten der jüngeren Humanisten schlossen sich der neuen Bewegung an, ohne freilich zu ahnen, wie tief die Gegensätze zwischen den kirchlichen Erneuerern und ihnen waren und wie sehr die Reformation ihren Intentionen der Entwicklung einer neuen Wissenschaftlichkeit und eines neuen Bildungsverständnisses entgegenstand. Die theologischen Streitfragen und die damit verbundenen politischen Kämpfe zogen nämlich in solchem Maße die allgemeine Aufmerksamkeit auf sich, daß der Humanismus und die von ihm beherrschten Universitäten und Schulen empfindlich darunter leiden mußten. Eine bildungsfeindliche Strömung machte sich sogar eine Zeitlang geltend (Karlstadt u.a.), und da durch die Einziehung der Kirchengüter auch die Aussicht auf geistliche Pfründen wegfiel, so leerten sich die Schulen und Hochschulen in erschreckendem Maße. Es schien, als sollte der Humanismus an dem Bündnis mit der Reformation zugrunde gehen. Die Verstimmung zwischen den Häuptern beider Bewegungen blieb nicht aus: Erasmus maß dem Luthertum die Schuld an dem Niedergang der Wissenschaften bei, Reuchlin brach nach vergeblichen Bekehrungsversuchen die Beziehungen zu seinem Großneffen Melanchthon ab. Aber Humanismus und Protestantismus waren beide Gegner der Scholastik und ihrer mönchischen Vertreter. Sie teilten beide den Glauben an das Recht und die Verantwortlichkeit des Einzelwesens und seines Gewissens; sie bejahten beide die diesseitige Welt und ihre Ordnungen. Zudem haben die Reformatoren in ihrer Kirche eine Lehrkirche geschaffen, die sich auf das Bibelwort stützt. Daher mußten ihre Prediger die alten Sprachen studieren.

Gerade diese Tatsache entschied Luthers Stellung zum Humanismus. Obwohl die Gnadenlehre sein wichtigstes Anliegen war und er um ihretwillen weltliche Weisheit für nichts achtete, konnte er sich doch nicht der Einsicht verschließen, daß die aufklärende Tätigkeit der Humanisten sein Werk der Kirchenverbesserung vorbereitet habe. Ebenso sah er in ihrer Unterrichtsweise einen Fortschritt gegenüber dem alten Verfahren der Scholastiker. Daher verlangte er schon in seiner Schrift „An den christlichen Adel deutscher Nation", mit der er sich an die weltlichen Fürsten Deutschlands wandte, eine humanistische Umgestaltung der Universitäten mit Zurückdrängung des Aristoteles und scholastischer Gelehrsamkeit, aber stärkerer Pflege der alten Sprachen um des Bibelstudiums willen. Daher wollte er ferner den neuen Unterrichtsbetrieb auch in den protestantischen Ratsschulen eingeführt wissen, deren Gründung und Erhaltung er in seinem Aufruf: „An die Ratsherren aller Städte deutschen Landes, daß sie christliche Schulen aufrichten und halten sollen" (1524) nachdrücklich forderte.

Nachdem Luther darin auf den Niedergang des bestehenden Schulwesens hingewiesen hat, legt er der städtischen Obrigkeit die Einrichtung und weitere Erhaltung von Lateinschulen dringend ans Herz. Die Eltern haben teils selbst nichts Rechtes gelernt, teils lassen ihnen ihre Geschäfte und Haushaltssorgen keine Zeit zu rechter Kinderzucht. Die Mittel, sich besondere Lehrer zu halten, haben die wenigsten. Hier muß die Obrigkeit helfen. Luther weist sie auf die jungen Humanisten hin, die jetzt einen Knaben in drei Jahren weiterbringen, als das bisher alle höheren Schulen und Klöster gekonnt haben. Die Sprachen, die sie lehren, braucht man sowohl um der Heiligen Schrift wie um des weltlichen Regimes willen. Sie sind die Scheide, darinnen das Messer des Geistes steckt. Freilich können nicht alle Kinder eine gelehrte Bildung erhalten: nur der „Ausbund", d. h. die tüchtigsten unter ihnen, sollen die Schule länger besuchen, um später Lehrer, Prediger usw. zu werden. Für die übrigen, Knaben sowohl wie Mädchen, genügt ein ein- oder zweistündiger täglicher Unterricht. – Am Schluß fordert der Reformator zur Gründung von Büchereien auf.

Wenn Luther sich mit diesen beiden Schriften an die einzelstaatlichen Mächte wandte, so war das eine notwendige Folge seines Bruches mit der päpstlichen Kirche. Die lutherisch gesinnten Fürsten und Städte mußten die öffentliche Erziehung in ihre Hand nehmen: ein wesentlicher Faktor, den die Reformation dem deutschen Schulwesen gebracht hat, denn dieses wurde nun der weltlichen Obrigkeit unterstellt (Staats- oder Landeskirchentum). Die geforderten Schulen waren Lateinschulen; sie drohten durch das Eingehen der Kloster- und Domschulen in Verfall zu geraten. Der Mangel an Predigern, Lehrern und höheren Beamten trieb Luther schließlich sogar zur Forderung des Schulzwanges für die Begabten (im „Sermon, daß man solle Kinder zur Schule halten" 1530). Er leitete das Recht dazu aus der „göttlichen Berufung der Obrigkeit zur Zucht und Lenkung der Untertanen" ab.

Der eigentliche Schöpfer des protestantisch-humanistischen Bildungswesens ist nicht Luther gewesen, sondern sein Freund und Berater Philipp Melanchthon (1497–1560). In Heidelberg und Tübingen ausgebildet und Humanist von reinstem Wasser, wurde er auf Reuchlins Empfehlung hin 1518 als Lehrer des Griechischen nach Wittenberg berufen. Schon in seiner Antrittsrede De corrigendis adolescentiae studiis (Über die Verbesserung des Jugendunterrichts) zog er mit Eifer gegen das scholastische Lehrverfahren zu Felde und empfahl dagegen ein Zurückgehen auf die griechischen und lateinischen Quellen der Wissenschaft. Auf diesem humanistischem Standpunkt blieb er nach der methodischen Seite hin zeitlebens stehen, wie das besonders seine zahlreichen Universitätsreden bezeugen. In der Zielstellung des Unterrichts rückte er freilich unter Luthers Einfluß von dem schöngeistigen Standpunkt der Humanisten ab. Er sah den Sprachbetrieb nicht wie diese als

Selbstzweck an, sondern unterstellte ihn dem kirchlichen Endzweck und der Erhaltung von Luthers Lebenswerk. Nicht Eloquenz allein soll der Unterricht vermitteln, sondern die „eloquens pietas" (Beredsamkeit im Dienste der Frömmigkeit). Damit hat er den Humanismus für das protestantische Schulwesen gerettet, ihn zugleich aber auch in konfessionelle Abhängigkeit gebracht. In seinem auf Ausgleich und Versöhnung gerichteten Bestreben ging er noch weiter: er hielt auch an der aristotelischen Philosophie fest und vermittelte dadurch den Zusammenhang mit der vorhumanistischen Zeit. So blieb er in seiner pädagogischen Lehre mehr bewahrend als fördernd, brachte aber ein Schulwesen zustande, das für das gesamte protestantische Deutschland vorbildlich wurde und um deswillen er, wie einst Hrabanus Maurus, der „Lehrer Deutschlands" (Praeceptor Germaniae) genannt wurde.

Auf dreifachem Wege ist er zu diesem Ziele gelangt. Einmal durch seine Lehrtätigkeit; er hatte neben Luther in Wittenberg die meisten Zuhörer und hat vor diesen zahlreiche Vorlesungen über das Neue Testament, die Glaubenslehre, die lateinischen und griechischen Klassiker und sämtliche Fächer des Quadriviums gehalten. Sie trugen seine Anschauungen in die protestantischen Gebiete hinaus, in denen sie als Pfarrer wie als Lehrer an Schulen und Universitäten auf seine Empfehlung hin andern Bewerbern vorgezogen wurden. Ferner wirkte er weithin durch seine Schriften und einen ausgedehnten Briefwechsel. Er hat Lehrbücher über Dialektik und Rhetorik geschrieben, über Physik, Psychologie und Ethik, über Geschichte und kirchliche Dogmatik (die Loci 1521). Seine griechische und seine lateinische Grammatik gehörten bis ins 18. Jahrhundert hinein zu den verbreitetsten Lehrbüchern protestantischer Schulen. Endlich gab er dem protestantischen Bildungswesen auch einen Rahmen von Dauer durch Schaffung der evangelischen Gelehrtenschulen und Landesuniversitäten. Von beiden soll im folgenden besonders die Rede sein.

8. Das protestantisch-humanistische Bildungswesen des 16. Jahrhunderts

Dem Rufe Luthers nach Gründung und Erhaltung höherer Schulen sind zunächst nur wenige Städte gefolgt, da die den Bedürfnissen der Reformation entsprechende Form noch nicht gefunden war. Melanchthon hat sie dem protestantischen Deutschland durch die von ihm verfaßte Kursächsische Schulordnung gegeben, die 1528 als Anhang und Teil der Kirchenordnung im „Unterricht der Visitatoren an die Pfarrherren im Kurfürstentume zu Sachsen" erschien.

Danach soll der Lehrstoff der Lateinschulen einzig im „Lesen und Schreiben, in der lateinischen Sprache (keiner anderen) und im Christentum bestehen. Die Schüler werden nach herkömmlicher Weise in drei „Haufen" eingeteilt. Der erste Haufen lernt: Lesen aus einer lateinischen Fibel Melanchthons, ferner Schreiben, die Anfangsgründe der Grammatik nach Donat, Sittensprüche aus Cato und einen reichen Vokabelschatz. Auf der zweiten Stufe wird der Grammatikunterricht erweitert und vertieft. Als Lese- und Übungsstoff dienen die Fabeln Äsops, die Knabengespräche (Paedologia) des Petrus Mosellanus, die Colloquia (Gespräche) des Erasmus und die Lustspiele des Terenz und Plautus, soweit sie sittlich rein sind. Für den Religionsunterricht (Erlernen des Vaterunsers, des Glaubensbekenntnisses, der 10 Gebote, einiger Psalmen und Erklärung leichter Stücke aus der Bibel) soll ein besonderer Tag gewählt werden. Die Besprechung von kirchlichen „Hadersachen" wird ausdrücklich verboten. Die dritte Stufe des Unterrichts dürfen nur die geschicktesten Schüler durchmachen. Ciceros Briefe und seine Schrift „Über die Pflichten", Vergils und Ovids Dichtungen sollen hier die Beherrschung der lateinischen Sprache weiter fördern. Unterricht in Dialektik und Rhetorik bildet den Abschluß. Dem kirchlichen Gesangunterricht wird die erste Stunde nach Tisch zugewiesen. In und außerhalb der Schule sollen die Schüler Latein sprechen, jede Woche eine lateinische Arbeit („Epistel oder Vers") liefern.

Durch diese Schulordnung gewann der Gedanke eines sonderstaatlichen evangelischen Schulwesens zum erstenmal greifbare Gestalt. Die bald danach durch Johannes Bugenhagen geschaffenen Schulordnungen norddeutscher Reichsstädte und Länder (Braunschweig, Hamburg, Lübeck, Pommern, Holstein usw.) verfolgten den gleichen Zweck der Schaffung eines staatseigenen Kirchen- und Schulregiments. Auch die aus den älteren Ratsschulen hervorgegangenen Gymnasia academica süddeutscher Reichsstädte (Straßburg, Nürnberg, Augsburg usw.), die über Melanchthons Lehrplan hinaus Griechisch und die Anfangsgründe des Hebräischen, der Mathematik und der Philosophie lehrten und damit, wie bisher die Artistenfakultät, ihre Schüler bis zum Grade des Baccalarius führten, sowie die seit den 40er Jahren aufkommenden Landesschulen (wie die sächsischen Fürstenschulen zu Schulpforta, Meißen und Grimma und die württembergischen Klosterschulen) dienten alle demselben Zweck: dem Ausbau eines eigenen Schulwesens, das man nicht nur als wesentliche Hilfe in Glaubenssachen, sondern auch als Mittel zur Loslösung von der Reichsgewalt erkannt hatte.

Nachdem durch den Augsburger Religionsfrieden (1555) die Kirchen- und Schulhoheit der Landesfürsten endgültig gesichert war (cuius regio eius religio), mehrten sich die Landesschulordnungen, die das gesamte niedere und höhere Schulwesen in einheitlichem Geiste regelten. Sie waren Anhängsel der jeweiligen Landeskirchenordnungen und brachten schon dadurch die Abhängigkeit des Schulwesens von der Kirche zum Ausdruck. Die bedeutendste dieser Art war die württembergische Schulordnung des Herzogs Christoph von 1559.

Diese schreibt zunächst für größere Flecken die Errichtung von deutschen Schulen vor, in denen die Knaben Unterricht im Lesen und Schreiben, im Katechismus und Kirchengesang erhalten. Für die Städte fordert sie drei- bis fünfklassige Partikularschulen, die in den Unterklassen nur Latein und deutschen Katechismus, von der vierten Klasse an auch Griechisch lehren sollen. Der Lesestoff ist dabei reicher und mannigfaltiger bemessen als in Melanchthons Schulplan. Die Tüchtigsten aus diesen Lateinschulen werden nach bestandener Prüfung im „Landexamen" in die aus dem Vermögen der eingezogenen Klöster errichteten Klosterschulen aufgenommen. In deren Unterbau (Grammatistenabteilung) wiederholt sich der Unterricht der beiden obersten Klassen der Lateinschulen (da diese in Wirklichkeit meist weniger als fünf Klassen hatten), während in der oberen Abteilung der Unterricht in den lateinischen und griechischen Schriftstellern, in Dialektik und Rhetorik bedeutend erweitert und täglich eine lectio theologica erteilt wird. Diese Klosterschulen waren zu unentgeltlicher Heranbildung zukünftiger Geistlicher bestimmt und bildeten die Vorbereitungsstätten zum Studium an der Universität Tübingen, an der das sogenannte „Stift" 100 Theologen kostenlose Verpflegung und Unterhalt gewährte. Zur Vorbereitung auf höhere weltliche Ämter waren ähnliche Beihilfen für zwanzig junge Adlige vorgesehen.

Nach dem Muster dieser Schulordnung richteten auch andere protestantische Staaten ihr Schulwesen ein, z. T. unter wörtlicher Entlehnung der württembergischen Bestimmungen, so Braunschweig (1569), Lippe und 1580 auch (das Albertinische) Kursachsen.

Das von Melanchthon geschaffene Gelehrtenschulwesen blieb im protestantischen Deutschland bis tief ins 18. Jahrhundert hinein herrschend. Noch zu seinen Lebzeiten gelangten einzelne Anstalten zu großem Ansehen, so die seiner Schüler Valentin Trotzendorf in Goldberg (Schlesien), Michael Neander in Ilfeld (Harz) und Hieronymus Wolf in Augsburg. Während Neander (1525–1595) mehr als irgendeiner seiner Zeitgenossen neben Religion und den alten Sprachen den Wert der Realien betonte, indem er aus Nützlichkeitsgründen Geschichte, Erd- und Pflanzenkunde in den Kreis der Belehrung aufnahm, gingen Wolf und Trotzendorf über den Rahmen des sonst üblichen protestantisch-humanistischen Bildungsstoffes nicht hinaus, erreichten aber durch ein zielbewußtes Lehrverfahren und straffe Zucht innerhalb dieser Grenzen eine allgemein bewunderte Bildung ihrer Schüler. Trotzendorf (1490–1556, eigentlich Friedland aus Trotzendorf) machte, wie spätere Berichte bezeugen, den eigenartigen und später mehrfach nachgeahmten Versuch, durch Gründung einer Schülerrepublik mit monatlich wechselndem Senat, Konsuln und Zensoren seine Zöglinge beizeiten an Gehorsam und Achtung gegen die Obrigkeit zu gewöhnen. Er selbst stand als „Diktator" wachend und regelnd über dem Ganzen.

Der erfolgreichste Schulleiter des 16. Jahrhunderts war der aus der Lütticher Fraterherrenschule hervorgegangene, in Löwen und Paris für den Humanismus gewonnene Rektor Johannes Sturm in Straßburg (1508–1589). Er hat das dortige Gymnasium in 43jähriger Arbeit nach dem Muster seiner Mutterschule zur bedeutendsten Gelehrtenschule Deutschlands erhoben und zu einer hochschulmäßigen Akademie ausgebaut, die im 17. Jahrhundert Volluniversität wurde. Eine Programmschrift von 1538 und ein Studienplan (Epistolae classicae) von 1565 zeigen, wie er mit großem methodischem Geschick, aber auch mit unleugbarer Einseitigkeit den humanistischen Unterricht durchführte. Frömmigkeit, Sachkenntnisse und Kunde der lateinischen Rede (sapiens atque eloquens pietas) soll nach seiner Ansicht jede Schulbildung vermitteln. In einem neun-, später zehnjährigen Lehrgang sollen die Schüler seiner Anstalt dieses Ziel erreichen. Den wichtigsten Teil des Unterrichts bildeten die beiden alten Sprachen. Den Epistolae classicae zufolge teilte sich das Gymnasium in zwei Teile, deren erster ausschließlich der Unterweisung im Lateinischen gewidmet war, während von der sechsten Klasse ab auch das Griechische hinzukam. Sturm wollte seine Schüler zu ebenso vollkommener Beherrschung wenigstens des Lateinischen heranbilden, die in möglichst reichlicher Verwendung ciceronianischer Ausdrücke bestand.

Neben den Gelehrtenschulen galt Melanchthons pädagogische Hauptsorge der Reform des Universitätswesens. Wie er die Neuordnung der Wittenberger Hochschule durchführte, so wurden auch die neuen Universitäten zu Marburg, Königsberg und Jena sowie die schon bestehenden zu Tübingen, Leipzig, Frankfurt a. O., Heidelberg u.a. nach seinen und seiner Schüler Ratschlägen eingerichtet. Auch hier war er möglichst auf Bewahrung des Bestehenden bedacht. Daher erfuhr nur die theologische Fakultät eine durchgreifende Umgestaltung, insofern die Kirchenväter und die Scholastiker des Mittelalters durch das Studium der Bibel in der Ursprache verdrängt wurden. Die Artistenfakultät, jetzt philosophische genannt, behielt die vom Humanismus geschaffene Form und

Stellung bei (vgl. S. 50). Die aristotelischen Schriften und die Fächer des Quadriviums blieben weiterhin die Quellen weltlichen Wissens. Die juristische Fakultät gewann neben der theologischen zunehmend an Bedeutung, da die Durchführung der Territorialgewalt den juristisch vorgebildeten Beamten immer unentbehrlicher machte.

Im ganzen lag das Neuartige dieser Hochschulen weniger in ihrer Form und ihrem Ausbau als in ihrer Zweckbestimmung. Das überstaatliche Gepräge, das die Universitäten des Mittelalters als Einrichtungen der länderumfassenden Kirche besaßen, ging mit der Durchführung des Landeskirchentums verloren. Ein Fürst, der wirklich unabhängig sein wollte, mußte auch die Ausbildung seiner Beamten in die Hand bekommen. Deswegen entstand eine Reihe kleinerer Landesuniversitäten, die ihrem Staate die Pfarrer und höheren Beamten zu liefern hatten. Für diese war der Besuch der Landeshochschule Voraussetzung zur Anstellung. Dadurch wurde die Freizügigkeit der Studenten eingeschränkt, ebenso wie ihre und der Professoren Gewissensfreiheit durch den Zwang des Bekenntnisses. Durch das Eindringen des Kalvinismus einerseits, der Gegenreformation andererseits wurden die Glaubensstreitigkeiten von neuem entfacht. Die Universitäten wurden die Mittelpunkte dieses Kampfes. Sie hatten den rechten Glauben (Orthodoxia) zu verteidigen und über die Reinheit der Lehre zu wachen. Kein Professor wurde daher angestellt ohne ausdrückliche Verpflichtung auf die Bekenntnisschriften der Landeskirche; die Studenten aber hatten sich im Baccalariatsexamen einer Prüfung in der Kirchenlehre zu unterziehen. Die humanistischen Studien mußten darunter leiden. Das Bestreben der verschiedenen Konfessionen, die Richtigkeit ihrer Glaubenssätze verstandesgemäß zu erweisen, ließ nämlich eine Neuscholastik erstehen, die in ihrer Ausdrucksweise ebensowenig Wert auf klassisches Latein legte, wie einst die Scholastik des Mittelalters. Diesem Verfall des Humanismus auf den Universitäten folgte rasch der Niedergang des altsprachlichen Unterrichts in den Schulen. Auch hier lag der Schwerpunkt im Dogmatisch-Religiösen. Das ergab sich schon daraus, daß der

Unterricht fast ganz in den Händen von Theologen lag, die ihn so lange versahen, bis sie eine besser bezahlte Pfarrstelle erhielten. Kein Wunder, daß unter solchen Umständen der Melanchthonsche Grundsatz der eloquens pietas (S. 53) immer einseitiger im Sinne kirchlicher Rechtgläubigkeit ausgelegt wurde. Das zeigte sich auch darin, daß man, um eine sittliche Gefährdung der Schulen zu vermeiden, möglichst wenig auf den Inhalt der heidnischen Schriftsteller einging, sie durch trockene Auszüge ersetzte und diese vornehmlich nach grammatischen und stilistischen Gesichtspunkten durcharbeitete. Im Griechischen beschränkte man sich fast allgemein auf das Neue Testament.

Die Reformation hat gleichzeitig auf die Entwicklung der Frauenbildung äußerst negative Auswirkungen gehabt. Durch die Schließung der Klöster war diese wichtigste Einrichtung für die höhere weibliche Bildung vernichtet. Die reformatorische Ehe- und Familienlehre schränkte den Lebenskreis der Frauen auf ihre Tätigkeit als Hausfrau und Gattin ganz im Sinne eines frühbürgerlichen Eheverständnisses ein und definierte die Bildungsziele für Mädchen im Hinblick auf diese späteren Aufgaben. Selbst wenn die reformatorischen Kirchenordnungen, wie beispielsweise die Braunschweigische von 1528 (s.S. 55) die Gründung von „Jungfrauenschulen" in den Städten vorsahen, wird man davon ausgehen müssen, daß deren Beitrag zur Frauenbildung eher bescheiden war. Der mit den mittelalterlichen Universitätsgründungen eingeleitete Prozeß einer eindeutig von Männerkorporationen getragenen Wissensverwaltung wurde durch die Aufhebung des Mönchtums und seines weiblichen Pendants und die Ausschließlichkeit, mit der die geistliche Lebensführung und Erkenntnis jetzt auf den protestantischen Pfarrer beschränkt wurde, weiter fortgeschrieben. Dieser Prozeß hatte für die gesamte Neuzeit bis ins zwanzigste Jahrhundert die bildungsgeschichtlich Konsequenz, daß Frauen aus den öffentlichen höheren Bildungseinrichtungen, Schulen und Hochschulen, und Gelehrtenkorporationen wie wissenschaftlichen Akademien ausgeschlossen blieben.

9. Das katholisch-humanistische Bildungswesen des 16. Jahrhunderts

Wie die protestantische Kirche im Laufe des 16. Jahrhunderts durch den Kampf um den rechten Glauben dogmatisch erstarrte, so in gleicher Weise die katholische. Die Beschlüsse des Tridentinischen Konzils (1546–1563) bezeugen diese Entwicklung. Dem Siegeszuge der Reformation sollte von der Mitte des Jahrhunderts ab die katholische Reform Einhalt gebieten. Ihre Führung übernahm der 1540 gegründete Jesuitenorden. Schon sein Stifter, Ignatius von Loyola, hatte erkannt, daß der Jugendunterricht neben Predigt und Beichte die wirksamste Waffe im Kampf gegen die Ketzerei sei. Deshalb bestimmte er bereits in den Constitutiones, den Grundgesetzen des Ordens, daß dieser sich das ganze Unterrichtswesen bis zu den Universitäten hinauf unterwerfen solle und setzte die Grundzüge der jesuitischen Pädagogik im wesentlichen fest. 1552 erhielt sein Orden von Papst Julius III. die Erlaubnis, überall Schulen zu errichten und an den höheren die Würde eines Baccalarius, Magister und Doktor zu erteilen. Noch im selben Jahre wurde das Collegium Germanicum in Rom, die Mutteranstalt der deutschen Jesuitenschulen, gegründet. Dann begann mit der Errichtung des ersten Jesuitenkollegs in Ingolstadt (1556) der zielbewußte Kampf gegen den deutschen Protestantismus. Hilfe boten die katholischen Bischöfe weltlichen Landesherren und Städten, die die Schulhäuser errichteten und Geldmittel gaben. Die Unterrichts- und Bekehrungsarbeit blieb dem Orden allein überlassen. Anfangs fehlte noch ein fester Lehr- und Erziehungsplan. Erst in den achtziger Jahren wurde er auf Grund der gemachten Erfahrungen ausgearbeitet und 1559 nach wiederholter sorgfältiger Prüfung 1599 als Ratio atque institutio studiorum S. J. (Studienordnung der Gesellschaft Jesu) von dem Ordensgeneral Claudius de Aquaviva gutgeheißen. Es war die erste Studienordnung von überstaatlicher Geltung, ein Werk von großer Einheitlichkeit und Geschlossenheit, das auf Menschenformung im Sinne der katholischen Kirche hinzielte.

Die Ratio umfaßt das ganze Lehr- und Erziehungssystem der Jesuiten vom Eintritt in die Schule bis zum Abschluß der theologischen Studien. In ihren als Internaten eingerichteten Lehranstalten, Kollegien genannt, werden sowohl die zukünftigen Ordensmitglieder als auch Laienschüler ausgebildet. Der Unterricht verteilt sich auf eine niedere (studia inferiora) und eine höhere Schule (studia superiora) mit je einem Präfekten und unter der Oberleitung eines Rektors. Die niedere Schule vermittelt in fünf Klassen (sechs Jahren) den Gymnasialunterricht. Er deckt sich im Ziel wie in der Lehrart mit dem der zeitgenössischen protestantischen Schulen. Die Eloquenz steht auch hier im Dienste der Frömmigkeit. Mit eingehender grammatischer Unterweisung im Lateinischen wird begonnen, dann werden die Schüler durch methodisch geregeltes Lesen, besonders Ciceros, durch häufige Stilübungen und Lateinsprechen zur Eloquenz geführt. Griechisch soll schon in der untersten Klasse täglich eine Viertelstunde lang unterrichtet und später wie das Lateinische gelehrt werden. Sachkenntnisse vermittelt in den oberen Klassen die sog. Eruditio, eine Auswahl von wichtigeren geschichtlichen und erdkundlichen Tatsachen. In freien Arbeitsgemeinschaften (Akademien) kann dies alles erweitert und vertieft werden. Der Religions-, d.h. Katechismusunterricht fällt der in der Kirche erteilten Christenlehre zu. – Die höhere Schule, die nur der Ausbildung der zukünftigen Ordensmitglieder dient, umfaßt zunächst einen zwei- bis dreijährigen philosophischen Unterricht auf Grund des Aristoteles. Es folgt eine mehrjährige Unterrichtszeit an der niederen Schule, die der methodischen Vorbereitung des späteren Lehrers dient, und dann erst der abschließende vierjährige theologische Unterricht, der sich auf den Lehren des Thomas von Aquino aufbaut.

Die Eigenart der jesuitischen Pädagogik liegt aber weniger auf dem Gebiet des Unterrichts als auf dem der Erziehung. Über diese gibt die Ratio ebenfalls eingehende Anweisungen. Frömmigkeit, Fleiß, Keuschheit und Gehorsam, d.h. völlige Unterwerfung unter das Gebot der Kirche, sollen die Hauptziele der Erziehung sein, beste Hilfe dazu die Pflege religiösen Lebens. Durch eifrigen Kirchenbesuch, tägliches Messehören, Beichten, Gebets- und „geistliche Übungen" (exercitia spiritualia) sucht man die gewünschte seelische Haltung zu sichern. Die von Quintilian und den Humanisten gepriesene Weckung der Ehrliebe, die émulation, wird als eines der vorzüglichsten Erziehungsmittel empfohlen. Durch Streitgespräche und gegenseitiges Abfragen der Schüler im Unterricht (Zertieren), durch die Erwählung von Magistraten, Prätoren, Zensoren und Dekurionen, welche die Leistungen und das sittliche Betragen ihrer Mitschüler zu überwachen haben, durch öffentliche, mit Theatervorstellungen verbundene Preisverteilungen, durch das Aufhängen der besten Schülergedichte an den Wänden des Schulzimmers, durch die Verstoßung schlechter Schüler auf die Schandbank usw. soll diese Ehrliebe gefördert werden. Die Aufführungen von Schauspielen sollen zur Gewöhnung an gutes Benehmen und zur zeitigen Anpassung an die verschiedensten Lebenslagen dienen. (Die jesuitischen Schuldramen gehörten zu den besten ihrer Zeit). Für die Gesundheit der Schüler sorgte man durch gute Lehrräume, durch Spiel- und Erholungsplätze, Pflege von Leibesübungen, weise Beschränkung der Stundenzahl (fünf Stunden täglich) und Unterbrechung des Unterrichts durch ausgiebig lange Pausen und Ferien. Ernstere körperliche Züchtigung vollstreckte der eigens dazu angestellte „Korrektor".

Die Jesuiten bekämpften den Protestantismus auf dem Gebiete des Schulwesens mit seinen eigenen Waffen; sie stellten sogar den humanistischen Lehrbetrieb noch entschiedener in den Dienst ihrer kirchlichen Zwecke. Dazu waren sie erzieherisch und organisatorisch dem Gegner überlegen. Ihre Zucht war milder, ihre Seelenbehandlung planmäßiger und durchdachter, ihre Leibespflege sorgfältiger, ihre Schulhäuser waren besser als alle bisher bestehenden auf protestantischem wie auf katholischem Gebiete. So wurden ihre Schulen ein vorzügliches Hilfsmittel beim Werke der katholischen Reform. In katholischen Ländern übernahmen sie fast das ganze gelehrte Unterrichtswesen von der Lateinschule bis zur Universität hinauf und beherrschten es bis in die zweite Hälfte des 18. Jahrhunderts, d.h. bis in die Zeit ihres allgemeinen Verbots. Dem äußeren Fortschritt entsprach jedoch kein innerer. Bis in die Mitte des 18. Jahrhunderts war die Muttersprache von den Unterrichtsfächern der Jesuitenschulen ausgeschlossen; Geschichte, Erdkunde und Mathematik fanden in der niederen Schule kaum größere Berücksichtigung. Die Physik des Aristoteles wurde bis ins 19. Jahrhundert gelehrt; die Fortschritte der Naturwissenschaften seit den Tagen Galileis wurden bekämpft oder blieben unbeachtet. Erst 1832 erschien eine Neubearbeitung der Ratio, die den Forderungen der Neuzeit in gemäßigter Form Rechnung trug.

Ebenso wie die reformatorische Pädagogik die Unterordnung des humanistischen Bildungsziels unter das religiöse vorsah, bildete dies auch den pädagogischen Leitgedanken des katholisch glauben-

Das katholisch-humanistische Bildungswesen des 16. Jh.   63

streuen Spaniers Juan Luis Vives (1492–1540), der in vielen Fragen des Erziehungs- und Unterrichtswesens seinen Zeitgenossen vorausgeeilt war. Ursprünglich in scholastischem Geiste erzogen, wurde er später unter Erasmus' Einfluß ein entschiedener Anhänger des Humanismus. Eine Zeitlang war er als Lehrer der Prinzessin Maria ein gern gesehener Gast am Hofe Heinrichs VIII. von England. Später lebte er in Brügge.

Von seinen zahlreichen wissenschaftlichen und pädagogischen Schriften ist die über die Wissenschaften (De disciplinis 1531) die wichtigste. Sie sollte der Neubelebung der Wissenschaften und ihrer rechten Unterweisung dienen. Nachdem Vives darin in sieben Büchern die Ursachen des Verfalls der Wissenschaften dargelegt hat, behandelt er in fünf weiteren den wissenschaftlichen Unterricht, wie er sein sollte. Sein wichtigstes Anliegen ist ihm die religiöse Verinnerlichung. Mit dem Preis der Religion als Anfang und Ziel aller Bildung beginnt daher das erste Buch. Im zweiten empfiehlt er große Vorsicht in der Wahl des Schulorts (gesunde, ruhige Lage) und der Lehrer, die sittenrein, erziehlich begabt, gelehrt und kinderlieb sein müßten. Sie sollen um ihrer Unabhängigkeit willen vom Staate bezahlt werden und sich viermal im Jahre über die Anlagen und den Fleiß ihrer Schüler besprechen. Religiöse Unterweisung sollen alle erhalten, zu wissenschaftlichem Unterricht nur die geeigneten zugelassen werden. Daher sind die Schüler in höhere Schulen vorerst probeweise aufzunehmen und auf ihre geistige Begabung hin zu beobachten. In jeder Stadt sei ein Gymnasium, in jeder Provinz eine Akademie. Gute Schulen sind der Einzelerziehung vorzuziehen. Für den Gang des Unterrichts empfiehlt Vives richtige Stoffanordnung, so daß das Folgende gleichsam aus dem Vorhergehenden hervorzugehen scheine. Das 3. Buch handelt vom Sprachunterricht. Vom 7. Jahre ab beginne der lateinische, bald danach wahlfrei der griechische, zuletzt der hebräische Unterricht. Lehrsprache sei dabei anfangs die Muttersprache. Lebende Sprachen lerne man aus dem Verkehr mit dem Volke. Den Wert der damals sehr beliebten Disputationen schätzt er nicht so hoch ein wie seine Zeitgenossen. Er hält auf Zucht in der Schule, will aber Schläge nur im Notfall angewendet wissen. Zur Erholung empfiehlt er häufige Leibesübungen und Spiele. Im 4. und 5. Buche handelt er von den Wissenschaften, die in einer von ihm entworfenen Musterakademie zu lehren wären. Zu erwähnen ist davon nur, daß er hier für eine auf Anschauung und Beobachtung gegründete Behandlung der Naturwissenschaften eintritt und die Geschichte in den Mittelpunkt des Sachwissens stellt. (Sturm, die Jesuiten, Bacon, Comenius u.a.

haben manche von seinen Gedanken übernommen.)

Seine Institutio feminae christinae war für die weiblichen Kinder adliger Kreise bestimmt, er schrieb sie für seine königliche Gönnerin, Katharina von England. Er preist darin nach dem Vorbild der Kirchenväter Frömmigkeit und Sittenreinheit als höchste Ziele weiblicher Erziehung und unterstellt diesen Zielen die Wahl und Art des Lehrstoffs, so das Lesen der Bibel, der Kirchenväter und christlichen Dichter der Spätantike, von den Heiden höchstens einiges aus Platon, Cicero und Seneca. Ebenso wichtig ist ihm die Einführung der Mädchen in alle Haushaltskenntnisse und Haushaltspflichten. Schon bei der Wahl der Gattin soll der Mann sich von dem Gesichtspunkt des Nachwuchses leiten lassen und die Frau soll sich durch Lektüre zum Beruf der Erzieherin befähigen oder sich durch ihren Mann belehren lassen. Die Mutter hat die Erziehung in den ersten Kinderjahren in den Händen. Wenn der Sohn in ein vernünftiges Alter kommt, soll der Vater die Führung übernehmen.

So erscheint dieser Autor als einer der ersten Pädagogen, die das jahrhundertelang gültige Muster der Frauenerziehung formuliert haben, wenn er es auch zunächst nur für adelige Frauen tat. Noch in der ersten Hälfte des 16. Jahrhunderts (1537) begann auf katholischer Seite der Orden der Ursulinerinnen durch eine ausgebreitete Tätigkeit auf dem Gebiete des Mädchenunterrichts einen unauffälligen, aber zielbewußten Kampf gegen den Protestantismus. Seit Anfang des 17. Jahrhundert arbeitete in ähnlicher Weise der Orden der Englischen Schwestern unter den Frauen der mittleren und höheren Gesellschaftsschichten, der, sich bewußt als weibliches Gegenstück im Unterrichtswesen zum Jesuitenorden verstehend, lange Zeit um seine offizielle Anerkennung in der katholischen Kirche kämpfen mußte.

10. Die Bildung des Volkes

Langsam und spät kam es zu einer planmäßigen Bildung des niederen Volkes. Das ganze Mittelalter hindurch fand die breite Masse ihre Formung durch die festen Ordnungen und Normen des kirchlichen, sozialen und beruflichen Lebens. Das Bauernkind

Die Bildung des Volkes 65

lernte, was es zum späteren Leben brauchte, im Schoß der Familie und in ihrer täglichen Arbeit; sein Weltbild gewann es aus den kirchlichen Verpflichtungen, die jedem Christen auferlegt waren, zuweilen auch aus der mündlich überlieferten Christenlehre, die schon im Frühmittelalter von den Pfarrern für den Bereich ihrer Gemeinde gefordert wurde. Die Masse der Stadtkinder ging in der Hauptsache denselben Weg, nur daß hier der Fortschritt des gewerblichen Lebens wenigstens im späteren Mittelalter auch schon schulmäßige Bildung häufiger machte (s.S. 37 ff).

Der Beitrag, den die Reformatoren zur Förderung der Volksbildung leisteten, lag zunächst ganz auf religiösem Gebiet. Luthers erstes und wichtigstes Anliegen war die Verbreitung der Heiligen Schrift. Schon 1520 forderte er in der Schrift „An den christlichen Adel", daß sie in allen Schulen, hohen und niederen, die „furnehmst und gemeynist lection" sei, auch in den Mädchenschulen, die jede Stadt haben sollte. Im nächsten Jahr schon sorgte er durch seine Übersetzung des Neuen Testaments dafür, daß sie auch wirklich in jedermanns Hände gelangen konnte. 1526 verlangte er in der „Deutschen Messe" für die Jugend des Volkes einen schlichten Katechismus, der auf der Kanzel gepredigt und daheim abgefragt werde. Als dann er und seine Freunde gelegentlich der großen Kirchenvisitationen im Kurfürstentum Sachsen (1527–1529) die traurige Erfahrung machen mußten, daß „der gemeine Mann doch so gar nichts weiß von der christlichen Lehre, sonderlich auf den Dörfern", bestimmten sie im „Unterricht der Visitatoren" (s. S.54f.), daß fortan der Pfarrer oder Küster am Sonntagnachmittag dem Gesinde und jungen Volk in der Kirche das Glaubensbekenntnis, Vaterunser und die Zehn Gebote durch Vorsprechen einprägen (weil die meisten nicht lesen konnten) und danach erklären sollten. Um den Lehrenden die Arbeit zu erleichtern, schrieb Luther 1529 den Kleinen Katechismus, durch den der evangelische Religionsunterricht die erste feste Form erhielt. Endlich sorgte er durch Schaffung des evangelischen Kirchenliedes auch für die Pflege religiösen Gefühls in Kirche, Haus und Schule.

Der von den Reformatoren angeregte Sonntagsunterricht hat in protestantischen Gebietsteilen allgemein Nachahmung gefunden. Aber er konnte auf die Dauer nicht genügen. Zur wirklichen Beherrschung der Bibel und des Katechismus gehörte zum wenigsten auch die Kunst des Lesens. Das hat zuerst Luthers Mitarbeiter Bugenhagen erkannt, der in der Braunschweiger Kirchenordnung von 1528 entsprechend „deutsche Schulen" verlangte. Häufiger erhoben wurde diese Forderung allerdings erst von der zweiten Hälfte des 16. Jahrhunderts ab, als die Sorge um den rechten Glauben das Lesenkönnen auch des gemeinen Mannes erwünscht machte. Darum verlangten die Württembergische Schulordnung von 1559 und die Kursächsische von 1580 deutsche Schulen nicht nur in den Städten, sondern auch auf den Dörfern.

Diese Schulen sollten gute Christen erziehen helfen. Der Lehrer war zugleich Küster und Vorsinger (Kantor) oder Organist. Durch eine Prüfung von dem Dekan oder Superintendenten mußte er einen Mindestbesitz von Religions- und Elementarkenntnissen nachweisen. Wie gering solcher Kenntnisschatz noch jahrhundertelang sein durfte, beweist ein Bericht über eine Lehrerwahl in Preußen von 1729. Danach wurde von fünf Bewerbern ein Weber gewählt, der des Rechnens unkundig war, drei Kirchenlieder falsch vorsang, sieben Bibelverse mit 10 Fehlern las, ein Diktat von drei Zeilen mit fünf Fehlern schrieb, verschiedene Handschriften nur stockend entziffern konnte, und der die Prüfung trotzdem bestand, weil er wenigstens buchstabieren und drei Verstandesfragen hinreichend beantworten konnte. Das Ansehen und die wirtschaftliche Lage der Schulmeister war jämmerlich. Ihre Besoldung bestand in kirchlichen Nebeneinnahmen für die Mithilfe bei Taufen, Hochzeiten und Beerdigungen in Brot, Eiern, Zehnten und spärlich eingehendem Schulgeld. Eine besondere Berufsausbildung gab es nicht. Man ging bestenfalls als Gehilfe bei einem älteren Schulmeister in die Lehre. Richtige Schulhäuser gab es vereinzelt nur in Städten, hier allein auch durchgängigen Jahresunterricht. Auf den Dörfern ließ die Feldarbeit im Sommer keinen Unterricht zu. Hier wanderten Lehrer und Schüler von Haus zu Haus, oder die Schule wurde, falls der Lehrer zugleich ein Handwerker mit eigenem Heim war, in dessen Werkstatt abgehalten. Während dort der Schulmeister beruflich arbeitete, unterrichtete er zugleich die jüngeren und älteren „Haufen" seiner Schüler durch Vormachen, Lernenlassen und Abhören der Einzelnen im Buchstabieren, Syllabieren und zusammenhängenden Lesen. Schreiben und Rechnen waren im 16. und 17. Jahrhundert, wenigstens auf dem Lande, in der

Die Bildung des Volkes 67

Regel noch keine öffentlichen Unterrichtsfächer. Selbst Orte mit mehreren Lehrern hatten vielfach nur einen Schulraum, in dem diese ihre Haufen gleichzeitig unterrichteten. Die gebräuchlichsten Schulbücher bildeten der Katechismus, das Gesangbuch und ein Psalm- oder Spruchbüchlein. Schon 1527 empfahl Valentin Ickelsamer, damals Lehrer in Erfurt, in seiner Schrift „rechte weis auffs kürtzist lesen zu lernen" die Lautiermethode. Sein Vorschlag fand jedoch keinen Anklang. Die Winkelschulen führten neben den öffentlichen Schulen trotz aller Anfeindungen ein kümmerliches, aber hartnäckiges Leben bis ins 19. Jahrhundert.

Die katholische Kirche erkannte wohl die Bedeutung des von den Reformatoren gepflegten Katechismusunterrichts. Deshalb wiederholte das Tridentiner Konzil die schon lange bestehenden Bestimmungen über die Pflege der Christenlehre an Sonn- und Feiertagen. 1569 ergingen Schulordnungen in Bayern und Salzburg, welche die Einrichtung von deutschen Schulen forderten, und ähnliche Verordnungen erfolgten vierzig Jahre später in Konstanz und Augsburg. Mit der tatsächlichen Ausführung dieser Bestimmungen stand es jedoch in den katholischen Gebietsteilen nicht besser als in den protestantischen. Ja, es wäre wohl noch weniger geschehen, wenn nicht wieder die Mönchsorden auch auf diesem Arbeitsfelde der Kirche zu Hilfe gekommen wären. Die Jesuiten haben sich zwar mit dem Volksunterricht wenig befaßt. Nur der kleine Katechismus des Canisius erlangte Bedeutung im Unterricht der Massen. Dagegen widmeten seit Anfang des 17. Jahrhundert die Piaristen (Fratres scholarum piarum) dem Volksschulwesen in Österreich und Polen einige Pflege. Noch später begannen die „Schulbrüder" ihr Werk. Der Stifter dieses Ordens, Jean Baptiste de la Salle (1651–1719), war ein Pädagoge von seltenem Weitblick und bewundernswerter Hingabe an die Sache. Seine „Brüder" durften kein Latein lernen, damit sie sich nur der unentgeltlichen Unterweisung des niederen Volkes widmeten. 1684, im Gründungsjahr des Ordens, richtete er in Reims das erste Seminar für Landlehrer ein; diesem folgten später andere mit Übungsschulen. Auch eine Sonntagsschule für junge Handwerker, eine Art Realschule, eine Besserungsanstalt für entartete Knaben und Jünglinge schuf der rastlose Mann unter schweren Kämpfen. Der Orden riß in Frankreich allmählich den größten Teil des Volksbildungswesens an sich, bis er 1904 vertrieben wurde. Dafür entfaltete er eine um so regere Tätigkeit in anderen katholischen Ländern.

11. Frauenbildung in der frühen Neuzeit

Die mehrhundertjährige Debatte über weibliche Gelehrsamkeit, die zumeist unter ihrem französischen Namen „querelle des femmes" genannt wird, war ein gesamteuropäisches Phänomen, das vom Beginn des Humanismus bis zur Aufklärung reichte. Die Diskussion um die Fähigkeit von Frauen, an wissenschaftlicher Erkenntnis teilzuhaben, wurde in Italien, Frankreich, England und Deutschland und den Niederlanden geführt. Selbst aus Schweden liegen uns Zeugnisse vor.

Die Debatte spiegelt den sozialen und politischen Wandel dieses Zeitabschnitts wider, der sich auch darin ausdrückte, daß die Beteiligung von Frauen an Politik und Wissenschaft immer schwächer wurde. Die Entstehung der modernen Staaten war aufs engste verknüpft mit der Entstehung einer neuen sozialen Funktionselite, deren Mitglieder als Berater und Verwalter tätig waren. Der frühbürgerliche Gelehrtenstand wurde an den Universitäten ausgebildet, die in den Jahrhunderten zwischen 1400 und 1800 in ganz Europa enstanden sind und die die kirchlichen Klöster als höhere Bildungseinrichtung ablösten (s.S.32 ff.). Es ist kein Zufall, daß die Frauen, die sich in der „querelle" zu Wort meldeten, häufig Töchter aus Familien jener gebildeten Gelehrten waren. Die frühesten Quellen zu diesem Streit um die Frauen – ihre Minderwertigkeit und Unterlegenheit im Vergleich zu den Männern – stammen aus dem 15. Jahrhundert und sind handschriftlich überliefert. Es finden sich humanistisch gebildete Autoren und Autorinnen aus Italien und Frankreich; die erste Schrift eines deutschen Autors ist Henricus Cornelius von Nettesheims Schrift „Von Adel und Fürtreffen Weibliches geschlechts" (1540), eine Übersetzung der lateinischen Erstausgabe von 1529. Die bekannteste Schrift aus dieser frühen Zeit stammt von Christine de Pizan (1365-1430), Tochter eines italienischen Renaissancegelehrten und Witwe eines Notars am französischen Hof, Dichterin und Schriftstellerin, die mit zwei Werken in die Debatte eingriff.

„Das Buch von der Stadt der Frauen" ist eine breit angelegte, in allegorischem Stil verfasste Verteidigungsschrift gegen misogyne Attacken von Zeitgenossen. Von der Kriegskunst bis hin zu ethischen Fragen der ehelichen Treue weist die Autorin nach, daß die Frauen dem männlichen Geschlecht keineswegs unterlegen sind. Das Argumentationsmuster basiert weitgehend auf der fast katalogartigen Anführung von historischen Beispielen weiblicher Vorzüglichkeit in allen Lebensbereichen. Weibliche Gelehrsamkeit und Erfindungskunst sind ein Gebiet, auf dem Frauen nach Meinung der Autorin nicht so hervorragend sind wegen der mangelnden Möglichkeiten für Mädchen, sich angemessen vorzubilden. Christine selbst steht nicht zurück, ihr eigenes Leben als ein Beispiel für die Schwierigkeiten aufzuzeigen, denen Mädchen, die es nach Erkenntnis drängt, begegnen müssen. Im „Buch der drei Tugenden" oder „Schatzkästlein der Stadt der Frauen" entwickelt die Autorin ein Erziehungsprogramm, das wiederum in allegorischer Form dazu beitragen soll, möglichst vielen Frauen den Zugang zur „Stadt der Frauen" zu verschaffen. Es kann als erstes Dokument eines Erziehungsprogramms von einer Frau für Frauen bezeichnet werden und gibt auf vielschichtige Weise Auskunft, wie die sittliche Vervollkommnung der Frauen ohne Abwertung ihrer geistigen Fähigkeiten pädagogisch gestaltet werden sollte.

In Deutschland hatte der Streit seinen ersten Höhepunkt im 16. Jahrhundert. Ähnlich wie in anderen europäischen Ländern warf die spätscholastische Satire die Frage auf: „Ob die Weiber Menschen seyn, oder nicht?" (so der Titel einer 1595 anonym erschienen Schrift). Im Mittelpunkt dieser Debatte stehen noch theologisch-anthropologische Argumente, die von der ausschließlichen Ebenbildlichkeit des Mannes mit Gott, von der biblisch bezeugten geistigen und körperlichen Minderwertigkeit der Frau bis zu ihrer Unfähigkeit zur Ausübung öffentlicher Ämter reichen und die allesamt beweisen sollen, daß die Frauen keine Menschen seien.

Tatsächlich setzen sich die Beiträge zur Verteidigung der Frauen noch bis weit ins 18. Jahrhundert mit diesen Argumenten auseinander, ebenso wie misogyne Angriffe dieser Art andauern.

Das 17. Jahrhundert sieht dann in ganz Europa eine Vielzahl von Schriften, die sich mit dem Streit befassen, auch melden sich verstärkt Frauen zu Wort. Die in Frankreich im aufklärerischen 18. Jahrhundert wieder aufflammende „querelle" steht zwar in diesem Zusammenhang, löst sich jedoch ganz aus der theologischen Tradition der frühen Neuzeit. Herausragend und zugleich mit allen klassischen Topoi der „querelle" vertraut sind Anna Maria von Schurmanns Schrift „Num foeminae christinae conveniat studium litterarum? (1648) und die hundert Jahre später erschienene Schrift von Dorothea Christiane Leporin „Gründliche Untersuchung der Ursachen, die das weiblich Geschlecht vom Studium abhalten."(1742). Neben der Widerlegung der theologisch-anthropologischen Vorurteile, die von einer menschlichen Minderwertigkeit der Frauen ausgehen, legen diese beiden Autorinnen den Schwerpunkt nicht nur auf den Nachweis, daß Frauen das Recht auf wissenschaftliche Erkenntnis ebenso zukommt wie Männern, sondern auch darauf, daß der Zugang von Frauen zu wissenschaftlicher Ausbildung überaus nützlich für das Gemeinwohl sei. Beide haben dies bereits durch ihr eigenes Bildungsschicksal unter Beweis gestellt: Anna Maria von Schurmann galt zu ihrer Zeit als eine der gelehrtesten Personen Europas, was ihr allerding sowohl unter den Zeitgenossen wie vor allem bei den Nachfahren den Ruf eines monströsen Exoticums einbrachte. Dorothea Christiane Leporin wurde die erste promovierte Medizinerin in Preußen (Halle 1754), nachdem ihr Vater sie ausgebildet und sie bereits lange vor der Promotion als Ärztin praktiziert hatte. Daß Frauen keine öffentlichen Ämter innehaben könnten, zu deren Vorbereitung akademische Studien eigentlich dienten, wurde in der Neuzeit ein immer gewichtigeres Argument gegen die wissenschaftliche Bildung von Frauen. Anna Maria von Schurmann weist diesen Einwand des ausschließlich „privaten" Lebens von Frauen zurück, denn ernst genommen würde er bedeuten, daß auch allen Männern, die als

Privatier lebten, die Berechtigung zur wissenschaftlichen Beschäftigung abgesprochen werden müsse. Werde die Verweigerung von Bildung jedoch wegen der speziellen hauswirtschaftlich-familialen Aufgaben von Frauen ins Feld geführt, so sei dem entgegenzuhalten, daß die universale Berufung des Menschen zur Erkenntnis durch die spezielle nicht ausgeschlossen sei und daß vor allem die jungfräulich lebende Frau für diese universale Berufung frei sei. Leporin dagegen sieht die Haushaltung keineswegs als ausschließlich der Frau aufgetragen und von daher kann diese Tätigkeit kein Hindernis für weibliche Studien darstellen. Hatte Anna Maria von Schurmann bereits den Mangel an Akademien für Frauen beklagt und als Notbehelf für ihr Zeitalter den sowieso noch weit verbreiteten Privatunterricht zur Vorbereitung von Mädchen für eine wissenschaftliche Ausbildung vorgeschlagen, so ist Leporin der Meinung, daß den Mädchen bis zur Errichtung solcher „Jungfernakademien" der Zugang zu den Jungenschulen ermöglicht werden solle, eine Lösung, die fünfzig Jahre später der Aufklärer Theodor Gottlieb von Hippel in seiner Schrift „Über die bürgerliche Verbesserung der Weiber" (1792) ebenfalls vorschlug. Die Anwendung wissenschaftlicher Kenntnisse in akademischer Lehre und Schriftstellerei verteidigt Leporin mit dem Hinweis auf italienische weibliche Renaissancegelehrte, die an Universitäten lehrten und deren Beispiel Schule machen sollte. Für die Ausübung der Medizin sieht sie im Geschlecht des Arztes ebenfalls keinen Hinderungsgrund.

An der Debatte um die weibliche Gelehrsamkeit läßt sich zeigen, daß die Exklusivität der neuzeitlichen höheren Bildung niemals unumstritten war. Vom späten Mittelalter bis zur Aufklärung ist die Frage der Zulassung von Frauen kontrovers gewesen. Insofern hat die Diskussion um eine spezifische Frauenbildung, die in der Aufklärungspädagogik anhebt, bereits eine vielhundertjährige, in der Geschichte der Pädagogik zumeist vernachlässigte Vorgeschichte.

Literatur:

Barbara Becker-Cantarino, Der lange Weg zur Mündigkeit. Frauen und Literatur in Deutschland, 1500–1800, Stuttgart 1989

Günther Böhme, Bildungsgeschichte des europäischen Humanismus, Darmstadt 1986

Anette Baronin Charpentier, Reformation und Bildungswesen, Pädagogische Vorraussetzungen von Schriftlichkeit im beginnenden 16. Jahrhundert, Frankfurt a.M. 1975

Elisabeth Gössmann (Hrsg.), Archiv für philosophie- und theologiegeschichtliche Frauenforschung, Bd. 1–4, München 1984ff.

Christine de Pizan, Das Buch von der Stadt der Frauen, hrsg. von Margarethe Zimmermann, München 1990

Klaus Petzold, Die Grundlagen der Erziehungslehre im Spätmittelalter und bei Luther, Heidelberg 1969

Wolfgang Reinhard, Humanismus im Bildungswesen des 15. und 16. Jahrhunderts, Weinheim 1984

Christian Rittelmeyer/Ernst Wiersing (Hrsg.), Erziehung und Bildung im Mittelalter und in der frühen Neuzeit, Informationen zur erziehungsgeschichtlichen Forschung Heft 31, Hannover 1987

IV. Der Rationalismus und seine ersten pädagogischen Auswirkungen

12. Der Rationalismus des 17. Jahrhunderts. Die muttersprachliche Bewegung

Die religiösen Kämpfe, die Entvölkerung großer Gebiete Deutschlands im Dreißigjährigen Kriege und die Vernichtung seines Wohlstandes bewirkten, daß das Bildungswesen, von wenigen Ausnahmen abgesehen, über die Enge und Starrheit des neuscholastischen Schulbetriebes nicht hinauskam.

Aber die Saat, die der Humanismus ausgestreut hatte, sproßte auf anderem Felde weiter. Dieser hatte den Blick des Menschen wieder auf die diesseitige Welt gelenkt. Seine Schöpfer und ersten Vertreter lebten noch der Überzeugung, daß alles Wissen um diese Welt nur aus der antiken Welt zu erlernen sei. Dieser Glaube erfuhr aber bereits eine Erschütterung, als die Erfindung des Kompasses den Seefahrern die Entdeckung neuer Länder und Weltteile (Kolumbus, Vasco da Gama), ja sogar die Umsegelung der Erde (Magelhaes) ermöglichte. Damit war der erste entscheidende Schritt über das Wissen und Können, das aus der Antike überliefert war, hinaus getan. Das Wissen um die Dinge der Welt (res = Sache, Realismus) wurde nun mehr und mehr erweitert. Das ganze Weltbild änderte sich, als Kopernikus erkannte, daß nicht die Sonne sich um die Erde, sondern diese sich um die Sonne dreht, und als Galilei, Kepler und Newton die mathematisch berechenbare Gesetzlichkeit der Natur entdeckten. Damit waren die Grundlagen der modernen Naturwissenschaft geschaffen.

Den Männern, die diesen Wandel der Dinge mit tieferem Verständnis erfaßten, konnte das antike Wissen nicht mehr genügen. Sie suchten nach neuen Wegen und Mitteln der Erkenntnis.

England und Frankreich wurden führend auf diesem Gebiete. Der Engländer Bacon von Verulam (1561 bis 1626) stellte der Wissenschaft eine neue, praktische Aufgabe: die Beherrschung der Natur und die Bereicherung des Menschen, wie sie durch die Erfindungen des Schießpulvers, der Magnetnadel und der Buchdruckerkunst bereits angebahnt worden war. Dazu bedarf es nach seiner Überzeugung einer neuen wissenschaftlichen Methode, der Methode der Induktion und des Experiments, die aus gleichartigen Einzelbeobachtungen die allgemeinen Gesetze gewinnen läßt. Dieser Forschungsweg, der schon vor Bacons Empfehlung durch Galilei praktisch erprobt war, hat der Naturwissenschaft in der Tat ungeahnte Erfolge beschert. – Wie seine wissenschaftliche Einstellung, so war auch die Ethik Bacons praktisch gerichtet. Er sah das Gute in dem, was der Gesamtheit nützt, dem „Gemeinnützigen", wie man es später in Deutschland genannt hat.

Methode wurde nun das Schlagwort der Zeit. Mit ihrer Hilfe gelangte auch der französische Denker René Descartes zu neuen Erkenntnissen (Discours de la méthode 1637). Die Verschiedenheit der bisherigen philosophischen Systeme und ihrer Ergebnisse führte ihn zum Zweifel an der Wahrheit aller überlieferten Lehren. Aber indem er alles verneinte, konnte er eines nicht bezweifeln, sein Denken. So wurde ihm der Zweifel zum methodischen Ausgangspunkt und das menschliche Bewußtsein die Quelle jeder weiteren Gewißheit; nur das erkannte er als wahr an, was die Vernunft (ratio) klar und deutlich als wahr erkennt. Als Rationalismus bezeichnete man daher die von ihm ausgehende Philosophie, im weiteren Sinne des Wortes auch die ganze moderne Denkrichtung, soweit sie die Bindung an Autorität und Überlieferung ablehnte und durch vernunftgemäßes methodisches Denken zu neuen Erkenntissen zu gelangen suchte. Auch die in der Natur erkannte Gesetzlichkeit wurde als Zeugnis einer alles durchwaltenden Vernunft begriffen und demgemäß das Natürliche dem Vernünftigen gleichgesetzt.

Die grundlegenden Ideen, die das Wesen dieser Bewegung bestimmten, wurden noch im 17. Jahrhundert auf die verschiedenen Wissensgebiete übertragen. Von Bacon und Descartes ange-

Der Rationalismus des 17. Jahrhunderts 75

regt, bauten John Locke die auf Erfahrung gegründete „empiristische", Spinoza und Leibniz die auf Vernunft gegründete „rationalistische" Philosophie weiter aus. Herbert von Cherbury und die englischen Freidenker entwarfen die Grundzüge einer für alle Menschen und Zeiten gültig sein sollenden „natürlichen" oder Vernunftreligion und einer natürlichen, den Forderungen der Vernunft entsprechenden Ethik; der Niederländer Grotius und der Deutsche Pufendorf stellten das rein gedankliche Gefüge eines Vernunft- oder Naturrechtes dem geschichtlich überlieferten Recht gegenüber. Auf diese Weise wurde das für die folgenden Jahrhunderte so bedeutsame rationalistische Weltbild aufgebaut. Man sah im Einzelwesen (Mikrokosmos) wie im All (Makrokosmos) die gleiche Vernunftgesetzlichkeit herrschen, eine Harmonie des Universums, die mit dem Mittel methodischen Denkens erkennbar und durch methodisches Verfahren auf die Einrichtung aller Völker in gleicher Weise übertragbar sei. Freilich blieb diese Denkweise zunächst noch auf eine dünne gebildete Oberschicht beschränkt; zu breiterer Wirkung gelangte sie erst im 18. Jahrhundert.

Dagegen zeigte der Humanismus noch eine Wandlung anderer Art, die rascher auch die nicht gelehrten Kreise ergriff: die Erkenntnis des Wertes der Muttersprache. Das schon geschilderte Bestreben der Humanisten, durch Nachahmung der antiken Schriftsteller und durch eigene Werke die antike Literatur weiterzuführen, scheiterte trotz aller Bemühungen und Einzelerfolge. Kein lateinisches Kunstwerk der Humanistenzeit hat den Vergleich mit den klassischen Vorbildern aushalten können. Zudem blieb dieses gekünstelte Schrifttum auf einen kleinen Kreis von Sprachenkundigen beschränkt; es fehlte der Widerhall aus der breiten Masse des Volkes. Gerade in Italien, dem Mutterland des Humanismus, mußte man zuerst erfahren, daß wahre Dichtkunst nur aus dem natürlichen Boden der Muttersprache erwächst. Während die lateinischen Dichtungen Petrarcas vergessen wurden, lebten seine italienischen Sonette an Laura weiter, ebenso Boccaccios italienische Novellen. In Italien verfocht man denn auch zuerst das Recht und die Würde der Muttersprache als einer den klassischen Sprachen im Schrifttum ebenbürtigen; in Frankreich kämpften die Dichter der Plejade diesen Kampf aus, in Deutschland Opitz und seine Schüler. Mit dem Sinn für die Schönheit der Muttersprache wuchs der Eifer für ihre Reinhaltung und Veredelung. In Italien bildete sich die Academica della crusca, um über die Reinheit der Sprache zu wachen, in Frankreich die Académie française mit ihrem Dictionnaire, dem Wörterbuch des guten Sprachgebrauchs; in Deutschland verfolgten Sprachgesellschaften wie die Fruchtbringende Gesellschaft u.a. mit mehr Eifer als Erfolg ähnliche Zwecke. Patriotisch gesinnte Dichter wie der Süddeutsche Moscherosch, der Schlesier Logau und der Mecklenburger Lauremberg verspotteten kraftvoll die mit Fremdwörtern durchsetzte à la mode Sprache der vornehmen und vornehmtuenden Kreise. Diese war eine der Nebenfrüchte der humanistischen Bewegung. Wie ihre gelehrten Vertreter mit fremder Rede glänzten, so ahmte man sie in der „gebildeten" Gesellschaft nach. Erst wurden lateinische, eine Zeitlang auch italienische und spanische Brocken in die deutsche Rede gemischt. Als aber nach dem großen Kriege Frankreich die führende Macht in Europa wurde, galt seine Sprache als die vornehmste, und man glänzte mit ihr. Die auf Reinhaltung der Muttersprache dringende Gegenbewegung drückte sprachpolitisch die allgemeinpolitische Bewegung zur Nationalstaatsbildung in der frühen Neuzeit aus.

Der Wandel im Geistesleben des 16. und 17. Jahrhunderts machte sich im Bildungswesen zunächst in der Form literarischer Kritik geltend und zwar zuerst in Frankreich. Hier kritisierte schon im 16. Jahrhundert der Gascogner Michel de Montaigne (†1592) die grammatisch-rhetorische Lehrweise der Lateinschulen. Seine pädagogische Kritik ist nur Teil einer allgemeinen Kulturkritik, die er seit 1580 in seinen berühmten „Essais" entwickelte. Er schätzt die antiken Schriftsteller hoch, die er ziemlich genau kennt, aber er verwirft die pedantische Art, wie sie in den Schulen seiner Zeit gelehrt wurden. Im 25. Kap. des I. Buches, das ausschließlich von der Erziehung der Kinder handelt, bekämpft er vor allem das Auswendiglernen von unverstandenem Stoff. Nicht Gelehrte, sondern Menschen sollen erzogen werden. Er empfiehlt daher für die Erziehung junger Adeliger – an diese denkt er allein – einen Hofmeister von klarem Verstand und guten Sitten, der seinen Zögling mit eigenen Augen sehen und selbständig urteilen lehrt. Jeder Ort, jede Stunde soll zum Lernen geeignet, die große Welt das Buch seines Schülers sein. Darum bringe man ihn zeitig unter Menschen und nehme ihn früh mit auf Reisen zu fremden Völkern. Praktische Philosophie, die uns lehrt, der Natur gemäß zu leben, Glück und Unglück mit Gleichmut zu tragen, kann man auch schon Knaben beibringen. Man muß sich nur der Eigenart des Kindes anpassen, es frei vor sich hertraben lassen, um seine Gangart kennenzulernen. Darum soll der Knabe ohne Gewalt erzogen, aber nicht verzärtelt werden; Leibesübungen und Abhärtung sind notwendig. Der Schmuck der alten Sprachen wird zu teuer erkauft; man lerne sie frühzeitig durch ständiges Sprechen, wie sie Montaigne selbst erlernt hat. Wichtiger für den jungen Adeligen ist die Beherrschung der Muttersprache und der lebenden Nachbarsprachen. – Zur Wirkung gelangten diese Gedanken, die bereits aufs Ganze der Erziehung gingen, erst im 18. Jahrhundert durch Locke und Rousseau.

Ganz anders jedoch als bei seinem jüngeren Landsmann Descartes (s.S.74) bestimmt Montaigne den Sinn des Forschens, der sich kritisch gegen die herkömmliche Wissenschaftspraxis wendet, nicht in einer Form der Erkenntnis, die die Beherrschbarkeit der Natur zum Ziel hat, sondern die Erkenntnis liegt in der Entdeckung der Individualität aller Erscheinungen, die sich auch auf den Menschen als Teil der Natur erstreckt. Nicht die Meßbarkeit aller natürlicher Erscheinungen, ihre sich daraus ergebene Vergleichbarkeit und in der Folge ihre Berechenbarkeit und Beherrschbarkeit durch den Menschen als erkennendes Subbkjekt bilden das Erkenntnismodell für Montaigne, sondern der Mensch wird als Schützling der Natur gesehen. Pädagogisch gesehen bedeutet diese Anthropologie die beschriebene Kritik an der scholastisch-humanistischen Lehrweise. In nuce hat Montaigne die Richtung der neuzeitlichen Pädagogik formuliert, die die Betonung auf Individualität, die Ganzheitlichkeit, und die Lebensnähe legt. So finden sich in der frühen Neuzeit im Keim bereits alle Hauptströme der modernen Pädagogik, der methodische Rationalismus, der Allgemeingültigkeit beansprucht, ebenso wie das individuelle Ausformung des Kindes hin orientierte Verständnis von Erziehung.

In Deutschland setzte seit der ersten Hälfte des 17. Jahrhunderts eine ähnliche Kritik gegen die Weltfremdheit und Unfruchtbarkeit des Schul- und Universitätsunterrichts ein. Besonders scharf äußerten sich in diesem Sinne der Stuttgarter Hofprediger Valentin Andreä und sein jüngerer Hamburger Amtsbruder Balthasar Schupp. Beide forderten neben besserem Betrieb der humanistischen Lehrfächer Unterweisung in der Muttersprache, der Mathematik und den Naturwissenschaften, also einen lebenspraktischen Unterricht, der den Bedürfnissen der Zeit entsprach. Der Weg dazu war freilich auch für sie noch der alte des mechanischen Auswendiglernens. Zur gleichen Zeit fand der rationale Methodismus des 17. Jahrhundert seinen ersten pädagogischen Ausbau in den „naturgemäßen" Lehrweisen eines Ratke und Comenius.

13. Ratke

Der Holsteiner Wolfgang Ratke, der sich selbst Ratichius nannte (1571–1635), war der erste in der Reihe der großen deutschen Pädagogen, die, unbekümmert um äußeren Gewinn und unbeirrt durch mannigfache Enttäuschungen, ihre ganze Kraft an die Durchführung ihrer neuen Erziehungsgedanken setzten. Schon während seiner Studienzeit in Rostock und Amsterdam befaßte er sich besonders mit pädagogischen Fragen. Doch fanden seine Pläne lange Zeit weder in Holland noch anderswo Anklang, bis er 1612 auf dem Frankfurter Wahltage den deutschen Reichsstädten ein „Memorial!" (Denkschrift) vorlegte, worin er die Fehler der bisherigen Lehrweise aufdeckte und eine Reform des öffentlichen Bildungswesens versprach, die für das ganze deutsche Reich gedacht war. Fürstliche Gönner nahmen sich nun seiner an, so zunächst der Landgraf Ludwig V. von Hessen-Darmstadt und später der Stifter der Fruchtbringenden Gesellschaft, Fürst Ludwig von Anhalt-Köthen, dessen Sprachreinigungsbestrebungen Ratke teilte. In Köthen wurde 1619 eine Schule nach Ratkes Grundsätzen und eine besondere Druckerei zur Herstellung neuer Lehrbücher errichtet, die nach einheitlichen Gesichtspunkten verfaßt waren. Ratkes

Berufsleben verlief unglücklich. Seine Pläne waren zu weitausholend, seine Ideen mußten anmaßend erscheinen.

Das Frankfurter Memorial läßt bereits diesen Anspruch Ratkes erkennen. Er versprach darin, Anleitung zu geben: 1. wie fremde Sprachen rasch und leicht zu erlernen seien, 2. wie in hochdeutscher und anderen Sprachen eine Schule einzurichten, in der alle Künste und Wissenschaften ausführlich können gelernt werden, 3. wie im ganzen Reich eine einträchtige Sprache, Regierung und Religion einzuführen und zu erhalten sei. Das war nicht weniger als der groß gedachte Plan einer deutschen Nationalerziehung, die dem Vaterland Einheit in Sprache, Regierung und Religion bringen sollte, und zwar auf Grund einer harmonischen Verbindung der Lehren der Hl. Schrift und der Wissenschaft. Als unerläßlich dazu forderte Ratke eine besondere Lehrkunst (Didactica), die ihren eigenen Grund und eigene Regeln habe. Von den Regeln dieser Lehrkunst, die er möglichst geheim hielt, sind nach zeitgenössischen Aufzeichnungen die wertvollsten: 1. Alles nach Ordnung und Lauf der Natur. 2. Nicht mehr denn einerlei auf einmal. 3. Eins oft wiederholt. 4. Alles zuerst in der Muttersprache; aus dieser dann in andere Sprachen. 5. Alles ohne Zwang. 6. Nichts (d.h. nichts Unverstandenes) auswendig lernen. 7. Gleichförmigkeit in allen Dingen (in Lehrart, Regeln und Lehrbüchern). 8. Erst ein Ding an ihm selbst, hernach die Weise von dem Ding (d.h. für den Sprachunterricht: erst der Sprachstoff, dann die Regel). 9. Alles durch Erfahrung und stückliche Untersuchung (per inductionem et experimentum). 10. Alle Jugend (keins ausgenommen) soll zur Schule gehalten werden.

So selbstverständlich diese Sätze heute klingen, so neu waren sie der damaligen Zeit. Sie sollten die Ausgangspunkte eines vernunftgemäßen, methodischen Unterrichts auf der Grundlage der Muttersprache bilden. Daher war dem Didacticus, wie er sich nannte, die deutsche Schule in Köthen als Unterbau aller weiteren Unterweisung so wichtig. Sie war auch in ihrer Anlage weit wertvoller als die folgende Lateinschule, in der alles Übersetzen in die Fremdsprache verworfen und durch immer erneutes Vor- und Nachübersetzen der Lustspiele des Terenz die erforderliche Sicherheit in der lateinischen Sprache erreicht werden sollte.

Die Geheimnistuerei, die großsprecherische Art, mit der Ratke seine Neuerungen anpries, und endlich auch das Mißgeschick, das den übereifrigen, rechthaberischen und mit der Wirklichkeit zu wenig rechnenden Mann bei allen seinen praktischen Versuchen verfolgte, haben ihn unverdientermaßen in den Ruf eines Marktschreiers gebracht. Das Geheimhalten von Einzelheiten des Neuen diente damals allgemein der Abwehr skrupelloser geistigen Diebstahls. Ratke war jedenfalls ein ursprünglicher Kopf, der fruchtbare Gedanken in die Welt gebracht hat. Er hat als erster den Eigenwert pädagogischer Technik erkannt und, wie seine Anhänger bezeugen, die „Lehrkunst" sowohl aus der Natur des Menschen wie aus der Eigenart des Lehrstoffs abzuleiten gesucht. Demgemäß stammen die ersten methodischen Lehrbücher von ihm, und er wird mit Recht als Begründer der modernen Didaktik und Methodik bezeichnet. Daß er mit seiner Lehrkunst Deutschland retten wollte, bedeutet gewiß eine Überschätzung ihrer Kraft, verrät aber zugleich ein starkes nationales Empfinden. Von ihm getragen, forderte er auch die deutsche Schule für alle Kinder als Ausgangspunkt der Jugendbildung, forderte er alle Lehre, auch die der Hochschule, in deutscher Sprache und bemühte sich um Verdeutschung wissenschaftlicher und schulmäßiger Fachausdrücke. Er drang ferner als einer der ersten auf Verstaatlichung des Schulwesens unter fachmännischer stattlicher Aufsicht und mit staatlich besoldeten Lehrern.

Ratke steht auf der Grenze zwischen zwei Zeitaltern: die mittelalterliche Überlieferung und die neuzeitlichen empirischen Wissenschaften bestimmen beide in gleichem Maße seine hochfliegenden Reformpläne. Wenn auch die pädagogische Überlieferung in der Hauptsache auf seine Arbeiten als Didaktiker hingewiesen hat, so ist doch die „Lehrkunst" – ähnlich wie bei Comenius nach ihm – im Gesamtwerk eine relativ schmale Abteilung. Sie ist eingebettet in eine, geradezu enzyklopädisch angelegte „Allunterweisung", in der, methodisch geregelt, die Wissensfülle der Neuzeit als „Lehre" dargestellt wird. Dieser Entwurf Ratkes geht noch von einer grundsätzlichen Übereinstimmung zwischen Natur und Sprache, zwischen Sachen und Worten aus, von einer, dem Neuplatonismus der Renaissance entnommenen, alles durchwaltenden Harmonie.

Die „Lehrart (Didaktik) ist ein dirigierendes Instrument von der Dirigierung des Geoffenbarten" und dient der Vermittlung des harmonisch geordneten Wissens.

14. Comenius

Johann Amos Comenius oder Komenský (1592 bis 1670), aus den Reihen der Böhmischen Brüder stammend, wurde in Nivniz in Mähren geboren. Seit 1611 studierte er in Herborn (Nassau) Philosophie und Theologie und wurde unter dem Einfluß seines dortigen Lehrers Alsted Chiliast, d.h. er glaubte an das Nahen des Tausendjährigen Reiches. Auch mit Ratkes Gedanken wurde er hier bekannt. Nach weiteren Studien in Heidelberg und Amsterdam wirkte er als Schulleiter und Prediger unter seinen Glaubensgenossen. Die Verfolgungen, die nach der Schlacht am Weißen Berge über die Protestanten in Böhmen hereinbrachen, trieben ihn nach langem Umherirren 1628 mit vielen Glaubensbrüdern nach Lissa in Polen. Hier schrieb er die Janua linguarum reserata (aufgeschlossene Sprachenpforte) und entwarf in tschechischer Sprache seine „Große Unterrichtslehre", die aber erst 1657 in lateinischer Bearbeitung unter dem Titel Didactica magna veröffentlicht wurde. Die Janua stellte den bis dahin unbekannten Versuch einer Verbindung von Sach- und Sprachunterricht dar; die Kinder sollten darin zugleich mit der Sprache alle wichtigeren Dinge der Welt (die Elemente, Metalle, Gestirne, Tiere, Körperteile, Künste, Gewerbe, usw.) kennenlernen. Das Buch wurde in viele Sprachen übersetzt. In jener Zeit beschäftigten ihn auch zum erstenmal „pansophische" Gedanken; er wollte das gesamte Wissen seiner Zeit in einem methodisch geordneten Lehrgebäude der Allweisheit (Pansophia) zusammenfassen und dadurch eine Einigung (Panharmonie) aller Völker unter Gottes und Christi Herrschaft vorbereiten. Diese Gedanken brachten ihn in Berührung mit gleichgesinnten Geistern in England, die 1641 seine Berufung nach London bewirkten. Während sich aber dort die Unterhandlungen mit dem englischen Parlament zerschlugen, eröffnete eine Einladung des schwedischen Reichskanzlers Oxenstiernas dem Pädagogen ein neues, wenn auch beschränktes Arbeitsfeld in Schweden. Seit 1642 arbeitete er auf Betreiben jenes Staatsmannes in der damals schwedischen Stadt Elbing an der Abfassung von Lehrbüchern, die eine Neugestaltung des schwedischen Schulwesens einleiten sollten. Das bedeutendste Ergebnis dieser Arbeiten war die 1648 erschienene Schrift Methodus linguarum novissima, in der er die Grundsätze seiner Didaktik auf den Sprachunterricht anwandte. Seine Wahl zum obersten Bischof der Böhmischen Brüder führte ihn von 1648 bis 1650 zum zweitenmal nach Lissa. Dann folgte er einer Einladung des Fürsten Rákóczi nach Ungarn, um die Lateinschule in Saros-Patak als „pansophische" einzurichten (1650 – 1654). Dort verfaßte er auch den Orbis sensualium pictus (Welt in Bildern), der 1658 in Nürnberg erschien. Lissa, das er nach dem Fehlschlagen seiner Bemühungen in Patak zum drittenmal aufsuchte, wurde schon zwei Jahre nach seiner Ankunft im Schwedisch-Polnischen Krieg zerstört. Wiederum irrte der nun alt gewordenen Mann heimatlos umher, bis er endlich in Amsterdam eine Zufluchtstätte fand. Er starb dort 1670.

Das pädagogische Hauptwerk von Comenius ist seine „Große Unterrichtslehre". Des Menschen letzte Bestimmung ist nach ihr die ewige Seligkeit in Gott. Sein leben auf Erden ist eine Vorbereitung zu diesem Endziel. Zur rechten Vorbereitung bedarf es aber 1. des Wissens, 2. tugendhafter Sitten und 3. frommer Gesinnung. Die Keime zu allen dreien hat schon die Natur in uns gepflanzt; Erziehung und Lehre müssen sie ausbilden, und zwar vom frühesten Kindesalter an. Was die Eltern nicht leisten können, muß die Schule ersetzen. Hier müssen alle Kinder jedes Standes, auch die Mädchen, alles lernen. Das gelingt, wenn das Lehrverfahren sich „nach der Natur" richtet. Damit meint Comenius sowohl die äußere wie die ihr wesensverwandte innere Natur des Menschen, die beide nach dem Vorbild der universellen Gottesvernunft geschaffen sind. Comenius schildert ihr Werk vornehmlich am Beispiel des Vogels, seiner Entstehung und Lebensweise, oder auch am Wachstum des Baumes, um zu zeigen, wie man sicher, leicht, gründlich und schnell lehren könne. Wichtigste Vorbedingung dazu ist ein gesundes und hinreichend langes Leben.

Man gewinnt es durch mäßige und einfache Nahrung, genügende Bewegung und richtige Verteilung von Arbeit und Ruhe.

Um sicher zu lehren, warte man wie die Natur die passende Zeit zum Werke ab. Früh im Leben und früh am Tage beginne man mit der Bildungsarbeit. Und wie die Natur erst die Stoffe bereitet, ehe sie ihnen die Form gibt, so bilde man den Verstand vor der Sprache, gebe den Sprachstoff vor der Grammatik, lehre die realen Fächer vor den sprachlichen, die Beispiele vor den Regeln. Nach dem gleichen Vorbild verwirre man nicht die Schüler mit Vielerlei, sondern lehre nur eins zu einer Zeit. Wie ferner die Natur bei ihren Gebilden mit dem Allgemeinsten und Einfachsten beginnt, so führe auch der Unterricht die Schüler von den einfachsten Grundzügen schrittweise und ohne Sprünge zum Ziele aller Bildung.

Leicht gestaltet sich der Unterricht, wenn der Schüler schon von vornherein in demselben Gegenstand nur einen Lehrer erhält, der durch eine naturgemäße Lehrweise die Arbeit des Zöglings mindert und seine Lernbegierde weckt. Freundliche, helle und reine Schulräume mit Spielplatz und Garten tragen dazu ebensoviel bei wie liebevolle Behandlung seitens der Lehrer. Zuerst muß man die Sinne, dann das Gedächtnis, darauf den Verstand und zuletzt die Urteilskraft der Schüler üben. Jedenfalls darf nichts Unverstandenes gelernt werden. Alle Unterweisung muß in der Muttersprache geschehen. Schließlich muß Einheitlichkeit der Lehrweise in jedem Unterricht wie in den Lehrbüchern herrschen. Gründlich wird die Ausbildung des Schülers, wenn nur nutzbringende Dinge gelehrt werden. Dabei muß das ganze Wissen aus der Wurzel heraus erzeugt werden, es muß sich auf die eigene Anschauung und die selbständige Prüfung des Lernenden gründen. Es werde weniger aus Büchern als aus dem Himmel, der Erde, den Eichen und Buchen, d.h. aus den Dingen selbst unterwiesen. Alles neu Erlernte muß sich auf das früher Erlernte stützen: der Schüler muß die ursächliche Verbindung erkennen. Der angeeignete Wissensstoff ist durch eifrige Wiederholung in Form von Vorträgen und gegenseitigen Fragen zwischen Lehrern und Schülern zu befestigen. Schnell läßt sich lehren, wenn man dem Beispiel der Sonne folgt. Wie sie Mittelpunkt des Lebens ist, so sei es der Lehrer in der Schule. Einer genügt für hundert und mehr Schüler, wenn er die Klasse in Zehnschaften (Dekurien) einteilt und sie vom Katheder herab alle zugleich unterrichtet, wenn die besseren Schüler als Helfer abhören und die schriftlichen Arbeiten durchsehen, wenn alle Schüler die gleichen Schulbücher in Händen haben und der ganze Lehrstoff nach Jahr, Tag und Stunde genau eingeteilt ist.

84   Der Rationalismus und seine ersten pädagogischen Auswirkungen

Nach Aufstellung dieser allgemeinen Grundsätze behandelt Comenius das Verfahren der einzelnen Wissenschaften und Künste. Unter Wissenschaften versteht er die Kenntnis der Sachen (Realien). Sie ist in erster Linie durch die Anschauung zu gewinnen. Alles werde dabei soviel Sinnen wie möglich zugeführt. Nur wo die Sachen selbst fehlen, helfe man sich mit treuen Abbildungen. Als Künste bezeichnet Comenius das Können einer Sache oder Sprache, die technischen Fertigkeiten des Lesens, Schreibens, Rechnens usw. Wichtigste Lehrmittel sind dabei Vormachen, Nachmachen und Üben. Tun ist durch Tun zu lehren, immer in gleicher Form und mit den Elementen beginnend.

Die Sprachen sind nur Mittel zur Erwerbung der Bildung. Daher dürfen bloß die notwendigen erlernt werden und nur soweit als nötig, also: die Muttersprache in den ersten acht bis zehn Jahren, die Nachbarsprachen in je einem Jahr, von den zukünftigen Gelehrten auch Lateinisch in zwei Jahren, von Philosophen und Ärzten noch Griechisch und Arabisch, von Theologen Griechisch und Hebräisch. Dabei muß das Nebeneinander von Wort und Sache im Unterricht stets berücksichtigt werden (vgl. die Janua). Jede Sprache soll getrennt für sich und mehr durch den Gebrauch als durch Regeln gelehrt werden. Die Grammatik der Fremdsprachen stützte sich auf die der Muttersprache und weise nur die Abweichungen von dieser auf. Natürlich gilt auch hier die Forderung der Einheitlichkeit im Unterricht wie in der Einrichtung der Lehrbücher. Die letzteren müssen dem Alter der Kinder entsprechend für den Anfangsunterricht, für die Unter-, die Mittel- und für die Oberstufe eingerichtet sein.

Alles Lernen soll auch der sittlichen Ausbildung der Schüler dienen. Vor allen Dingen müssen die vier Haupttugenden – Weisheit, Mäßigkeit, Tapferkeit und Gerechtigkeit – gepflegt werden. Das gute Beispiel der Eltern, Lehrer und Mitschüler, Bewahrung vor schlechtem Umgang, beständige Übung und richtige Zucht sind die besten Mittel sittlicher Erziehung. – Zur Förderung der Frömmigkeit hilft vor allem die Bibel, ferner die Betrachtung der Welt und die Prüfung des eigenen Herzens. Die meisten heidnischen Schriftsteller fördern diese Tugend nicht und werden daher vom Comenius verworfen. – Zucht ist so nötig in der Schule wie das Wasser in der Mühle, aber sie hat mehr dem Betragen der Schüler zu dienen als dem Lernen. Wie die Sonne den wachsenden Dingen stets Licht und Wärme, oft Regen und Wind, selten Blitz und Donner bietet, so erziehe der Lehrer stets durch sein gutes Beispiel, oft durch belehrende und ermahnende Worte, selten durch harte Strafen.

Die Ausbildung eines Menschen soll im ganzen vierundzwanzig Jahre umfassen. In den ersten sechs Jahren übernimmt die Mutterschule in jedem Hause die Aufgabe der Erziehung und des Unterrichts in ihren Anfängen. Bis zum zwölften Jahre werden alle Kinder in der Muttersprachschule, d. h. Volksschule (in jeder Gemeinde vorhanden), im Lesen und Schreiben der Muttersprache, in Rechnen, Raumlehre, Singen, Religion, Geschichte, Erd- und Himmelskunde und Handwerkslehre unterrichtet. In den folgenden sechs Jahren lernen die dazu Befähigten in der Lateinschule (in jeder Stadt) neben der Muttersprache Lateinisch, Griechisch und Hebräisch, Physik, Mathematik, Erdkunde, Geschichte und Chronologie, Ethik und Theologie. Die Realien werden hier vor den Fremdsprachen gelehrt. Die in jeder Provinz bestehenden Akademien führen in nochmals sechs Jahren das Bildungswerk zu Ende. Schließlich wird ein Collegium didacticum, eine Art Akademie der Wissenschaften, gefordert.

Comenius stützt sich stark auf die Ideen Ratkes. Was dieser im beschränkteren Rahmen seiner Didaktik an fruchtbringenden Anregungen gegeben hat, das hat sein tschechischer Zeitgenosse unter gleichzeitiger Benutzung weiter Gedanken eines Vives, Bacon, Alsted, Andreä u.a. zu einem von einheitlichen Grundgedanken getragenen Lehrgebäude ausgebaut. Um ihn recht zu würdigen, muß man beachten, daß seine pädagogischen Anschauungen eng mit seiner chiliastischen Grundstimmung und den darauf entsprungenen Weltverbesserungsplänen zusammenhängen. Der Glaube an die Harmonie des Weltalls, den er mit vielen Zeitgenossen teilte, ließ ihn hoffen, mit Hilfe seiner Pansophie alle Gegensätze vereinigen und alle Menschen im Christentum verbrüdern zu können, ähnlich wie es Ratke nach dem Memorial für Deutschland wollte. Die große Unterrichtslehre sollte die erzieherische Vorarbeit zur allgemeinen Menschenbeglückung leisten. Darum ihre Forderung, daß allen alles gelehrt werde. Aus dem gleichen Grundgedanken der Panharmonie erklärt sich die eigenartige Auffassung seiner naturgemäßen Methode. Wenn überall die gleiche Gesetzmäßigkeit waltet, so können auch Vorgänge in der äußeren Natur Muster und Vorbild für richtige Jugenderziehung sein. – Endlich erklärt diese harmonische Grundansicht die in der Janua und im Orbis pictus zur Anschauung gebrachte Verbindung von Sach- und

Sprachunterricht. Comenius sah zwischen den Dingen und ihrer Bezeichnung einen inneren Zusammenhang, im Wort ein Abbild der Sache, wie das im Altertum schon die Stoiker taten. Darum forderte er, daß beide zugleich und zusammen („parallel") gelehrt werden.

Comenius hat den schon von Ratke verkündeten Glauben an die weltverbessernde Macht der Erziehung, die Überzeugung von der Möglichkeit einer allgemeingültigen Lehrmethode und endlich die auch schon von Ratke vertretene Erkenntnis der Notwendigkeit einer allgemeinen Volksunterweisung verstärkt und weitergetragen. Allerdings sind diese pädagogischen Bemühungen bei Comenius gänzlich dem viel größeren Ziel einer völligen Reform der europäischen Staatenwelt und ihrer Gesellschaft untergeordnet. So steht am Beginn der neuzeitlichen Pädagogik mit dem Werk des Johann Amos Comenius ein visionärer Entwurf, der zugleich in die Niederungen des Schulehaltens hinabsteigt. Einflußreich war Comenius als Didaktiker, für seine Weltverbesserungsideen hatte die Nachwelt noch weniger Verständnis als die Zeitgenossen. Seine Schriften wurden von den Pietisten aufbewahrt, seine Friedensvision konnte in Europa erst in der zweiten Hälfte des 20. Jahrhunderts wieder auf Interesse stoßen, als Schöpfer des Orbis pictus ging er in die Geschichte der europäischen Pädagogik ein.

15. Das Bildungswesen im 17. Jahrhundert

Das Auftreten Ratkes und mehr noch des Comenius fiel in eine Zeit, die in den Kreisen der Landesfürsten und Staatslenker wachsendes Interesse für Erziehungs- und Bildungsfragen bekundete. Dies war eine Folge der politischen Entwicklung. Die Einzelstaaten waren nach dem Zusammenbruch der Reichsgewalt (1648) die eigentlichen politischen Kräfte in Deutschland geworden. Ihre Herrscher vereinigten als absolute Fürsten die weltliche und die kirchliche Oberhoheit in einer Hand. Der Unterhalt des immer umfangreicher werdenden Beamtentums und der neuen stehenden Heere

Das Bildungswesen im 17. Jh.

nötigten zur Erhöhung der Staatseinnahmen. Dazu sollten Handel und Gewerbe helfen und diese wieder durch Hebung der Volksbildung gefördert werden. Dank solcher wirtschaftspolitischer Erwägungen gewann auch der Gedanke der Schulpflicht Boden. Einige mitteldeutsche Kleinstaaten gingen mit ihrer Verwirklichung voran. So führte man sie 1607 bereits in Anhalt-Bernburg ein, 1619 in Weimar, dann in Gotha (1642), Braunschweig-Wolfenbüttel (1647), Württemberg und Braunschweig-Lüneburg (1649), Altenburg (1659), später auch in katholischen Landesteilen. In diesen Gebieten war fortan die Entwicklung der Volksschule als einer Allgemeinschule und mit ihr zugleich die Pflege des Unterrichts in der Muttersprache einigermaßen sichergestellt, wenn auch die Erfolge noch lange nicht den Erwartungen der Gesetzgeber entsprachen. In Weimar führte man 1619 sogar mit leichten Änderungen die Ratkesche Unterrichtsweise in höheren und niederen Schulen ein und gab in der von Kromayer entworfenen Schulordnung zum ersten Male ausführliche Anweisung über das Lehrverfahren an Volksschulen.

Die bedeutendste Schulordnung des 17. Jahrhunderts, der Gothaische Schulmethodus von 1642, der den Bemühungen des Herzogs Ernst des Frommen zu verdanken ist (Verfasser war der Rektor Andreas Reyher), verrät sowohl den Einfluß Ratkes wie den des Comenius. Der Zweck und die Methode des Volksschulunterrichts werden darin mit großem Verständnis behandelt. Der Lehrstoff der Volksschule, der bisher nur Katechismuslehre, Bibellesen, Kirchengesang und, wenn es hoch kam, auch Schreiben umfaßte, wird von Reyher durch Einbeziehung des Rechnens und später auch des Wissenswerten aus Natur und Leben, der Heimat-, der Bürgerkunde, Meßkunst usw. vermehrt und durch einen festen Lehrplan und passende Lehrbücher (z.B. ein Rechenbüchlein, ein deutsches Lesebuch) geregelt). Alles Zeigbare soll den Kindern auch vorgeführt werden. Darin findet der zentrale Ratkesche Gedanke der Anschauung seine praktische Anwendung.

Die Magdeburgische Schulordnung von 1658 steht einseitiger unter dem Einfluß der Pädagogik des Comenius. Die Bestimmungen dieses Lehrplans über die Einteilung der Schulen, die Zucht, die Zahl und Verteilung der Stunden, die Einführung einer Prüfung vor Besuch der Hochschule schließen sich an die entsprechenden Forderungen des mährischen Pädagogen an. Andere Schulordnungen empfehlen wenigstens die Einführung seiner Lehrbücher, von denen die Janua und mehr noch der Orbis pictus ziemliche Verbreitung fanden.

Der Grund dazu lag im Wandel der Zeiten und ihrer Bedürfnisse. Es galt wieder aufzubauen, was dreißig Kriegsjahre zertrümmert hatten. Die Wortgelehrsamkeit der Lateinschulen konnte wenig dazu beitragen. Dazu war das Lateinische aus den wichtigsten Gebieten des öffentlichen Lebens verdrängt worden. Staats-, Literatur- und protestantische Kirchensprache war das Deutsche, Hof- und Diplomatensprache das Französische geworden. Immer zahlreicher und lauter wurden daher die Stimmen, welche die aufs Lateinlernen verwandte Zeit zu lang fanden und die Schule durch lebenspraktischeren Unterricht bereichert wissen wollten. Aus solchen Bedürfnissen heraus sind u.a. die bereits erwähnten praktischen Forderungen eines Andreä und Schupp sowie der realistische Lehrstoffplan des Comenius zu verstehen.

Mit am entschiedensten stellte sich Gottf. Wilh. Leibniz (1646 – 1715) in die Reihe dieser Neuerer. Schon in seiner Jugendschrift über eine neue Methode des juristischen Studiums wie in zahlreichen späteren Abhandlungen kommt dieses Dringen auf Lebensnähe zum Ausdruck. Moderne Fremdsprachen und realistische Lehrfächer wie Geschichte, Erdkunde, Genealogie, Mathematik, Naturkunde und handwerkliche Fertigkeiten wollte er gepflegt wissen, besonders aber die deutsche Sprache bei denen, die keine gelehrte Bildung brauchen. In ihr sollen, wie es schon Ratke wollte, alle für das Leben nützlichen Künste und Wissenschaften dargestellt werden. Überhaupt lag ihm die Forderung nationaler Bildung sehr am Herzen. Eine allgemeine Volksbildung sollte die Grundlage dazu bilden. Ein deutschgesinnter Orden sollte sich der wissenschaftlichen Erforschung und Verbesserung der deutschen Sprache annehmen. Da dieser nicht zustande kam, richtete Leibniz seine ganze Kraft auf die Gründung wissenschaftlicher Akademien, von denen wenigstens die Berliner (1700) zur Wirklichkeit wurde. Auch ihr wurde neben der Pflege der Wissenschaft die Förderung der deutschen Sprache zur ausdrücklichen Pflicht gemacht.

Leibniz hat nie an Schulen oder Universitäten gelehrt. Sein Leben spielte sich an Fürstenhöfen und in Fürstendiensten ab. Sein Bildungsideal war das neue des zeitgemäß gebildeten Welt- und Hofmannes, der Galanthomme, wie man ihn in Frankreich nannte und wie ihn die absolut gewordenen Fürsten im Hofdienst, der Staatsverwaltung und im Heere brauchten. Der niedere Adel, der mit dem Aufstieg der Fürstenmacht seine alten Feudalrechte verloren hatte, gewann in diesen Stellen eine gewisse Mitherrschaft über das Volk. In besonderen Ritterakademien, die nach Kriegsende in zahlreichen deutschen Residenzstädten auftauchten, eigneten sich seine Söhne die dazu erforderliche Ausbildung in den „galanten Disziplinen und ritterlichen Künsten" an. Wenig Latein, aber mehr lebende Sprachen, vor allem Französisch, dann Mathematik und Physik, Rechtskunde, Geschichte und Erdkunde, Geschlechter- und Wappenkunde, Mechanik und Festungsbau neben dem hergebrachten Unterricht in Religion und Philosophie wurden als solche Disziplinen geboten. Übungen im Reiten, Fechten und Tanzen machten den Grundstock der ritterlichen Künste aus.

Mit dem neuen Erziehungsideal wurden drei Ziele angestrebt: körperliche Gewandheit (= Anknüpfung an die mittelalterliche ritterliche Erziehung), praktisches Handeln (geistige Bildung gegen Gelehrsamkeit um ihrer selbst willen) und Weltläufigkeit (die Welt als Lernort gegen Bücherlernen). Die Ritterakademien waren Übergangseinrichtungen zur Berufs- und Standeserziehung. Sie führten in die Lebensform der gesellschaftlichen Führungsschichten ein. Aus zweien von ihnen sind die Aufklärungsuniversitäten Halle und Göttingen hervorgegangen. Diese Entwicklung zeigt, daß ihre Zeit als Schule für die ältere Jugend abgelaufen war, als neue akademische Einrichtungen für die Ausbildung der neuen Beamten geschaffen wurden. Die Gymnasien, die gegen Ende des 18. Jahrunderts eine neue Form fanden, ersetzten dann auch als propädeutische Anstalten den schulischen Unterbau.

16. August Hermann Francke und die pietistische Pädagogik

August Hermann Francke war Pfarrer, Seelsorger, Unternehmer, Universitätsprofessor und Pädagoge zugleich. Seine Vorstellung von Religion und Glaube war gekennzeichnet vom universalen Anspruch des Glaubens auf alle Lebensbereiche und zugleich gebrochen durch die historische Erfahrung des Auseinanderfallens eines universalen christlichen Weltbildes zu Beginn der Neuzeit.

Diese nachreformatorische Position, ein seit dem Pietismus in der Theologiegeschichte immer wieder aufzufindender systematischer Lösungsversuch, bildet bei August Hermann Francke die Grundlage für die Vielfältigkeit seiner „Berufe", denen er in den Jahren zwischen 1692 und 1727 in Glaucha, einer Vorstadt von Halle an der Saale, in rastloser Tätigkeit nachgegangen ist. Bei seinem Tod (1727) wurden in den Franckeschen Stiftungen über 2200 Kinder unterrichtet. Sein Lebenswerk, die Anstalten zu Halle, oder wie sie dann später genannt worden sind, die Franckeschen Stiftungen lassen sich als der Versuch beschreiben, mit Hilfe einer an den Anforderungen der Ständegesellschaft des 18. Jahrhunderts orientierten Schulgründung der religiös begründeten Forderung nach allgemeiner Weltverbesserung nachzukommen. Die einzelnen Schulen waren für die einzelnen Stände unterschiedlich konzipiert, sie waren in enger Anlehnung an die Universität errichtet, was sich vor allem in der Rekrutierungspraxis der Lehrer manifestierte. Ihre ökonomische Basis waren eine Reihe von merkantilistischen Wirtschaftsunternehmen, die zugleich auch die Unabhängigkeit von Obrigkeiten sicherten.

Für die Geschichte der Pädagogik sind die Anstalten in Halle nicht nur schulgeschichtlich interessant, weil sie das preußische Volksschulwesen maßgeblich beeinflußt haben und weil der Realienunterricht, der im Verlauf des 18. Jahrhunderts für die Entwicklung des Lehrplanes so wichtig wurde, in Halle bereits sehr früh erteilt worden ist. Vielmehr verleiht die weitreichende Verbindung von Pädagogik und Christentum, die den Anspruch hatte, mit Hilfe pädagogischer Einrichtungen eine universale Weltverbesserung in Angriff zu nehmen, den Franckeschen Stiftungen und der dahinter stehenden theologischen Konzeption besondere Bedeutung. Nicht umsonst sind in den Franckeschen Stiftungen im 18. Jahrhundert die Comenianischen Schriften aufbewahrt, wiederaufgelegt und gelesen worden. Im Zusammenhang der pädagogischen Traditionen der entstehenden bürgerlichen Gesellschaft, die eine umfassende Neuordnung der Gesellschaft durch Erziehung beabsichtigten, nahm der Pietismus im allgemeinen, der Hallenser Pietismus jedoch ganz besonders einen wichtigen Platz ein. Er kann als Endpunkt der frühneuzeitlichen Pädagogik als Übergang zur Aufklärungspädagogik gesehen werden.

Die Schrift „Der Große Aufsatz" legt beredtes Zeugnis für diesen umfassenden pädagogischen Anspruch ab. In ihr finden sich alle Elemente, die Franckes Konzeption und Praxis in so eigentümlicher Weise bestimmen: Universalismus und lokale Beschränktheit, allgemeine Kirchen- und Regierungskritik und „pädagogische Provinz", theologische Legitimation und merkantilistische Wirtschaftsauffassung, Weltoffenheit und Geheimpolitik. Überaus zutreffend ist die Schrift in einer Neuedition mit dem Untertitel versehen worden: „Schrift über eine Reform des Erziehungs- und Bildungswesens als Ausgangspunkt einer geistlichen und sozialen Neuordnung der Evangelischen Kirche des 18. Jahrhunderts" (Podzek).

Francke schließt sich mit dem Aufsatz der Tradition der pia desideria des 17. Jahrhunderts an. Es handelt sich bei diesen Schriften um Anklage- und Reformschriften, die kirchliche und das heißt im 17. Jahrhundert zugleich auch soziale und politische Zustände kritisieren und verändern wollen. Die pia desideria werden formuliert auf der Basis von Regierungs- und Kirchenkritik. Der Aspekt der Anklageschrift ist im großen Aufsatz erst in zweiter Linie wichtig. Hauptthema sind die praktischen Projekte in Halle. Durch diese Veränderung der Gattung wurde der Große Aufsatz zu einer der wichtigsten pädagogischen Reformschriften des frühen 18. Jahrhunderts, der weit über rein theoretisch orientierte Reformschriften des 17. Jahrhunderts hinausweist.

Francke sucht konkrete Unterstützung für konkrete Reformprojekte, die den beklagten Zustand der Welt verändern sollen: dieses soll im wesentlichen über den Lehrstand als Träger der Reform und über die Anstalten in Halle selbst erfolgen. Mit Hilfe der christlich-theologisch begründeten Betonung der praktischen Tätigkeit des Christen, der Selbstkontrollfunktionen der christlichen Frömmigkeit, der Legitimierung des Besitzes, der selbst erwirtschaftet ist, wenn er in sozial wirksamer Weise eingesetzt wird, gewinnt der Franckesche Pietismus eine normative Basis, von der aus Tätigkeiten, die die alten feudalen Verhältnisse durchbrechen, im ständischen Absolutismus legitimiert werden könnten. Der Pietismus formuliert ein allgemein verbindliches Lebensideal, das aktivistisch orientiert ist. Erziehung ist der zentrale Hebel dieses Lebensideals in Franckes Weltbild.

Die gewünschte planvolle Ordnung und die Wiederherstellung dieser Ordnung gemäß der Ausführungen über die Aufgaben der einzelnen Stände findet sich in den bereits vorhandenen Einrichtungen in Halle. Es gab in Halle zum Zeitpunkt der Verfassung dieser Schrift:

1. Das Collegium orientale Theologicum, das als ein Institut für ein Graduiertenstipendium konzipiert war, dessen Stipendiaten zugleich auch jüngere Studenten unterrichten sollten und vor allem auch Studenten aus dem Ausland betreuen sollten. 2. Das Seminarium Praeceptorum, ein Seminar für 72 Theologiestudenten, die einen Freitisch zur Verfügung hatten, und die den Unterricht im Waisenhaus erteilten. 3. Die extraordinären Freitische, die für alle Studenten zugänglich sind, unter denen auch eine Auswahl für das Seminarium Praeceptorum getroffen wurde. 4. Das Pädagogium, eine höhere Schule für die Kinder von Adeligen und „sonst feiner" Leute, das „zum Waysenhaus keine eigentliche Connexion" hat, wie von Francke hervorgehoben wird. 5. Das eigentliche Waisenhaus, zu dem ausgedehnte Wirtschaftsbetriebe, die Apotheke, der Buchladen und die Buchdruckerei gehören: erzogen werden hier über 120 Kinder (100 Knaben und 20 Mädchen). 6. Die Schulen, die zum Waisenhaus gehören: die Latina, und 7 andere Schulen in denen die Kinder „im Christentum, lesen, schreiben und rechnen", die Mädchen „auch im nehen, und dergleichen weiblicher Arbeit unterrichtet" werden. 7. Zwei Witwenhäuser. 8. Das Armenwesen in Glaucha. 9. Die Passantenanstalt für Durchreisende.

Die theologischen Neudefinitionen des Pietismus innerhalb der protestantischen lutherischen Theologie Deutschlands an der Wende vom 17. zum 18. Jahrhundert sind gekennzeichnet durch die Verschiebung des Schwergewichts vom objektiven Offenbarungsglauben hin zur subjektiven Aufgabe der individuellen Heilsaneignung. Die christliche Religion reagiert auf gesellschaftliche

Zersetzungsprozesse der feudalen Gesellschaft mit der religiösen Legitimation individueller Tätigkeit im sozialen, politischen und ökonomischen Bereich. Der lutherische Pietismus vetritt eine Parallele zum englischen Puritanismus, von Max Weber als geistige Vorbedingung für die Entwicklung des modernen Kapitalismus erkannt, er unterscheidet sich jedoch, – vor allem in seiner Hallieschen Variante – in einem wesentlichen Punkt vom Puritanismus: Die pietistische Ethik dient nicht unmittelbar einer kapitalistischen Leistungsorientierung, sonder vermittelt sich über einen Erziehungsanspruch und über Erziehungstätigkeiten.

Lokal- und territorialgeschichtliche Bedingungen waren notwendiger, aber nicht zureichender Grund für die Entstehung der Franckeschen Stiftungen. Die lokalen Lebensverhältnisse in den untersten sozialen Volksschichten haben den praktischen Anlaß geboten, in Glaucha das Armenschulwesen aufzubauen. Dieser Aufbau war zugleich Folge einer theoretischen Erziehungskonzeption. Wesentliche Merkmale der Institutionalisierung der Armenerziehung sind die Disziplinierung der Lehrer und Kinder sowie die Vermittlung einheitlicher Verhaltensmuster der Kinder und des Verhältnisses von Lehrern und Kindern. Auch als die Armenerziehung, die Francke anstrebte, und die gemeinhin als Vorläufer der allgemeinen Volksschule in Preußen angesehen wird, nicht den gewünschten Erfolg für die Stadtarmen hervorbrachte, änderte Francke sein Konzept nicht, fand allerdings einen anderen Rahmen: die Waisenhauserziehung. Die wichtigste Funktion des Waisenhauses war die Selektion geeigneter Kinder für das Theologiestudium. Die Vorbereitung und Veranstaltung eines pietistisch ausgerichteten Theologiestudiums kann als Kern der Franckeschen Erziehungskonzeption angesehen werden. Die Erziehung hatte das Ziel, den frommen, kirchlichen Seelsorger zu erziehen, der seine Legitimation nicht aus dem „äußerlichen" Amt bezieht, sondern aus innerer Überzeugung. Die Realisierung dieses Anspruches war möglich, weil dem Pietismus in Halle die Institution der Stiftungen und der Universität zur Verfügung standen und

Außeneinflüsse, seien es familiäre, seien es staatliche oder städtische Regierungsgewalt, weitgehend ausgeschaltet waren. Die Waisen und auch die übrigen Theologiestudenten, die aus den sozial schwächeren Schichten kamen, befanden sich in einer solchen ökonomischen Abhängigkeit von den Stiftungen, daß die Durchsetzung der pietistischen Überzeugung relativ einfach gewesen sein dürfte.

Wesentliches Merkmal dieser Erziehung ist die absolute Verpflichtung auf die pietistische Frömmigkeit: Selbstkontrolle, Sündenbewußtsein und Unterdrückung von Autonomiestrebungen im Individuum ebenso wie formale Erziehung zur Planmäßigkeit und Disziplin und Befähigung zum Unterrichten werden vom pietistischen Pfarrer erwartet. Der universalistische Reformanspruch der Franckeschen Theologie und Pädagogik realisiert sich in diesem kirchen- und schulpolitischen Programm.

Für die historisch konkrete Seite des unmittelbaren Erziehungsprozesses bedeutet dies die Institutionalisierung und Ritualisierung des Lehrer-Schülerverhältnisses. Damit hängt zusammen die Zurückdrängung und Disziplinierung unmittelbarer Ausdrucksformen von Zu- und Abneigung und die Ritualisierung der Strafe, d.h. ihre Kontrollierbarkeit und der Abbau spontanen Strafverhaltens. Ermöglicht wird diese Disziplinierung durch die Organisation eines Lebenszusammenhanges, die durch engen Kontakt zu einem Lehrer trotz dieser kontrollierenden Rituale die unmittelbare Beaufsichtigung und affektive Bindung des Zöglings gewährleistet. Sie ist für die erfolgreiche Frömmigkeitserziehung notwendig.

Die Erziehungstätigkeit war eine für die ständisch absolutistische Gesellschaft adäquate Hilfstätigkeit beim Übergang zur bürgerlichen Gesellschaft. Die mögliche Unterwerfung der Armenkinder unter Lohnarbeitsverhältnisse haben die Armenschulen zwar vorbereiten wollen, indem sie eine positive Arbeitsauffassung religiös zu vermitteln suchten, faktisch aber nicht beeinflußt. Dies lag nicht nur am ökonomischen Entwicklungsstand Preußens, sondern hatte auch Gründe in der inneren Widersprüchlichkeit des Pietismus, der seinen Begriff von Arbeit noch zu stark von der Nächstenliebe her bestimmt sah. Aber der preußische Staat stand vor der Aufgabe, sowohl zur Entwicklung der agrarischen Produktion wie zur Entwicklung des Gewerbes beizutragen, bei gleichzeitigem Interesse der Zentralgewalt, das machtpolitische Gleichgewicht gegenüber dem landsässigen Adel zu halten. Die pietistisch ausgebildete Pfarrerschaft konnte beim Aufbau des öffentlichen Schulwesens für diese staatlichen Zwecke eingesetzt werden. Wenn dies auch nicht das primäre Ziel des Halleschen Pietismus war, so lag hierin jedoch seine größte praktische Wirkung.

Es wäre allerdings eine verkürzte Interpretation der Stiftungsschulen, wenn man in ihnen nur ein Mittel zur Durchsetzung der Interessen des preußischen Absolutismus sehe. Der Erziehungsprozeß in den Schulen weist über dieses Ziel hinaus. Aus den Quellen der Stiftungsschulen läßt sich entnehmen, daß zu Beginn des 18. Jahrhunderts wesentliche Bestimmungen der Rolle des Kindes in der Schule, die heute gültig sind, erst einmal erarbeitet werden müssen. Eine allgemeine Normierung von Verhalten der Kinder in Disziplin, Anpassung an einen rigiden Zeitduktus und körperliche Distanz muß ausgebildet werden. Die Wahrnehmung der Kinder als Individuen in einem eigenständigen Lebensabschnitt ist noch getrübt durch die überlagernden ständischen Lebensformen, die solcher Wahrnehmung widerstreiten.

Der Prozeß der Absonderung von Erziehung aus dem sonstigen gesellschaftlichen Leben, der zum wesentlichen Merkmal von Erziehung in der modernen Gesellschaft geworden ist, findet nicht nur praktisch erste Ansätze, sondern wird vom Pietismus als theoretisches Konzept für eine erfolgreiche Erziehung auch stringent formuliert. Die Einrichtung der „Anstalten", so wie sie im Großen Aufsatz dargestellt sind, spiegelt dieses Konzept wider.

Die inhaltliche Bedeutung der pietistischen Pädagogik im Rahmen der Geschichte pädagogischer Konzeptionen weist deshalb historisch über seine religiös gebundene Form hinaus. Im Pietismus wurden Ansätze zur Bildung eines pädagogischen Begriffs von Kindheit als autonomen Lebensalter, wenn auch in negatorischer Absicht, entwickelt. Das Erziehungsziel der innerlichen Anerkennung eines „göttlichen Willens" ist nur denkbar und praktisch erzieherisch auszufüllen, wenn der Eigenwille des Kindes zunächst akzeptiert wird, wenn auch nur, um ihn zu unterdrücken. Mit dieser Zielsetzung wird indirekt der Individualisierung des Erziehungsprozesses der Weg geebnet. Der Pietismus steht am Anfang einer Entwicklung, die im Verlauf des 18. Jahrhunderts schließlich zum bürgerlich aufklärerischen Erziehungsanspruch führte. Zwar formuliert Francke nirgendwo in seinen Schriften explizit einen Anspruch des Kindes auf Erziehung und schon gar nicht auf die gleiche Erziehung aller Kinder, aber er hat sich trotzdem in dieser Hinsicht bei seinen Zeitgenossen verdächtig gemacht. Das beweist die vielfältige Kritik, die sich nicht zuletzt an einem angeblich unangemessenen Aufwand für die Erziehung von Waisenkindern festmacht. Ein Zeitgenosse soll gesagt haben, daß Francke für die Waisen „Schlösser" baue. Die Franckeschen Stiftungen in Halle zeugen als einmalige Barockanlage bis heute davon. Das Paradox des Halleschen Pietismus liegt darin begründet, daß er als der letzte große Versuch innerhalb des deutschen Protestantismus, das gesamte Leben unter christlichem Anspruch zu organisieren, für die Geschichte der Pädagogik die Funktion gehabt hat, Gedanken und Organisationsformen für Erziehung zu entwickeln, die der Emanzipation des individuellen Erziehungsprozesses von Theologie und Kirche dienten. Damit wurde er zu einem bedeutenden Wegbereiter der modernen Pädagogik. Eine große Zahl der Aufklärer und Ihrer Nachfolger ging aus den Schulen des Pietismus in Halle und aus den pietistischen Einrichtungen der Herrenhuter hervor oder war von häuslicher pietistischer Erziehung geprägt.

In den Städten führte der im Pietismus steckende Wirklichkeitssinn zu einer ganz neuen Schulgattung, der Realschule. Das war die Schule, die das aufstrebende kaufmännische und gewerbliche Bürgertum am nötigsten brauchte. Man lebte, wirtschaftspolitisch gesehen, im Zeitalter des Merkantilismus, der Handel und Gewerbe zur Hebung des allgemeinen Wohlstands zu fördern suchte. Aus diesem Geiste heraus hatten schon im 17. Jahrhundert der Polyhistor Becher, der Jenaer Mathematiker Weigel, Leibniz u.a. auf die Notwendigkeit technisch und wirtschaftlich fördernder Schulen, die sie Kunst-, Werk- oder Realschulen nannten, hingewiesen, und Francke selbst hatte ihre Gründung geplant. Aber zu einem wirklichen Versuch brachte es erst sein halliescher Amtsbruder, der Prediger Christoph Semler, ein Schüler Weigels, in seiner 1708 eröffneten „mathematischen und mechanischen Realschule". Seinem Unterricht fehlte freilich noch jegliche planmäßige Behandlung und richtige Stoffbegrenzung. Durch Erklärung von 63 Modellen, Mustern und Instrumenten und ihre Verwendung sollte das gelehrt werden, was die nächste Gegenwart und das tägliche Leben bieten und fordern. Die Schule ging nach 2 1/2 Jahren wieder ein. Inzwischen wuchs die Zahl derer, die die Notwendigkeit einer das praktische Lernen ergänzenden schulischen Berufsbildung erkannten und die Errichtung von Handelsschulen (Marperger), von „Werk- und Manufakturhäusern" mit planmäßiger Lehrlingsausbildung u.ä. forderten (W. v. Schröder, Mahrenholtz). So ist es zu verstehen, daß Semler 1739 einen zweiten Versuch mit seiner Realschule machte, der aber schon ein Jahr später durch seinen Tod ein Ende fand. Dauernden Bestand hatte dagegen die „ökonomisch-mathematische Realschule", die 1747 Franckes Schüler Joh. Jul. Hecker, Pastor an der Dreifaltigkeitskirche in Berlin, gründete. Sie wurde an die schon bestehende „deutsche Schule" und das „Pädagogium" (die Lateinschule) der Dreifaltigkeitskirche angegliedert und hatte acht Fachklassen: eine Mechanikklasse, eine geometrische, eine Architekturklasse, eine geographische, eine Naturalienklasse, eine Manufaktur- und Handlungsklasse, eine ökonomische und eine Kuriositätenklasse. Die Schüler der beiden erstgenannten Schulen konnten auch an dem Unterricht in der Realschule teilnehmen. Alles war hier auf beruflich vorbereitendes, praktischen Erlernen eingerichtet; selbst zu Lehrern verwendete man zum Teil Fachleute, oder die Lehrer machten praktische Kurse bei Handwerkern, Kaufleuten und in Bergwerken durch. So hat der Fachschulgedanke von hier aus einen starken Antrieb erhalten. Das rasche Aufblühen der Schule bestimmte Friedrich II.,

Heckers Realschule als Königliche Realschule zur Staatsanstalt zu machen und ihrer weiteren Entwicklung damit einen bleibenden Boden zu bereiten.

Literatur:

Heinz-Joachim Heydorn (Hrsg.), Jan Amos Comenius. Geschichte und Aktualität, 1670–1970, 2 Bde., Glashütten i.T. 1971

Horst Krause, Theorie und Praxis der Realienpädagogik im Spannungsfeld gesellschaftlicher Bedingungen, Bochum 1972

Peter Menck, Die Erziehung der Jugend zur Ehre Gottes und zum Nutzen des Nächsten, Wuppertal 1969

Wolf Oschlies, Die Arbeits- und Berufspädagogik A.H. Franckes (1663–1727), Witten 1968

Wolfgang Ratkes Allunterweisung. Schriften zur Bildungs-, Wissenschafts- und Gesellschaftsreform. Gerd Hohendorf/ Franz Hofmann (Hrsg.), bearbeitet von *Christa Bresche*, Monumenta Paedagogica Bd. VIII, Berlin 1970

Sabine Kirk, Unterrichtstheorie in Bilddokumenten des 15. bis 17. Jahrhunderts, Hildesheim 1988

Gerhard Michel, Die Welt als Schule. Ratke, Comenius und die didaktische Bewegung. Das Bildungsproblem in der Geschichte des europäischen Beziehungsdenkens, hrsg. von Ernst Lichtenstein u.a., Bd. V, Hannover, Dortmund, Darmstadt, Berlin 1979

Klaus Schaller, Die Pädagogik des Johann Amos Comenius und die Anfänge des pädagogischen Realismus, Heidelberg 1967

V. Das Zeitalter der Aufklärung

17. Die Aufklärung. Locke und Rousseau

Im Pietismus lag ein stark individualistischer Zug. Dieser war aber wesentlich verschieden von dem die Folgezeit beherrschenden Individualismus der Aufklärung. Durch sie erst sind die bereits geschilderten rationalistischen Ideen des 16. und 17. Jahrhunderts zum vollen Durchbruch und entsprechender Auswirkung im politischen, geistigen und wirtschaftlichen Leben Europas gekommen: der Glaube an die Macht der Vernunft, an die natürliche Gleichheit aller Menschen, an die Gleichheit ihrer Rechte, an die Möglichkeit einer grenzenlosen Vervollkommung der Menschheit mit den Mitteln der Erziehung und des Unterrichts. Durch Aufhellung des Verstandes und durch Verbreitung von Wissen glaubte man nicht nur den Einzelnen gut und glücklich machen zu können, sondern auch die Gesamtheit, in der man nur die Summe der Einzelmenschen sah. Daraus erklärt sich das überragende Interesse, das man nun Bildungsfragen entgegenbrachte.

Zwar gingen in Deutschland Pietismus und Aufklärung wegen ihrer gemeinsamen Abneigung gegen die Orthodoxie und wegen ihrer praktischen Lebenseinstellung eine Zeitlang friedlich zusammen. Doch sie waren zu verschiedenen Menschenbildern verpflichtet, um sich dauernd vertragen zu können. Das zeigte sich deutlich in den Anfängen der Universität Halle, an der vom Gründungsjahr (1694) ab neben dem Pietisten Francke zugleich der erste bedeutende Vertreter der deutschen Frühaufklärung, Christian Thomasius († 1728), wirkte, anfangs als Franckes Freund und Mitstreiter, später als sein erklärter Gegner. Er hat sowohl in seinen deutsch gehaltenen Vorlesungen wie in seinen zahlreichen, auf Volkstümlichkeit abzielenden Schriften einen rücksichtslosen

Kampf gegen die noch herrschende aristotelische Philosophie, gegen Schulfuchserei, Vorurteile und Aberglauben (Folter und Hexenprozesse) geführt. Mit noch größerem Erfolg wirkte neben und nach ihm der Rationalist Christian Wolff († 1754), der Descartessche und mehr noch Leibnizsche Gedanken in ein schulgerechtes, in deutscher Sprache abgefaßtes System brachte und dadurch die aristotelisch-scholastische Philosophie endgültig von den Hochschulen verdrängte. Er mußte zwar 1723 vor der Übermacht seiner pietistischen Gegner aus Halle weichen, wurde aber nach der Thronbesteigung Friedrich II. wieder dorthin zurückberufen. Von da ab war Halle die Hochburg des Rationalismus, der seine Wirkung bald auch nach anderen Stätten deutscher Bildung ausstrahlte. In dem Zugeständnis der akademischen Lehrfreiheit kam der Durchbruch der neuen Ideen auf den Hochschulen amtlich zum Ausdruck. An der 1737 eröffneten Universität Göttingen wurde den Professoren dieses Recht von vornherein zugestanden.

Die Herrschaft der Aufklärung war in Deutschland die Vorbedingung für die Aufnahme und Verwertung neuer pädagogischer Gedanken, die zum Teil bereits am Ende des 17. Jahrhunderts von dem englischen Philosophen Locke ausgesprochen und 70 Jahre später von J. J. Rousseau umfassender und zugleich entschiedener entwickelt wurden.

John Locke († 1704) gilt als Vater der Aufklärung in England. Er war dort ihr bedeutendster Wegbereiter sowohl auf philosophischem, religiösem und staatsrechtlichem als auch auf pädagogischem Gebiete. Es wurde schon darauf hingewiesen, daß er auf den Bahnen Bacons weiterschreitend alle Erkenntnisse auf die Erfahrung zurückführte (S. 73). Auch seine 1693 veröffentlichten „Gedanken über Erziehung" (Some thoughts concerning education) fußen auf dieser Einstellung. Wenn die menschliche Seele am Anfang des Lebens, wie Locke behauptet, einem unbeschriebenen Blatt (tabula rasa) gleicht, so muß die Erziehung alles aus ihr machen können, was sie will. Sie braucht nur diejenigen Eindrücke auf die Kindesseele wirken zu lassen, die das Wesen des Kindes nach dem Willen des Erziehers bestimmen sollen.

Die Aufklärung. Locke und Rousseau 101

So behauptet denn auch Locke schon in der Einleitung seiner Erziehungsschrift, daß neun Zehntel aller Menschen das, was sie sind, durch Erziehung geworden sind. Der Geist der Kinder ist nach seiner Meinung so leicht zu biegen und zu leiten wie das Wasser eines Bächlein, wenn nur früh genug damit begonnen wird. Da zu einer gesunden Seele ein gesunder Körper gehört, spricht Locke zuerst von der Pflege der leiblichen Gesundheit. Er empfiehlt vor allem Abhärtung der Kinder durch viel Bewegung in frischer Luft, tägliche Leibesübungen, ausreichenden Schlaf, einfache Kost und leichte Kleidung. Die Leibespflege soll die rechte geistige und sittliche Erziehung vorbereiten und unterstützen. Die wichtigste Aufgabe sieht Locke in der Erziehung zur Tugend, d.h. in der Ausbildung einer sittlichen Persönlichkeit. Die Grundlage aller Tugend bildet die Herrschaft der Vernunft über die Begierden, die Selbstüberwindung. Um zu diesem Ziele zu gelangen, muß man das Kind möglichst früh gewöhnen, sich ungehörige Wünsche zu versagen. Besonders durch Schreien soll es gar nichts erreichen können. Solange die eigene Vernunft noch nicht über Erlaubtes und Unerlaubtes entscheiden kann, muß der Eltern Wille die unabänderliche Richtschnur seines Handelns sein. So gewinnt es Ehrfurcht vor diesen, und wenn die vorhanden ist, kann mit zunehmendem Alter auch die Erziehung milder werden. Wo Ehrfurcht herrscht, bedarf es kaum des Schlagens und Schimpfens. Strafen will Locke daher nur im Notfall gelten lassen; wichtiger ist es, daß man im Kinde Sinn für Ehre und Schande erweckt. Mittel dazu sind Lob und Tadel der Eltern, des Erziehers und später der gute gesellschaftliche Ruf. Man erziehe auch weniger durch Vorschriften und Regeln als durch Gewöhnung und Übung; vor allem beachte man die Eigenart und Fassungskraft des Kindes. Gutes Benehmen lernt es zwanglos in guter Gesellschaft; darum halte man es möglichst den Dienstboten fern und gebe ihm selbst ein gutes Beispiel. Deshalb zieht Locke auch die häusliche Erziehung mit Hilfe eines Hofmeisters der Schulerziehung mit ihren kameradschaftlichen Verführungsmöglichkeiten vor. Sobald die Kinder Vernunftgründen zugänglich sind, bringe man sie zur Erkenntnis der Notwendigkeit ihrer Pflichten. – Nach ausführlichen Erörterungen über die Wahl und Eigenschaften eines tüchtigen Hofmeisters spricht Locke von den verschiedenen Zweigen des Erziehungsgeschäftes.

Vier Schätze möchte jeder seinen Kindern hinterlassen: Tugend, Weisheit, gute Lebensart und Kenntnisse. Tugend ist nicht möglich ohne Gottesfurcht; darum soll die sittliche Erziehung mit der religiösen verbunden werden, die aber anfangs noch keine konfessionell-dogmatische sein darf. Weiterhin pflege man im Kinde besonders die Tugenden der Wahrhaftigkeit und des Wohlwollens gegen andere. Wo letzteres fehlt, kann auch nicht von wirklich guter Lebensart die Rede sein. Die Erwerbung von Kenntnissen hält Locke, wie Montaigne, für das unwichtigste Stück der Erziehung; er spricht deshalb zuletzt von ihnen. Man mache dem Kinde das Lernen zum Spiel und zur Erholung. Spielend lerne es lesen (anfangs mit Buchstaben bemalte Würfel, dann Äsops Fabeln und Reineke Fuchs), spielend auch schreiben und zeichnen nach der Natur. Von fremden Sprachen soll es zunächst Französisch, danach Latein lernen, und zwar beides vorwiegend durch mündlichen Gebrauch. Gewandte Übersetzungen in der Muttersprache sind den bisher üblichen lateinischen Stilübungen vorzuziehen. Überhaupt wende man der Muttersprache mehr Pflege zu. Griechisch erscheint ihm nur für Gelehrte erforderlich. Von Dichtkunst und Musik will er überhaupt nichts wissen, wenig auch von Disputationen, Rhetorik und Logik. Dagegen soll man darauf bedacht sein, dem Zögling mit den Sprachen zugleich die nötigen Kenntnisse in Erdkunde, Rechnen, Geometrie, Sternkunde und Geschichte zu übermitteln. Tanzen, Reiten und, nur wenn nötig, auch Fechten, ferner Geschicklichkeit in gewissen Handarbeiten wie Gartenbau und Tischlerei werden ebenfalls empfohlen. Reisen soll der Zögling nicht, wie üblich, zwischen dem 16. und 21. Jahre, der gefährlichsten Zeit der Entwicklung, sondern entweder vorher mit dem Hofmeister oder nachher allein.

Lockes Einfluß auf die Entwicklung des neueren Bildungswesens war weitreichend. Wenn sich in England das weltmännische Ideal des „Gentlemen" durchgesetzt hat, so haben Lockes „Gedanken" erheblich dazu beigetragen. Sie haben den schon von Montaigne angepriesenen individualistischen Typ der Hofmeistererziehung zur herrschenden Form adeliger Standeserziehung im Europa des 18. Jahrhunderts gemacht. Außerdem haben sie den aufklärerischen Glauben an die Allmacht vernunft- und planmäßiger Erziehung verfestigt und dieser selbst jenes nüchterne, vornehmlich auf Nützlichkeit eingestellte Gepräge gegeben, gegen das später die führenden Geister des Neuhumanismus, der Klassik und Romantik ihre Stimme erhoben. Seine wirtschaftspädagogischen Forderungen (Verwerfung des alten Gelehrtenideals, Pflege lebender Fremdsprachen, Sachkenntnisse und Handfertigkeiten) entsprachen ganz dem Geist des herrschenden Merkantilismus.

Mit seiner Forderung einer natürlich-vernünftigen Erziehungsweise ist Locke der unmittelbare Vorläufer des Genfers Jean-

Die Aufklärung. Locke und Rousseau

Jacques Rousseau gewesen. Dieser hat 1762 mit seiner Erziehungsschrift „Emile" einen Eindruck auf seine Zeitgenossen gemacht wie kein anderer pädagogischer Schriftsteller vor oder nach ihm. Das Buch verdankt seine unvergleichliche Wirkung sowohl der Wucht seiner Gedanken wie der Macht seiner Sprache und einem stark gefühlsmäßigen Einschlag. Es ist der erste große und gleichzeitig unübertroffene Entwurf des neuzeitlichen subjektivistischen Menschenverständnisses. Rousseau war eine durchaus kritische Natur. Wie er sich gegen die zeitgenössische Gesellschaft auflehnte, so auch gegen ihre Erziehungsweise. Die Erinnerung an die Mängel der eigenen Erziehung und an seine traurige Kindheit hat gewiß viel zu der leidenschaftlichen und schroffen Darstellung seiner Gedanken beigetragen. Die Mutter war gleich nach der Geburt des Knaben (1712) gestorben. Der Vater, ein Uhrmacher, hatte acht Jahre später wegen strafwürdiger Ehrenhändel Genf verlassen müssen. So begann für Rousseau schon in früher Jugend die Zeit der Irr- und Wirrnisse. Von Fremden lieblos erzogen, entwischte er schließlich aus Genf und kam zu einer Frau v. Warens in Annecy. Von ihr wurde er in ein Kloster nach Turin geschickt und dort zum katholischen Glauben bekehrt, den er aber später wieder mit seinem ursprünglichen vertauschte.

1732 kehrte er ins Haus der nach Chambery verzogenen Frau v. Warens zurück. Hier pflegte er mit Vorliebe Musik und arbeitete, von spätem Bildungsdrang ergriffen, an seiner geistigen Ausbildung. 1741 verließ er das Haus der mittlerweile verarmten Gönnerin und verschaffte sich in Paris Zutritt zum Kreis der Enzyklopädisten. 1750 machte ihn die eigenartige Bearbeitung einer Preisaufgabe der Akademie von Dijon über den Einfluß der Künste und Wissenschaften (1. Discours) auf die Sitten mit einem Schlage zum berühmten Manne. Er behauptete darin, daß die Künste und Wissenschaften den ursprünglich guten Menschen nur verdorben hätten. In einer zweiten, 1754 erschienenen Schrift „Über den Ursprung der Ungleichheit unter den Menschen" (2. Discours) behauptete er, die Menschen seien von Natur alle frei und gleich gewesen, nur die Entfernung vom Naturzustand, das Aufkommen des Eigentums und der Staatsgewalt hätten ihre Ungleichheit herbeigeführt, die Erziehung habe sie gefördert. Dieselbe Ansicht vertrat er in dem politisch viel bedeutsamer gewordenen

„Gesellschaftsvertrag" (Contrat social 1762), worin er den Staatswillen als gemeinsamen Ausdruck der bürgerlichen Einzelwillen erklärte und damit die Grundlage der modernen Demokratie schuf. Die dazu erforderlichen Erziehungsgrundsätze entwickelte er noch im gleichen Jahre in dem fünfbändigen Erziehungsroman „Emile oder über Erziehung" (Emile, ou de l'éducation). Die jahrelangen Verfolgungen, denen er durch das letztere Werk ausgesetzt war, sowie mannigfache Zwistigkeiten mit seinen früheren Freunden machten ihm zum Menschenfeind. Seit 1770 lebte er wieder in Paris in ärmlichen Verhältnissen. Seine frühere Geliebte und Haushälterin, die Wäscherin Thérèse Levasseur, welche er 1768 heiratete, war die einzige, die bis zum Tode bei ihm aushielt. Die fünf Kinder aus diesem Verhältnis hatte er ins Findelhaus gebracht. Er starb 1778.

Die im „Emile" niedergelegten pädagogischen Gedanken Rousseaus hängen mit den Grundgedanken seiner früheren Werke aufs engste zusammen. Der Mensch ist von Natur gut; die Kultur hat ihn verdorben. Rückkehr zur Natur! heißt daher Rousseaus Losung. Das beste Mittel dazu bietet die Erziehung; aber nicht die bisher beliebte Standeserziehung, sondern eine solche, die den Menschen in seinem natürlichen Zustand als Menschen bewahrt. Ihre wichtigste Aufgabe ist es, die natürlichen Anlagen des Kindes sich ungestört entwickeln zu lassen und alles fernzuhalten, was diese Entwicklung hemmen könnte. So wird auch Emile, das Urbild des Naturmenschen, erzogen. – Im 1. Buch schildert Rousseau die Erziehung des Knaben in seinem ersten Lebensjahre. Der Hofmeister, ein Freund des früh verstorbenen Vaters, bringt ihn sofort nach der Geburt mit der Amme aufs Land. Schon mit dem Geburtstage beginnt also das Erziehungswerk. Emile lernt bereits im ersten Jahre seines Lebens sehr viel durch Erfahrung und Gewöhnung. Er soll aber nicht von der Gewohnheit abhängig werden, daher wird er an keine bestimmte Zeit der Mahlzeiten und des Schlafes gewöhnt. Auch das Furchtgefühl muß frühzeitig unterdrückt werden. Dem Begehren aus Bedürfnis soll man nachkommen, dem befehlshaberischen Verlangen dagegen schon vom ersten unnützen Weinen an entgegentreten, indem man es nicht beachtet. Man mache das Kind kräftig, so wird es gut; alle Bosheit entspringt der Schwäche. Beim Beginn des Sprechenlernens sage man dem Kinde nicht viel, aber dasselbe recht oft und deutlich vor. Es soll nicht mehr sagen lernen, als es begreifen kann. – II. Buch. Mit dem Sprechen beginnt ein neuer Lebensabschnitt, die Zeit vom zweiten bis zum zwölften Jahre. Leiden soll der Knabe zuerst lernen; ohne zu weinen, muß er Fall und Stoß schon beim Gehenlernen ertragen können. Zum Gehorsam wird er nicht gezwungen, natürliche Hindernisse mögen ihn von selbst zur Erkenntnis der Grenzen seines Könnens und seines Wollens bringen. Die Begriffe Kraft, Notwendigkeit, Ohnmacht und Zwang müssen ihm die noch fehlenden sittlichen Begriffe Gehorchen, Befehlen, Pflicht und Schuldigkeit ersetzen. Rousseau verwirft daher auch das von Locke empfohlene Räsonieren, denn ein unvernünftiges Kind könne man nicht durch Vernünfteln besser machen. Wie die natürlichen Hindernisse es erziehen, so soll es auch die Strafen als die natürlichen Folgen schlechter Handlungen kennenlernen, z. B. die Langeweile, wenn es seine Spielsachen zerbrochen hat usw. – Da Emile von Natur gut ist, so braucht man ihn nicht erst an Tugend zu gewöhnen; es genügt, ihn vor Lastern und Irrtum zu bewahren.

Auch Lügen lernt das Kind nur durch übermäßige Forderungen oder zu strenges Ausfragen von Seiten der Lehrer. Die einzige sittliche Lehre in dieser Zeit bestehe in dem Gebot: Tue niemandem Böses! – Im Lernen empfiehlt Rousseau möglichste Zurückhaltung für dieses Alter. Nicht einmal zum Lesenlernen soll man das Kind anhalten; wenn man nur sein Interesse daran zu wecken versteht, dann lernt es dies rasch aus freien Stücken. Man übe um so mehr seinen Körper, mache ihn kräftig und gesund durch Leibesübungen, natürliche Kleidung und langen Schlaf auf hartem Lager. Daneben bilde man mit besonderer Fürsorge den Urquell geistiger Regsamkeit, die fünf Sinne, aus. Messen, Zählen, Wägen, Vergleichen, Zeichnen nach der Natur, Vorbereitung der Raumlehre, Singen und deutliches Sprechen sind Aufgaben, die für dieses Alter passen, die aber nicht schulmäßig, sondern mehr spielend und zwanglos erledigt werden müssen. – III. Buch. Der Übergang vom Kinde zum Jüngling (12.–15. Jahr) bildet die beste Zeit des Lernens. Der Wissenstrieb regt sich in der Form der Neugierde. Die umgebende Welt, worauf sich diese Neugierde zunächst richtet, muß Gegenstand des ersten Unterrichts sein. Emile muß dabei alles Wissenswerte selber finden, Autoritätsglauben darf er nicht haben. Kein anderes Buch als die Welt, kein anderer Unterricht als Tatsachen! Die Anfänge der Himmelskunde soll er bei Betrachtung des Sonnenauf- und -unterganges lernen. Beim erdkundlichen Unterricht gehe man vom Wohnhause aus. Auch der Unterricht in der Physik beginne mit den einfachsten Erfahrungen, ja nicht mit Instrumenten. Diese muß der Zögling erst selber herstellen lernen, so gewinnt er allmählich aus den Wahrnehmungen die Begriffe. Aber er lerne nie mehr, als er für sein Alter nötig hat. Von Büchern liest der Knabe nur den Robinson, weil dieser alles, was er brauchte, sich selbst beschaffen mußte. Um zu erfahren, wie man das macht, besucht er mit seinem Lehrer verschiedene Werkstätten und lernt selber ein Handwerk, etwa die Tischlerei. – IV. Buch. Das Jünglingsalter macht den Menschen reif zur Einführung in die Welt des Geistes und der sozialen Ordnung. Es ist das Alter, das die zweite, die „kulturelle Geburt des Menschen bringt. Bei dieser zweiten Geburt erwachen die Leidenschaften des Mannes und mit ihnen die geschlechtliche Begierde. Wird sie laut, so gebe man dem Zögling eine wahre oder keine Antwort. Jedenfalls sollte die geschlechtliche Entwicklung möglichst zurückgehalten, die Sinnlichkeit durch anstrengende Leibesübungen gedämpft werden. – Der werdende Mann muß auch die Menschen beurteilen lernen. Der Ausbildung seiner Urteilskraft und seiner sittlichen Anschauungen hat daher in diesem Alter alle Sorgfalt zu gelten. Jetzt ist die Zeit zur Beschäftigung mit der Geschichte; denn diese lehrt die Menschen nach ihren Handlungen, nicht nach ihren falschen Reden beurteilen. Auch der Unterricht in der Religion darf erst jetzt beginnen. Aber Emile, der bisher noch nicht wußte, ob er eine Seele hat, erhält keinen auf ein bestimmtes Bekenntnis zugeschnittenen Katechismusunterricht; er wird nur in den Stand gesetzt, diejenige Religion zu wählen, zu der ihn der beste Gebrauch seiner Vernunft führen muß. Wie diese nach Rousseaus Ansicht beschaffen sein soll, besagt das Glaubensbekenntnis des savoyardischen Vikars, die deistische Lehre von der dogmen- und damit kirchenfreien, natürlichen Religion, die die eigentliche Ursache der Verfolgungen Rousseaus bildete. – Der inzwischen erwachsene Emile begibt sich nun mit seinem Erzieher nach Paris. Der schlechte Geschmack der Pariser Bevölkerung soll sein eigenes Gefühl für wahre Schönheit durch den Gegensatz verfeinern. Jetzt erst ist es Zeit, schöngeistige Werke zu lesen und Sprachen zu lernen, besonders die alten, deren Schriftsteller der Natur näherstehen als die neueren. – V. Buch. Reisen bilden den Abschluß der Erziehung Emiles. Auf diesen Reisen kommt es durch die Begegnung mit verschiedenen Regierungsformen zur politischen Erziehung Emiles. Eine Kurzfassung der von Rousseau im gleichen Jahr wie der „Emile" veröffentlichten Schrift „Der Gesellschaftsvertrag" findet sich als Quintessenz der Bildung des Bürgers Emile im V. Buch. Die sich an diese Reisen anschließende Heirat mit Sophie führt den Verfasser zu einer besonderen Abhandlung über weibliche Erziehung. Sophie ist nicht wie Emile abgesondert von der Gesellschaft, sondern im elterlichen Hause erzogen worden. Auch die Art ihrer Ausbildung weicht nicht so sehr von der herkömmlichen Erziehungsweise ab wie diejenige Emiles, sondern orientiert sich gänzlich an den konventionellen Vorstellungen der zeitgenössischen bürgerlichen Frauenbildung. Singen und Tanzen hat sie von den Eltern, das Klavierspiel von einem Organisten gelernt. Frauenarbeiten, besonders das Kleidermachen und Kochen, versteht sie am besten. Reinlichkeit ist ihre erste Tugend. Sie tut alles mit Anstand, ohne geziert zu sein. Ein Eintreten für die Gleichberechtigung der Frau liegt nicht in

Die Aufklärung. Locke und Rousseau 107

Rousseaus Absicht; sie soll in erster Linie so erzogen werden, daß sie dem zukünftigen Manne gefällt und ihm das Leben angenehm macht. Daneben jedoch wird die Beziehung der beiden Gatten durchaus als symmetrische beschrieben. Emile und Sophie bedürfen einander zur gegenseitigen Erziehung.

Daß der Autor ihre Ehe in einem Nachfolgeroman mit dem Titel „Emile oder die Einsamen" scheitern läßt, ist bei seinen pädagogischen Anhängern in Deutschland wenig bekannt geworden. Diese orientierten sich bei ihren Ideen zur Mädchenerziehung ganz ausschließlich an den Aussagen im „Emile", nach denen Sophies einziges Lebensziel ist, dem Mann das Leben angenehm zu gestalten und durch ihre Schamhaftigkeit seine Begierde zu zähmen. Tatsächlich hat er mit seiner explizit geschlechtsspezifisch ausdifferenzierten Pädagogik wohl als erster die folgenreiche Theoretisierung der gänzlich verschiedenen männlichen und weiblichen Erziehung vorgenommen und diese „aus der Natur" der Geschlechter heraus begründet. So nimmt die neuzeitliche Geschlechteranthropologie ihren Ausgangspunkt mit Rousseaus „Emile". Die Gedanken des „Emile" haben von vornherein ebensowohl scharfe Kritik wie begeisterte Zustimmung erfahren. Getadelt wurde Rousseaus Optimismus in der Bewertung der menschlichen Naturanlagen, die Unklarheit seines Naturbegriffs, der teils die äußere Natur und deren Vernünftigkeit, teils die innere des Menschen, d.h. seine Eigenart meint, ferner seine Ablehnung erzieherischer Eingriffe, Gebote und Strafen, das dafür notwendige heimliche Machen und Zurechtrücken eines erzieherischen Hintergrundes, weiter seinen Nützlichkeitsstandpunkt in Fragen des Lehrstoffs, das lange Hinausschieben religiöser Belehrung wie des Unterrichts überhaupt, das Herausnehmen des Zöglings aus der menschlichen Gesellschaft usw. Auf der anderen Seite gelten seine Vorschläge und Anregungen auf dem Gebiete der Leibespflege, der Sinnesbildung (Anschauung), der Erziehung zur Selbsttätigkeit (Selbstfindenlassen, praktisches Selbstschaffen), der Sexualerziehung, ganz besonders aber seine Betonung des Entwicklungsgedankens, sowie der Eigenart und des Eigenwertes der Kindesnatur als unverlierbare Bestandteile neuzeitlicher Erziehungslehre. Er hat die erste Pädagogik „vom Kinde aus" entworfen und gezeigt, daß alle Erziehungsmöglichkeiten im Entfaltungsdrang des werdenden Menschen wurzeln.

Trotz seiner leidenschaftlichen Ablehnung der ihn umgebenden Gesellschaft und Kultur stand er ganz in ihrem Banne.

Mit der Aufklärung teilte er alle grundlegenden Ideen des Rationalismus: die religiösen, die ethischen, die rechtlichen, vor allem aber ihren Glauben an die Allmacht methodischer Erziehung, vorausgesetzt natürlich, daß es seine Erziehung und seine Methode sei, die den Zögling zum Ziel führen soll. Er will mit dieser Methode eine neue Menschheit heraufführen, indem er die Arbeit an einem beliebigen Einzelmenschen beginnen läßt, der für ihn der Typus Mensch überhaupt ist. Dahinter steht die neue Auffassung, daß alle Menschen im Grunde gleich seien und daß darum die rechte Erziehung des Einzelnen auch die entsprechende Besserung der Gesamtheit mit sich bringe. Der Einzelzögling braucht bei Rousseau auch nur einen Einzelerzieher, den Hofmeister, dessen Typus schon Montaigne und Locke geprägt hatten. Was der Zögling an Erziehung und Belehrung gewinnt, nimmt er trotz aller Anschauung und Selbsttätigkeit rein intellektualistisch auf, wie alle Aufklärungspädagogik es wollte: erst durch die Sinne, dann durch den Verstand, selbst seinen Gottesglauben. Methode, Einzelerziehung, Nützlichkeitserziehung, Verstandeserziehung: in diesen Grundforderungen sind also Rousseau und die Aufklärung eins.

Uneins werden sie, wo Rousseau seine „negative Erziehung" entwickelt, deren Basis die These vom kulturellen Sündenfall des Menschen in der Zivilisation ist. So überwand er zugleich die rationalistische aufklärerische Erziehungsmechanik, indem er davon ausging, daß das vergesellschaftete Leben des Menschen schon immer eine Reduktion seiner Menschlichkeit sei (2. Discours). Seine emphatische Bemühung, „Leben" als Beruf zu erlernen, setzt sich kritisch von rationalistischen Positionen ab. Rousseaus „Erziehung vom Kinde aus", oder „negative Erziehung" hat wegen dieser Kritik an Aufklärung und am Rationalismus Lockes durch die

Betonung der sensualistischen und und gefühlsmäßigen Anteil bei der menschlichen Erziehung so bestochen, daß die Reformpädagogik des gesamten 19. und 20. Jahrhunderts sich immer wieder auf ihn bezog.

Literatur:

Jean-Jacques Rousseau, Emile oder über die Erziehung, hrsg. von Martin Rang, Stuttgart 1963

Paul Hazard, John Locke (1632–1704) und sein Zeitalter, Hamburg 1947

Martin Rang, Rousseaus Lehre vom Menschen, Göttingen 1959

18. Die philanthropische Bewegung

In der zweiten Hälfte des 18. Jahrhunderts fanden die Gedanken Lockes und Rousseaus in der deutschen Aufklärung einen Wiederhall, der unter dem Namen Philanthropismus in die Geschichte der Pädagogik eingegangen ist. Sie erhielt ihren Anstoß von dem aufklärerischen Hamburger Theologen und Schulmann Johann Bernhard Basedow (1724–1790). Dieser hatte von 1748 bis 1753 als Hauslehrer in Holstein ein neues Unterrichtsverfahren erprobt, bei dem er Gedanken von Comenius, Locke und Gesner (S. 128) verwertete. Er begann dabei den Unterricht, von der Anschauung und Erfahrung ausgehend, mit den Realien. Daran schloß sich der Lateinunterricht, in welchem über die durchgenommenen Gegenstände gesprochen und geschrieben wurde. Als Hilfsmittel dazu benutzte er den comenianischen Orbis pictus. Der Versuch fiel glänzend aus; Basedow erwarb durch eine Abhandlung darüber die Magisterwürde an der Universität Kiel und wurde Professor der Moral an der Ritterakademie zu Sorö auf Seeland. Streitigkeiten mit der strenggläubigen Geistlichkeit führten jedoch zu seiner Versetzung an das Gymnasium in Altona (1761) und entzogen ihn jahrelang einer nachhaltigeren Beschäftigung mit pädagogischen Fragen. Mittlerweile war der „Emile" erschienen. Sein aufwühlender Geist fachte Basedows pädagogischen Reformeifer zu neuem Leben an. Ihm entsproß die 1768 veröffentlichte „Vorstellung an Menschenfreunde und vermögende Männer über Schulen, Studien und ihren Einfluß in die öffentliche Wohlfahrt". Er verlangte darin eine gründliche Umgestaltung des gesamten Bildungswesens, das kirchenfrei werden müsse und als staatliche Angelegenheit unter der Leitung eines besonderen, rein weltlichen „Edukationskollegiums" zu stellen sei, ferner die Abfassung guter Schulbücher, Gründung von Seminaren und einheitliche Gliederung der niederen und höheren Schulen im Sinne Gesners. Schließlich stellte er die Herausgabe eines großen Unterrichtswerkes, des sogenannten „Elementarbuchs der menschlichen Erkenntnis", in Aussicht, worin alles zu finden sei, was bis ins fünfzehnte Jahr zur Unterweisung und Bildung eines jungen Weltbürgers verlangt werden könne. Menschenfreunde und vermögende Männer sollten die Mittel dazu liefern. Die zündende Aufforderung hatte, dank auch der begeisternden Nachwirkung von Rousseaus „Emile", großen Erfolg; 15 000 Taler flossen in kurzer Zeit aus aller Welt zusammen. 1770 veröffentlichte er das „Methodenbuch für Väter und Mütter der Familien und Völker" als ersten, lehrhaften Teil und bald darauf drei Stücke des Elementarbuches, das jetzt in Verbindung mit 100 Kupfertafeln den Namen „Elementarwerk" trug. Die Kupfertafeln, meist von Chodowiecki entworfen, bieten Darstellungen von allen möglichen Gegenständen und Vorgängen des Lebens, das Elementarbuch liefert in Form von Gesprächen in deutscher, französischer und lateinischer Sprache die Erklärung und Belehrung dazu. Man hat das Ganze nicht mit Unrecht als den Orbis pictus des 18. Jahrhunderts bezeichnet.

Doch Basedow konnte auch durch pädagogische Praxis die Brauchbarkeit seiner Gedanken erweisen. Fürst Franz von Anhalt-Dessau hatte ihn schon 1771 zur Verbesserung des Schulwesens in seine

Die philanthropische Bewegung 111

Hauptstadt berufen und ihm die nötigen Mittel zur Einrichtung eines Philanthropinums (Schule der Menschenfreundschaft) gewährt, das 1774 eröffnet wurde. Sein eifrigster Mitarbeiter war Wolke, der Erzieher von Basedows Tochter Emilie. Die Anstalt, eine Art verbürgerlichter Ritterakademie, war weltbürgerlich und überkonfessionell eingestellt. Man wollte Europäer und Christen, nicht Deutsche, nicht Protestanten oder Katholiken, erziehen. Es wurden alle Fächer der Gymnasien und Realschulen nach Basedows Grundsätzen gelehrt. Das Moderne und Gemeinnützige wurde vor den alten Sprachen bevorzugt. Ein gemeinsamer (simultaner) Religionsunterricht nach vernunftreligiösen Grundsätzen ging dem bekenntnismäßigen voraus. Die Knaben wohnten im Philanthropin um; sie trugen eine von der Rokokomode abweichende, bequeme, zopffreie Tracht. Lehrer und Schüler verkehrten freundschaftlich innerhalb und außerhalb des Unterrichts. Mit Lobzetteln, goldenen Sternen auf der „Meritentafel", mit Verdienstorden für Fleiß und Ordnung suchte man die Zucht zu fördern; Verminderung der Meritenpunkte, Entziehung gewisser Vergnügungen, der Schultracht usw. dienten als Strafmittel. Die Unterweisung erfolgte in der Form der „sokratischen Methode", durch die man mit Hilfe von zielstrebigen Fragen dem Zögling die zu gewinnenden Begriffe und Erkenntnisse abzulocken suchte. Daneben wurde „spielend" gelernt, nach Belieben der Schüler auch Leibesübungen und Gartenbau getrieben. 1776 erfolgte die erste öffentliche Prüfung, zu der die bedeutendsten Schulmänner der Zeit eingeladen waren. Ihre meist lobenden Berichte trugen den Ruhm der Anstalt über die deutsche Grenze hinaus; 1782 zählte sie über 50 „Pensionisten" aus vielen Ländern Europas. Und doch hatte sie nur bis 1793 Bestand. Der häufige Wechsel der Leiter und Lehrer sowie die Nichterfüllung der hochgespannten Erwartungen führten ihr rasches Ende herbei. Der Gründer, ein großer Agitator, aber schlechter Organisator, hatte schon 1776 die Leitung des Unternehmens in Campes und bald darauf in Wolkes Hände gelegt und war 1790 in Magdeburg gestorben.

Basedow hat seine Reformgedanken im „Methodenbuch" am ausführlichsten dargelegt. Die Erziehung stellt er darin in den Vordergrund. Sie soll die Kinder zu einem gemeinnützigen, patriotischen und glückseligen Leben vorbereiten, soll frühzeitig den Körper abhärten und das Kind unter Kindern ebenso frühzeitig an Mäßigkeit, Geduld, Aufrichtigkeit, Fleiß, an Liebe zur Ordnung und Reinlichkeit, an Dienstfertigkeit und edle Ehrliebe gewöhnen. Die sexuelle Scham wird nicht verletzt, wenn man mit Kindern vor dem 10. bis 12. Jahre über Zeugung der Tiere und Menschen ernsthaft und in anständigen Ausdrücken wie von natürlichen Dingen redet. Frühzeitige Einführung in Garten- und Handwerksarbeit wird empfohlen.

Der Unterricht soll mit dem Zweck der Erziehung übereinstimmen. Darum: Nicht viel lernen, aber mit Lust! Nicht viel, aber in strenger Ordnung, lückenlos vom Leichteren zum Schwereren fortschreitend! Nicht viel, aber lauter nützliche Erkenntnis! Und nicht zu früh! Und so angenehm wie möglich! Sachwissen ist wichtiger als Wortwissen. Daher sollen Naturkunde, Mathematik und eine hauptsächlich auf Übung und geschichtliche Beispiele gegründete Sittenlehre die wichtigsten Lehrgegenstände sein. Fremdsprachlicher Unterricht beginne im siebenten Jahre mit Französischsprechen; Lateinsprechen setzte zwei Jahre später ein. Erst vom fünfzehnten Jahre ab, wenn der Geist rein Begriffliches erfassen kann, haben grammatischer Unterricht und Klassikerlektüre Wert, aber auch nur bei denen, die studieren wollen. Den Unterricht im Griechischen verwirft Basedow. Die Religion dagegen, d.i. den Glauben an Gott, Tugend und Unsterblichkeit, lehre man früh und soweit das Kind dies verstehen kann. Bekenntnismäßiger Unterricht ist erst für spätere Jahre vorgesehen.

Wie Rousseau sieht auch Basedow die Bestimmung der Frau im Leben für den Mann und das Haus. Sorgfältige Körperpflege, Sauberkeit und Ordnung, Sanftmut und Geduld, Anstand und gesellschaftliche Gewandtheit, besonders aber Schamhaftigkeit und Ehrbarkeit sind daher die wichtigsten Zielpunkte der Mädchenerziehung. Ferner müssen die Mädchen mit allen haushälterischen Pflichten bekanntgemacht werden. Der Schulunterricht hat sich auf die Muttersprache, das Französische, Rechnen, Religion und Sittenlehre, die Grundkenntnisse von Geschichte, Erd- und Naturkunde, ferner Musik, Singen, Tanzen und Zeichnen zu beschränken.

Besonders erfolgreich hat als Anhänger Basedows Ernst Christian Trapp (1745–1818) gewirkt, der nach kurzer Lehrtätigkeit in Dessau 1779 als erster Professor der Pädagogik und Leiter eines

Die philanthropische Bewegung 113

pädagogischen Seminars nach Halle berufen wurde. Als solcher versuchte er den von Basedow befürworteten Gedanken einer pädagogischen Ausbildung der wissenschaftlichen Lehrer zu verwirklichen, konnte sich aber wegen seiner Gegnerschaft gegen die alten Sprachen nicht durchsetzen und trat 1783 von seinem Lehramt zurück.

Im „Versuch einer Pädagogik" (1780), der ersten wissenschaftlichen Grundlegung der Pädagogik, suchte er die philanthropischen Erziehungsgedanken in ein psychologisch begründetes Lehrgefüge zu ordnen. Darin empfahl er schon das pädagogische Experiment und die planmäßige Beobachtung der Kinder als Grundlage einer wissenschaftlichen Erziehungslehre. So unvollkommen sein Werk bei dem damaligen Stand der Seelenkunde auch sein mußte, so bekundete es doch das Bemühen, die Erziehung auf der Kenntnis des Menschen aufzubauen.

Andere Philanthropisten haben nicht minder erfolgreich an Basedows Werk weitergearbeitet. Joachim Heinrich Campe († 1818) wurde der Schöpfer eines reichen Jugendschriftwesens. Er hat den Robinson, trotz der Einführung langatmiger Sittenlehren, zum gelesensten Kinderbuch seiner Zeit gemacht. Mit Trapp und andern schuf er in der 16 Bände umfassenden „Allgemeinen Revision des gesamten Schul- und Erziehungswesens" das erste deutsche Handbuch der Pädagogik. Drei Bände waren reserviert für die deutsche Fassung des „Emile" und aller Kommentare zu ihr. Mit Erfolg hat sich auch Christian Gotthilf Salzmann († 1811) als pädagogischer Schriftsteller bewährt. (Über die wirksamsten Mittel, Kindern Religion beizubringen. – Krebsbüchlein oder Anweisung zu einer unvernünftigen Kindererziehung. – Konrad Kiefer oder Anweisung zu vernünftiger Erziehung der Kinder. – Ameisenbüchlein oder Anweisung zu einer vernünftigen Erziehung der Erzieher, sein reifstes Werk, worin er die Erzieher zur Selbsterziehung auffordert.) Die von ihm 1784 gegründete Erziehungsanstalt zu Schnepfenthal bei Gotha erhielt sich bis heute. Die beste Gewähr für ihr Bestehen bot von vornherein die Persönlichkeit ihres Gründers, der zweifellos der bedeutendste Praktiker unter den Philanthropisten war, daneben aber auch die geschickte Behandlung der Zöglinge, deren Gesamtheit eine große, mit der Salzmannschen eng verbundenen Familie bildete. „Vater Salzmann" war ihre alles belebende Seele. Mit einem gesunden Sinn für Lebenswirklichkeit leitete er seine Zöglinge zur Beobachtung der umgebenden Natur an, weckte ihr Verständnis für erdkundliche Fragen durch Wanderungen und Reisen und übte sie mit Unterstützung seiner ausgezeichneten Gehilfen Blasche und Heusinger ernsthaft in handwerklicher Arbeit. Vor allem aber gab er den von Dessau übernommenen Leibesübungen einen planmäßigen Ausbau. Sein bedeutendster Mitarbeiter auf diesem Gebiet war Friedr. Guts Muths, der in seiner „Gymnastik für die Jugend" (1793) die erste, auch im Ausland viel beachtete Turnlehre entworfen hat.

Mit Basedows Dessauer Unternehmen begann das Zeitalter der privaten pädagogischen Versuchsschulen. Diese sind in der Folgezeit bisweilen bahnbrechend geworden, wenn hervorragende Pädagogen wie Pestalozzi, Fröbel, Hermann Lietz durch sie ihre neuen Gedanken zu verwirklichen und zu veranschaulichen suchten.

Es gab bis 1800 philanthropische Schulen, – ins Bürgerliche übersetzte Ritterakademien hat Friedrich Paulsen sie genannt, – die sich als Alternativen zu den alten Lateinschulen verstanden. Ebenso war der Einfluß der Philanthropisten auf die Entstehung der neuen literarischen Gattung des Kinder- und Jugendbuches wie auf die Entwicklung des staatlichen Schulwesens im Zeitalter des Absolutismus enorm.

Die Philanthropisten haben immer und immer wieder die Trennung der Schule von der Kirche als eine ihrer wichtigsten Forderungen betont und damit zur endgültigen Verstaatlichung und konfessionellen Befreiung des Schulwesens einen wirksamen Anstoß gegeben. Sie haben ferner das Unterrichten zum Gegenstande wissenschaftlicher Forschung gemacht und der Pädagogik Aufnahme in den Kreis der akademischen Lehrfächer verschafft.

Für die deutschen Aufklärungspädagogen stand fest, daß die

Erziehung dem Einzelnen zur Entfaltung seiner Kräfte, und dies hieß zugleich seiner Menschlichkeit, zu verhelfen hatte mit dem Resultat, daß damit das Gemeinwohl befördert wird. Dieses wiederum wurde repräsentiert durch den Staat. Nicht erkannt haben sie den Widerspruch, den ihre Pädagogik enthielt und der seit dem 18. Jahrhundert zu den großen ungeklärten Dilemmata jeder emanzipatorischen Pädagogik zählt: den zwischen individueller Entfaltung und der Entfaltung des Gemeinwohls. Für sie stand fest, daß der Mensch nur an seinem gesellschaftlichen Ort funktionieren konte und daß der Staat das Recht hatte, die Formen der Erziehung und der Kenntnisse vorzuschreiben, stand für sie ebenfalls außer Frage. Einen Widerspruch zwischen dem absolutistischen Staat und seinen Bürgern sahen die Philanthropisten nicht.

Einer gesonderten Betrachtung bedarf die Pädagogik Immanuel Kants. Auch wenn seine pädagogischen Gedanken keinesfalls originell sind, muß ihm doch ein Platz als Philosoph, der das aufklärerische Denken über sich selbst hinausgetrieben hat, in einer Geschichte der Pädagogik eingeräumt werden. Seine Definition von Aufklärung, wie sie sich in den Formulierungen „Aufklärung ist der Ausgang des Menschen aus seiner selbstverschludeten Unmündigkeit" und „Habe Mut, Dich Deines Verstandes zu bedienen", beinhaltet die weitestreichende Begründung für die Aufgaben der Erziehung. Im kategorischen Imperativ findet die utilitaristische Ethik der Philanthropen, die in der Selbstentfaltung gleichzeitig die Gemeinnützigkeit verwirklicht sahen, ihre kritische Überwindung: „Handele stets so, daß die Maxime deines Handelns zum allgemeinen Naturgesetz werden kann." Alle Bestimmungen des Guten wie Glück, Nutzen oder allgemeine Wohlfahrt, wie die Philanthropen sie vornahmen, wären demnach Fremdbestimmungen und träten in Widerspruch zu Sittlichkeit des autonomen Individuums. In seinen pädagogischen Vorlesungen, einer Pflichtveranstaltung, die der Königsberger Philosophieprofessor im Wintersemester 1776/77 halten mußte, orientierte er sich stark an Rousseau; sie scheinen ganz unter dem Eindruck der Emile-Lektüre entstanden zu sein. Kant wendet allerdings den Gedankengang Rousseaus gemäß seines eigenen philosophischen Ansatzes. Geht Rousseau im Emile synthetisch vor, so geht er dagegen analytisch von der Zielvorgabe des kategorischen Imperativs aus. Daraus folgt zwingend und abweichend von Rousseau eine Kritk der Privaterziehung und die Entwicklung eines Modells der öffentlichen Erziehung in eigens vom Staat eingerichteten Schulen.

Literatur:

Herwig Blankertz, Berufsbildung und Utilitarismus, Düsseldorf 1963;

Hans-Heinz Evers, Kinder- und Jugendliteratur der Aufklärung, Stuttgart 1980

Ulrich Herrmann (Hrsg.), „Das pädagogische Jahrhundert", Volksaufklärung und Erziehung zur Armut im 18. Jahrhundert in Deutschland, Weinheim-Basel 1981

Ders. (Hrsg.), Die Bildung des Bürgers. Die Formierung der bürgerlichen Gesellschaft und die Gebildeten im 18. Jahrhundert, Weinheim-Basel 1982

Ludwig Fertig, Campes politische Erziehung. Eine Einführung in die Pädagogik der Aufklärung, Darmstadt 1977

19. Die Entwicklung des staatlichen Schulwesens im Zeitalter der Aufklärung

Der sichtbarste und unmittelbarste Erfolg, der den pädagogischen Bemühungen der Aufklärungspädagogen beschieden war, lag auf dem Gebiete der Schulverwaltung. Der Gedanke der Verstaatlichung des Schulwesens, dessen Keime schon im 17. Jahrhundert aufsprossen (s. S. 86 ff.), entsprach ganz dem Geiste des aufgeklärten Absolutismus. Durch volle Verstaatlichung der Schule hoffte man diese zum geschicktesten Werkzeug der Staatserziehung zu machen, um so außer gläubigen Christen auch brauchbare Untertanen heranzubilden. In den Schulordnungen wie den allgemeinen landesrechtlichen Bestimmungen aus dem letzten Drittel des 18. und dem Anfang des 19. Jahrhunderts wird daher das Schulwesen als „Politikum", d.h. als ausschließlich staatliche Angelegenheit behandelt. Die Staatsschule begann die reine Kirchenschule abzulösen. Der in den 80er Jahren im Herzogtum Braunschweig wirkende, aufklärerisch gesinnte Staatsmann v. Hardenberg, später der Nachfolger des Freiherrn vom Stein in Preußen, richtete 1786 nach den Plänen der Philanthropisten ein rein weltliches Schuldirektorium ein, dem auch Campe und Trapp angehörten. Es ging aber infolge des Widerstandes der Geistlichkeit und der braunschweigischen Landstände nach 4 Jahren wieder ein. Erfolgreicher setzte 1787 der preußische Staatsminister Freiherr von Zedlitz für sein Land die Schaffung eines „Oberschulkollegiums" durch, dem das ganze preußische Schulwesen unterstellt wurde. Es ist der mittelbare Vorläufer des 30 Jahre später geschaffenen preußischen Kultusministeriums geworden. Im „Allgemeinen Landrecht" wurden 1794 sämtliche preußischen Schulen und Universitäten für „Veranstaltungen des Staates" erklärt und damit dessen Bildungshoheit gesetzlich festgelegt. In Österreich vollzog sich eine ähnliche Bewegung unter Maria Theresia und Josef II. In Bayern wurde unter Karl Theodor (1778) das Schulwesen als „Polizeisache" der Staatsverwaltung unterstellt. Das sind nur einige Beispiele einer damals allgemeinen Bewegung. Freilich waren die Inhaber der staatlichen Schulämter immer noch Geistliche.

Auch ein ernsterer Wille zur Neugestaltung des inneren Schulbetriebs in einem der Aufklärung mehr entsprechenden Geiste zeigte sich in allen deutschen Staaten erst von den 70er Jahren ab, also nach dem Auftreten Basedows und seiner Anhänger. Wohl sind in Preußen unter Friedrich II. schon vorher mehrere Verordnungen zur Verbesserung des Schulwesens erschienen; diese galten aber bloß der Volksschule und waren alle noch von pietistischem Geiste erfüllt, so daß man hier nur von einer Fortsetzung der unter Friedrichs Vater begonnenen Bestrebungen reden kann. Auch die staatswirtschaftlichen Rücksichten, welche die Schulpolitik Friedrich Wilhelms I. bestimmt hatten, bleiben für seinen Sohn maßgebend. Als der Pietist Hecker (s. S. 97) 1748 mit der Berliner Realschule ein Seminar für seine Schulen verband, erhob es der König vier Jahre später zum staatlichen „Küster- und Schulmeisterseminar" und gewährte ihm dauernde Unterstützung, weil seine Zöglinge im Seidenbau unterrichtet wurden, von dem sich Friedrich große wirtschaftliche Vorteile versprach. Hecker blieb ständig des Königs wichtigster Berater in Volksschulfragen. Er war der entscheidende Bearbeiter der 1754 erschienenen Landschulordnung für Minden und Ravensberg und des wichtigeren General-Landschulreglements von 1763, des ersten für den ganzen preußischen Staat geltenden Volksschulgesetzes. Es enthielt Bestimmungen über die allgemeine Schulpflicht, die Wahl seminaristisch gebildeter Lehrer, den Umfang und die Verarbeitung des Unterrichtsstoffes sowie über die Schulaufsicht durch den Ortsgeistlichen. Es wurde ausdrücklich erlassen, um der Unwissenheit im Volke entgegen zu steuern und geschickte und bessere Untertanen heranzubilden, und es fällt ihm das Verdienst zu, daß es dem bis dahin ungeordneten und uneinheitlichen preußischen Volksschulwesen eine feste Grundlage und Form gab. Der darin geforderte Lehrstoff war bescheiden; er ging über Lesen, Schreiben, Kirchengesang, Beten und recht viel Bibelkunde und Katechismuslehre nicht hinaus. Das entsprach durchaus der realpolitischen Einstellung des Königs, der trotz seiner persönlich freien Gesinnung den herrschenden Glauben nicht verdrängen wollte. Als hinderlich für seine Durchführung erwies sich jedoch das Fehlen hinreichender Staatsmittel. Erst als Frhr. v. Zedlitz 1771 an die Spitze der Unterrichtsverwaltung trat, erreichte er, daß der König für die Landschulen größere Summen zur Verfügung stellte. Die Teilnahme an dem sehr kostspieligen Bayerischen Erbfolgekrieg zerstörte diese Ansätze wieder. Um die Staatskasse zu entlasten, ordnete Friedrich 1779 durch ein Kabinettschreiben an Zedlitz gegen dessen Willen die Verwendung ausgedienter Soldaten im Schuldienste an. Nach dem Muster des General-Landschulreglements hat 1765 ein Schüler Heckers, der Abt Felbiger von Sagan († 1789), das katholische Schulreglement für die neuerworbenen Landesteile Schlesien und Glatz ausgearbeitet und damit auch diese Gebiete in die bestehende preußische Schulorganisation eingegliedert. Sein Seminar in Sagan ist das Vorbild für eine Reihe neuer Lehrerbildungsstätten geworden.

Das eben erwähnte Kabinettsschreiben von 1779 galt in der Hauptsache der Verbesserung des höheren Schulwesens in Preußen. Hier traten Friedrichs Aufklärungsabsichten deutlicher zutage. Gewöhnung an eigenes Nachdenken und sinngemäßen Ausdruck sowie Weckung des sittlichen Bewußtseins sollen nach diesem Schreiben die wichtigsten Aufgaben der Gelehrtenschulen sein. Daher verlangte der König, daß mehr Sorgfalt auf den Unterricht in der Rhetorik und Logik gelegt werde. An Latein und Griechisch hielt er aus Nützlichkeitsgründen fest. Aber auch die französischen Schriftsteller wollte er auf den Gymnasien berücksichtigt wissen. Für das Deutsche verlangte er stilistische Übungen und den Gebrauch einer guten Grammatik. Von der Geschichte sollte die alte nur kurz, die neuere dagegen um so eingehender behandelt werden. Geometrie zählte er ebenfalls zu den notwendigen Lehrfächern des Gymnasiums. Den Religionsunterricht schätzte er wie alle Aufklärer als Mittel sittlicher Erziehung; er empfahl daher auch für diesen einen Katechismus der Sittenlehre.

Die Realschule kam während Friedrichs Regierungszeit nicht über die Heckersche Form hinaus. Diese paßte mit ihrer rein praktischen Einstellung ganz zu seinen merkantilistischen Anschauungen. Nach ihrem Vorbilde wurden ähnliche Anstalten in Braunschweig, Wittenberg, Stargard und anderen Städten gegründet.

Friedrichs tüchtigster Helfer auf pädagogischem Gebiete war nach Hecker der bereits erwähnte Staatsminister Freiherr von Zedlitz, dem von 1771–1788 neben der Justizpflege auch das Kirchen- und Schulwesen unterstellt war. Er war Aufklärer wie der König und wandte als solcher allen pädagogischen Fragen der Zeit seine Teilnahme zu. Zur Förderung der Volksbildung bemühte er sich trotz der Knappheit staatlicher Mittel um erträglichere Bezahlung der Lehrer und Schaffung besserer Schulhäuser. Die Bemühungen Rochows um Hebung der Landschulen unterstützte er durch aufmunternde Schreiben; und während er auf der einen Seite den Bestrebungen der Philanthropisten um Pflege der wissenschaftlichen Pädagogik durch die Berufung Trapps (s. S. 112) entgegenkam, berücksichtigte er auf der anderen auch die Forderungen der Neuhumanisten, berief Friedrich August Wolf nach Halle, ernannte tüchtige Schulmänner aus neuhumanistischen Kreisen (Gedike, Meierotto) zu Leitern der großen Berliner Gymnasien und rief dort das erste Gymnasialseminar (am Grauen Kloster) ins Leben. Auf ihn geht die Verpflichtung der Königsberger Professoren der Philosophie, darunter auch Kant, zurück, Vorlesungen über Pädagogik zu halten (s. S. 115 f.). Mit der schon erwähnten Einrichtung des Oberschulkollegiums tat er den ersten erfolgreichen Schritt zur Loslösung der Schule von der Kirche. Dank den Bemühungen Gedikes und Meierottos, die zu den ersten Mitgliedern dieses Kollegiums gehörten, kam 1788 die Einführung der Reifeprüfung (Abiturientenexamen) zustande, deren Bestehen die Vorbedingung zur Erlangung eines Hochschulstipendiums sein sollte. Dadurch wurde der Grund für eine gleichmäßige höhere Allgemeinbildung in Preußen gelegt.

Von philanthropisch-aufklärerischen Absichten waren auch die Bemühungen des kurmärkischen Erb- und Domherrn Friedrich Eberhard Freiherr von Rochow († 1805) um die Verbesserung des preußischen Landschulwesens getragen. Er ist der Aufklärungspädagoge, der sich am intensivsten theoretisch und praktisch für die Erziehung der ländlichen Unterschichten einsetzte. Wie sehr die Bauern infolge mangelhafter Schulbildung in Unwissenheit und Aberglauben versunken waren, mußte er 1772 beim Ausbruch einer Seuche auf einem seiner Güter erfahren. Er schrieb daher den „Versuch eines Schulbuchs für Kinder der Landleute". Es sollte den Lehrern den Weg zu einem brauchbaren Unterrichtsverfahren vorzeichnen. Bald darauf ließ er den „Bauernfreund", seit 1776 „Kinderfreund" genannt, erscheinen, um die große Lücke zwi-

Die Entwicklung des staatlichen Schulwesens 121

schen Fibel und Bibel auszufüllen. Es war das erste Schullesebuch, das der Auffassungsgabe des Kindes angepaßt war, und es hat sich dank dieses Vorzuges fast ein Jahrhundert hindurch in deutschen Schulen erhalten. Die methodischen Anweisungen des „Schulbuchs" wurden seit 1773 auf Rochows Gütern Reckahn, Göttin und Krahne von ihm selbst und seinem Lehrer Bruns erprobt und waren seit 1778 auch für die Zöglinge des Halberstädter Seminars maßgebend. Den Forderungen der Philanthropisten gemäß, zu denen Rochow persönliche Beziehungen unterhielt, wurde der Elementarunterricht, wie er ihn zuerst nannte, von Anfang an so angenehm und anschaulich als möglich erteilt und großes Gewicht auf die Muttersprache, brauchbare Sachkenntnisse und die Erziehung zum Selbstdenken gelegt. In seinen Schulen wurde zum erstenmal der Anfangsunterricht nicht mit Buchstabierübungen, sondern mit Denkübungen in Form von Gesprächen über bekannte Sinnendinge begonnen. Die sokratische Methode des entwickelten Frageunterrichts (S. 111) drang durch ihn und seine Schüler zuerst in die Volksschulen ein. Im Laufe der Jahre wuchsen Rochows volkserzieherische Bestrebungen über den engeren Rahmen der Landschularbeit hinaus. Seine Schrift „Vom Nationalcharakter durch Volksschulen" (1779) zeigt ihn als einen der ersten Vertreter der Nationalerziehung. Nation war für ihn eine kleinere staatlich begrenzte Volksgruppe wie die Preußen, Sachsen usw. Doch sah er im „Volk" nicht mehr eine niedere Klasse von Menschen, sondern die Gemeinschaft derer, die „zusammen ein Ganzes ausmachen". Durch gute Volksschulen sollten sie einen einheitlichen Nationalcharakter erhalten. – Durch seinen Schüler Wilberg, der später in Elberfeld lebte und dort großen Einfluß auf den jungen Diesterweg gewann, wirkten Rochows Ideen über die Mark hinaus auf das deutsche Volksschulwesen.

In den katholischen Gebietsteilen Deutschlands fand der Sieg der Aufklärung ihren schlagendsten Ausdruck in der Vertreibung der Jesuiten, zu der außerdeutsche Länder den ersten Anstoß und der Papst selber durch die Aufhebung des Ordens (1773) die rechtliche Handhabe gegeben hatten. Dadurch wurde einerseits die Verstaatlichung des Schulwesens gefördert, andererseits ein Ansporn zu Bildungsreformen auch in diesen Ländern gegeben. In Österreich berief Maria Theresia mit Einwilligung Friedrichs des Großen 1774 den Abt Felbiger zur Neuordnung des gänzlich verwahrlosten Volksschulwesens nach Wien. Noch im selben Jahre arbeitete dieser die „Allgemeine Schulordnung" aus, die die Leitung des ganzen Volksschulwesens in die Hand des Staates legte und die Gründung von Normalschulen (Musterschulen mit Seminar) in jeder Provinz, von Hauptschulen (gehobenen Volksschulen) in jedem Kreise und von Trivialschulen (gewöhnlichen Volksschulen mit nur einem Lehrer) in jeder Gemeinde anordnete. Der Bischof Kindermann schuf auf dieser Grundlage in Böhmen ein blühendes Volksschulwesen, mit dem er, dem merkantilistischen Geist seiner Zeit entsprechend, „Industrieunterricht" (Gartenbau, Seidenbau, Stricken, Spinnen usw.) verband, um den Kindern des Volks die notwendigen Handgriffe für eine gewinnbringende Heimarbeit beizubringen und sie beizeiten an Arbeitsamkeit zu gewöhnen. Solche Industrieschulen haben vielerorts Nachahmung gefunden. 1775 erfolgte auch eine Umgestaltung der früher ganz von den Jesuiten beherrschten Gymnasien im Sinne der Aufklärung. Neben den Realien fand hier zum erstenmal der deutsche Aufsatz Berücksichtigung. Die Neubildung des Hochschulwesens hatte schon vorher Gerhard von Swieten in neuzeitlichem Geiste durchgeführt. – Die staatliche Schulreform in Österreich entfachte auch in den kleineren katholischen Gebietsteilen des Deutschen Reiches, besonders in den Bistümern, einen bisher unbekannten Eifer für die Förderung des Volksschulwesens. Am erfolgreichsten wirkte in diesem Sinne der Freiherr Franz von Fürstenberg im Bistum Münster, der im Leiter der Münsteraner Normalschule Bernhard Overberg seinen bedeutendsten Mitarbeiter fand.

In Bayern suchte ein Schüler Christian Wolffs, der Rechtslehrer Ickstatt, nach gelungener Erneuerung der Universität Ingolstadt auch das mittlere Schulwesen dem Geist der Aufklärung entsprechend umzugestalten, kam aber über verheißungsvolle Anfänge nicht hinaus. Erfolgreicher wirkte hier der pädagogisch begabte

Kanonikus Heinrich Braun († 1792), der seit 1770 die meisten bayrischen Schulordnungen, so auch die umfassende „Schulverordnung für die bürgerliche Erziehung der Stadt- und Landschulen" von 1778 bearbeitet hat. Die Jesuitenschulen gingen nach Aufhebung des Ordens ebenfalls in die Hand des Staates über.

Unter den kleineren evangelischen Staaten gab Kursachsen mit seiner „Erneuerten Schulordnung für die deutschen Stadt- und Dorfschulen" (1773) das Beispiel einer gemäßigten Volksschulreform, dem die gesamten sächsischen Lande nachfolgten. Der Leiter des Dresdener Lehrerseminars Friedr. Dinter wurde hier der vorbildliche Meister der sokratischen Katechese. Nur in Württemberg verharrte man bei dem überkommenen Unterrichtsbetrieb in niederen wie in höheren Schulen. Die von dem Herzog Karl Eugen gestiftete Hohe Karlsschule, ursprünglich eine militärische Anstalt, seit 1781 aber eine eigentümliche Vereinigung von Gymnasium, Universität und Kunstakademie, war das einzige schulische Neugebilde dieses Landes, das sich den Einwirkungen der Aufklärung gegenüber empfänglich zeigte. Sie ging jedoch nach kurzer Blütezeit 1794 wieder ein.

Literatur:

Heinz-Joachim Heydorn,/Gernot Koneffke, Studien zur Sozialgeschichte und Philosophie der Bildung, München 1973

Gerhard Petrat, Schulunterricht. Seine Sozialgeschichte in Deutschland 1750–1850, München 1979

Peter Martin Roeder/Achim Leschinsky, Schule im historischen Prozeß, Stuttgart 1973

20. Mädchenerziehung im 18. und frühen 19. Jahrhundert

Im 18. Jahrhundert schiebt sich ein aus der „querelle des femmes" (s.S. 68 ff.) bekanntes, dort aber eher marginales Argument gegen die wissenschaftliche Bildung von Frauen in den Vordergrund und bestimmt schließlich sowohl Erziehungsziel und -inhalt der Mädchenerziehung in den neu entstehenden bürgerlichen Gruppen: es ist die Zielsetzung der Erziehung zur Hausfrau, Mutter und Gattin, die dann im Verlauf des 19. Jahrhunderts allgemeingültigen Charakter für die Mädchenerziehung bekommt. Zugleich mit dieser pädagogischen Entwicklung fand in der zweiten Hälfte des 18. Jahrunderts eine Neudefinition des Geschlechterverhältnisses statt, das zunächst vor allem unter den Aufklärern in England und Frankreich und dann durch die breite Rousseaurezeption in Deutschland die Ungleichheit der Geschlechter anthropologisch begründete. Die Philanthropisten folgten auch hier eng den Gedankengängen Rousseaus, wie er sie im „Emile" im V. Buch entwicklelt hat (s.S. 110), nahmen allerding charakteristische Beschränkungen vor. Der ambivalente Charakter der Beziehung zwischen den Geschlechtern, die gegenseitige erotische Attraktion, die Glück und Unglück, Erfolg und Scheitern der Verbindung zwischen Sophie und Emile bedeutet, wird von ihnen zugunsten einer klaren Dominanz des Mannes und einer dienenden Bestimmung der Frau einseitig aufgelöst.

Joachim Heinrich Campe war der führende Kopf bei der Formulierung der Erziehungsziele für Mädchen zu Beginn des bürgerlichen Zeitalters: Seine Schrift „Väterlicher Rat für meine Tochter" erschien 1789 und wurde bis 1830 zehn weitere Male aufgelegt, die zahlreichen Raubdrucke nicht eingerechnet. Der „Rat" wendet sich an die Töchter der „mittleren Stände", teilt mit der französischen Aufklärungsphilosophie die Kritik an der adeligen Kultur, in der Frauen einen öffentlichen Platz einnehmen, und verweist sie auf ihre Aufgaben im Zentrum der Familie. In der „Bestimmung des Weibes" zur „Hausfrau, Gattin und Mutter" sieht Campe ihren eigentlichen Beruf. Sein Horror vor den schreibenden und politisierenden Frauen im revolutionären Paris belegt dies eindrücklich. Frauen werden deshalb anders, nicht in der Spannung von Selbstentfaltung und Gemeinwohl, sondern schlicht, vollkommen erfahrungsorientiert für die private Aufgabe erzogen. Verfehlt werden kann das Ziel der weiblichen Erziehung durch Putzsucht, Intellektualität und Eitelkeit.

Wie jedoch oft in Zeiten tiefgreifender sozialer und politischer Veränderungen – und für das hier behandelte ist die Französische Revolution von 1789 nur deren sichtbarster Ausdruck – waren jedoch auch Gegenstimmen zu vernehmen. Eine der bekanntesten war die schon genannte Schrift Theodor Gottlieb von Hippels (1741–1796) „Über die bürgerliche Verbesserung der Weiber", Berlin 1792, die formal noch stark an die „querelle des femmes" angelehnt ist, in ihrem Inhalt aber über diese hinausging. Hippel begründet die Gleichheit der Geschlechter naturrechtlich und will die anthropologischen Argumente für die Differenz der Geschlechter, die Rousseau gleichsam kanonisiert hatte und aus denen selbst Kant die natürliche Minderwertigkeit der Frau ableitete, rechtsphilosophisch widerlegen. Konsequenterweise fordert Hippel den gemeinsamen Unterricht von Mädchen und Jungen, Zugang für Mädchen auch zu höheren und hohen Schulen und langfristig den Ausbau eines gleichwertigen öffentlichen Bildungswesens für Mädchen, das diese auf eine öffentliche Tätigkeit in Staat und Gesellschaft vorbereitet.

Moderater, aber ebenso wie Hippel kritisch gegen Rousseau gewendet, entwickelt Amalie Holst (1758–1820), die Tochter des Kameralisten J.H.G von Justi, der selbst diverse „Emanzipationsschriften" z.B. über „Die Einrichtung eines weiblichen Schöpfenstuhls" oder einer „Frauenzimmer-Akademie" verfaßt hat, ihre Ideen zur Mädchenbildung. Holst, die vor ihrer Eheschließung bereits als Erzieherin gearbeitet hatte, publizierte 1791 eine Schrift unter dem Titel „Bemerkungen über die Fehler unserer modernen Erziehung von einer praktischen Erzieherin", in der sie Rousseau,

Basedow, Salzmann und Campe kritisiert. Explizit der Mädchenerziehung widmet sie sich in ihrer zweiten Schrift „Über die Bestimmung des Weibes zur höheren Geistesbildung" von 1802. Dort setzt sie sich mit den bekannten anthropologischen Argumenten, die von Rousseau bis Kant zum Beweis der weiblichen geistigen Minderwertigkeit vorgebracht wurden, auseinander. Für Holst ist es ausgemacht, daß Männer den Frauen Zugang zur höheren Bildung aus purem Machterhaltungsbedürfnis verweigern und dieses Bedürfnis sie in die fragwürdigsten Sophismen in dieser Angelegenheit treibt. Da es sich um ein Menschenrecht auf Bildung handelt, das Holst einfordert, wird es für alle Frauen des bürgerlichen Standes eingefordert, verheiratete und unverheiratete. Für beide „Berufe" ist umfassende Bildung eine notwendige Voraussetzung. Holst selbst ist dem Lehrerinnenberuf auch als verheiratete Frau nachgegangen, zunächst in der Handelsschule ihres Mannes, späterhin in eigenen Privatschulen. Sie gehört zu der Gruppe verheirateter, gebildeter Frauen, die gegen Ende des 18. Jahrhunderts durchaus noch nicht auf das Leitbild der Hausfrau, Gattin und Mutter fixiert waren. Neben ihr wäre als bekannteste Caroline Schlegel-Schelling, Dorothea Veit-Schlegel, Therese Huber und Esther Bernhard zu nennen. Die Neucodierung der Geschlechtscharaktere dieser Übergangsperiode zwischen 1770 und 1820 muß auch als Reaktion auf diesen Typus der gebildeten, erwerbstätigen und verheirateten Frau gesehen werden.

Institutionell ging die höhere Mädchenbildung bis zum Ende des 19. Jahrhunderts von der Jungenbildung völlig getrennte Wege. Alle Anstrengungen zur Normierung des höheren Schulwesens, die seit den 1780er Jahren unternommen wurden, galten Schulen für Jungen (s. S. 116 ff.). Es gab eine kleine Zahl privater Mädchenschulen, deren bekannteste das Mädchenerziehungsinstitut von Karoline Rudolphi (1754–1811) war. Diese kleine, gänzlich auf individuelle Förderung der einzelnen Mädchen in allen Zweigen „zarter Weiblichkeit" orientierte Schule hatte unter den männlichen Zeitgenossen einen beachtlichen Ruf, da Rudolphis Bildungsideal, niedergelgten dem zweibändigen Briefroman „Gemälde weiblicher Erziehung" (Erstauflage von 1815, 4.Auflage 1857), ihrer Wunschvorstellung zu entsprechen schien.

Kritisiert wurde die harmonisierende und wenig handfeste Schulbildung von der Bremer Lehrerin Betty Gleim. Gleim, stärker als Rudolphi an einem Frauenbild orientiert, das zwar der weiblichen Besonderheit Rechnung tragen sollte und von der Geschlechterpolarität ausging, diese aber keineswegs hierarchisch verstanden wissen wollte, forderte eine gründliche und systematische Bildung der Mädchen, die zur allseitigen Entwicklung ihrer Persönlichkeit führen sollte. In ihrer Schrift „Über die Bildung der Frauen und die Behauptung ihrer Würde in den wichtigsten Verhältnissen ihres Lebens" (1814) entwirft sie einen Nationalerziehungsplan für den weiblichen Teil der Menschheit, dessen Begründung lautet: „Die Frauen regieren die Welt, mögen die Männer dies hören wollen oder nicht. Von ihrer Beschaffenheit hängt Wohl und Wehe, die Veredelung oder das Verderben des Ganzen ab; wie sie sind, wird das Menschengeschlecht sein... Darum ergeht denn wahrlich der Ruf: Erziehet die Weiber ernster, würdiger, edler!" Gleim adressiert als eine der ersten Frauen den Staat als Träger der Mädchenerziehung. Es sollte noch fast ein Jahrhundert dauern, bis der Staat diese Verantwortung wirklich übernahm.

Literatur:

Elisabeth Blochmann, Das „Frauenzimmer" und die „Gelehrsamkeit", Eine Studie über die Anfänge des Mädchenschulwesens in Deutschland, Heidelberg 1966

VI. Der Neuhumanismus, die deutsche Klassik und Pestalozzi

21. Der Neuhumanismus

Während die Aufklärung in der letzten Hälfte des 18. Jahrhunderts in wechselndem Maße die breiteren Schichten des Bürgertums erfaßte, strebten schöpferische Geister in der sogenannten neuhumanistischen Bewegung bereits von ihr ab und über sie hinaus. Sie war von England her angeregt worden. Dort hatte der Graf von Shaftesbury († 1713) zuerst auf die Griechen als die unerreichten Vorbilder künstlerischen Empfindens hingewiesen und sie als die einzigartige Verkörperung harmonischer Menschenbildung gepriesen. In Frankreich nannte Charles Rollin in seinem Traité des études (1726) Griechenland die Quelle des guten Geschmacks. In Deutschland trat seit den dreißiger Jahren Matthias Gesner († 1761), der erste Professor der Eloquenz an der neugegründeten Universität Göttingen (1737), mit ähnlichen Gedanken auf. Er sah in den Schriftstellern des Altertums, besonders der griechischen, „die größten Leute und edelsten Seelen, die jemals gewesen"; wer sie liest, entnimmt aus ihren Werken nicht nur eine Fülle gelehrten Wissens, sondern „bekömmt auch geübte Sinnen, das Wahre von dem Falschen, das Schöne von dem Unförmlichen zu unterscheiden", „eine Fertigkeit, anderer Gedanken zu fassen und die seinigen geschickt zu sagen, sowie eine Menge von guten Maximen die den Verstand und Willen bessern". Durch die Beschäftigung mit ihnen wollte Gesner deutsches Schrifttum und deutsche Kultur heben. Er lehnte darum auch die Nachahmung (imitatio) der Alten und damit den bisherigen humanistischen Sprachenbetrieb ab. Sobald vielmehr die Schüler auf induktivem Wege (Sprechmethode, vgl. Basedow, S. 109 ff.) die wichtigsten grammatischen Formen und

Regeln erlernt haben, sollen sie in das Lesen und Verständnis der sprachlich, inhaltlich und sittlich besten Schriftsteller eingeführt werden. In seinem philologischen Seminar, dem ersten, in dem die alten Sprachen nicht mehr nur um des Bibelverständnisses willen gepflegt wurden, bildete Gesner die Studenten in der noch heute üblichen altphilologischen Interpretationsmethode aus. Ferner sorgte er als Inspektor der hannoverschen Gymnasien und Mitverfasser der 1737 erschienenen „Braunschweigisch-Lüneburgischen Schulordnung" für die Durchführung seiner Gedanken im öffentlichen Schulwesen. – Bei aller Hochschätzung des altsprachlichen Unterrichts verkannte er doch nicht die Notwendigkeit besonderer Vorbildung für die nichtgelehrten Berufe. In seinem „Bedenken, wie ein Gymnasium in einer fürstlichen Residenzstadt einzurichten", schlug er daher eine dreistufige Einheitsschule vor, an der 1. die zukünftigen Handwerker und Kaufleute, 2. die späteren Offiziere und Hofbeamten, 3. die eigentlichen Studierenden passende Vorbildung finden sollen. Basedow hat diesen Plan in seiner „Vorstellung" benutzt (vgl. S. 109).

Ganz in Gesners Bahnen bewegten sich die pädagogischen Anschauungen seines Freundes Joh. Aug. Ernesti (seit 1734 Rektor der Thomasschule, seit 1742 auch Professor an der Universität Leipzig). Wie jener sah auch er in den klassischen Schriftwerken die Urbilder guten Geschmacks, die Quellen tiefster Lebensweisheit und vortreffliche Mittel zur Schulung des Verstandes und des Willens. Daher stellte er mit Gesner das Lesen klassischer Schriftwerke in den Mittelpunkt des Unterrichts und legte großen Wert darauf, daß die Schüler den Inhalt klar erfaßten. Seine Vorliebe für die alten Sprachen ließ ihn gleichwohl die Wichtigkeit der Realien nicht verkennen. Er selbst schrieb die Initia doctrinae solidioris (1755), ein vielgebrauchtes Schulbuch, welches das Wichtigste aus der Mathematik, Physik, Philosophie und Rhetorik enthielt; und in der von ihm verfaßten, 1773–1846 in Sachsen gültigen Schulordnung verlangte er neben dem hauptsächlichen Betrieb der alten Sprachen auch Unterricht im Deutschen, den neueren Fremdsprachen und den Realien.

In Gesners Geist wirkte ferner sein Nachfolger in Göttingen, Chr. Gottlob Heyne († 1812). Das Studium der Sprache und Grammatik galt auch ihm nur als Vorbedingung, um in den Geist der Alten einzudringen. Verständnis und Begeisterung für die klassische Dichtkunst hat keiner so zu wecken verstanden wie er. Er gehörte zu den beliebtesten Dozenten Göttingens, das damals die Modeuniversität der Zeit war. Die geschickte Art, wie er das Leben der Antike in Beziehung zur Gegenwart zu setzen wußte, lockte zahlreiche Hörer aus allen Fakultäten in seine Vorlesungen. Diese und die Mitglieder seines engeren Schülerkreises (unter ihnen W. v. Humboldt, F.A. Wolf, die Brüder Schlegel und Voß) haben als beredte Zeugen neuhumanistische Gedanken in weitere Kreise getragen.

Den Höhepunkt der Entwicklung des Neuhumanismus an den Universitäten stellte die Tätigkeit des Heyneschülers Friedrich August Wolf (1759–1824) dar. Der Minister Zedlitz hatte ihn 1783 an die Universität Halle berufen, die er bald zum Hochsitz des Neuhumanismus machte. Wolf wurde hier der Begründer der klassischen Philologie im heutigen Sinne des Wortes. Er hat sie, die bisher nur als Hilfe zum Studium der Theologie und der Rechtswissenschaften diente, zu einer selbständigen Wissenschaft erhoben. Ebenso war er zeitlebens um die Schaffung eines nicht mehr theologisch, sondern rein philologisch vorgebildeten Lehrerstandes bemüht, der in seinem Berufe eine Lebensaufgabe und nicht nur eine Durchgangsstufe zum Pfarramte sehen sollte. Um diesen Stand reiner Philologen zu begründen, setzte er an die Stelle des von Trapp geschaffenen pädagogischen Seminars ein philologisches, dessen Mitglieder er so ausbildete, daß sie zu selbständiger wissenschaftlicher Arbeit befähigt waren. Eine besondere pädagogische Ausbildung erschien ihm überflüssig.

Wolf lehnte alle bisher für das Studium der alten Sprachen geltend gemachten Nebenzwecke ab. Man sollte sie weder treiben, um „den Alten ähnliche Werke in einer ihrer Sprachen" zu schaffen, noch um Sachwissen daraus zu schöpfen, noch endlich um juristischer oder theologischer Sonderzwecke willen. Endzweck und Frucht klassischer Studien sah er

Der Neuhumanismus

allein in der Humanität, d.h. der „Beförderung rein menschlicher Bildung und Erhöhung aller Geistes- und Gemütskräfte zu einer schönen Harmonie des inneren und äußeren Menschen". Als die besten Führer zu diesem Bildungsideal galten auch Wolf die Hellenen. Nur im alten Griechenland fanden sich nach seiner Ansicht „Völker und Staaten, die die meisten solcher Eigenschaften besaßen, welche die Grundlage eines zu echter Menschlichkeit vollendeten Charakters ausmachen". Von der Beschäftigung mit ihren Werken erwartete er die entsprechende seelische Beeinflussung der Studierenden. Über den platten Nützlichkeitsanspruch der Aufklärungspädagogen, besonders der Philantropisten, fühlten Wolf und seine Schüler sich hoch erhaben. Bildung zur Animalität nannte Fr. Niethammer in seiner berühmt gewordenen Schrift „Der Streit des Philantropinismus und des Humanismus" (1808) die Bildungsarbeit des ersteren, während er die Fähigkeit der Bildung zur Humanität allein dem letzteren zugestand. Dort, sagte er, pflegt man einseitig die Realien, hier die Idealien. Damit begann der Kampf zwischen humanistischer und realistischer Bildung.

Eine wesentliche Stütze gewann der Neuhumanismus durch die Entwicklung der deutschen Literatur seiner Zeit, die stark vom Geist der Antike befruchtet wurde. Klopstocks Vorliebe für die Verwendung antiker Versmaße war noch ziemlich äußerlicher Art. Tiefer drang schon Wieland in den Geist des Altertums ein, als er in seinem „Plan einer Akademie" für Shaftesburys Griechenbegeisterung Stimmung machte und im „Agathon" nach Lessings Urteil den ersten deutschen Roman „für den denkenden Kopf von klassischem Geschmack" schrieb. Winckelmanns „Geschichte der Kunst des Altertums" öffnete den Zeitgenossen das Verständnis für die edle Einfalt und stille Größe der klassischen bildenden Kunst. Lessing wies im „Laokoon" auf Homer als das beste Vorbild epischer Darstellungskunst hin und stieß in der „Hamburgischen Dramaturgie" die französischen Theatergötzen vom Thron, an deren Stelle er Shakespeare, Sophokles und die richtig verstandene Poetik des Aristoteles setzte. Zu welcher literarischen Produktivität die Neuaneignung der antiken Literatur führte, das zeigen eine Reihe der schönsten Dichtungen Goethes, Schillers und Hölderlins, auf die hier nur hingewiesen werden kann.

Gleichzeitig wurde das geistige Leben dieser Zeit durch den

philosophischen Idealismus bestimmt, der, von Kants Kritizismus ausgehend, sich zu den Systemen Fichtes, Schellings und Hegels weiter entwickelte. In ihnen hat in Deutschland die Philosphie der klassischen und der romantischen Zeit ihren Höhepunkt erstiegen. Die Verbindung der Ethik mit der Ästhetik, nach der das Gute schön, das Schöne gut und beide wahr sind, die daraus folgende überragende Stellung, die der Idealismus dem Geiste und dem Geistigen im Vergleich zur Natur und dem Natürlichen zuwies, waren Züge, die sein Denken mit den von ihm am meisten bewunderten Lehren des klassischen Altertums teilte. Philosophischer Idealismus und Altertumswissenschaft sind denn auch weite Wegstrecken zusammengegangen und haben im Bunde mit der zeitgenössischen Dichtung ein nationales Hochgefühl erweckt, das dem deutschen Volke die geistige Führung auf dem Wege zur Vollendung der Menschheit zusprach. Es war allerdings ein Glaube, dem die deutsche Kleinstaaterei zunächst jeden realpolitischen Rückhalt versagte. Aber darum kümmerte man sich nicht; man war gleichgültig gegen die politische Wirklichkeit, weil man sich in der Sonderwelt des „reinen Geistes", der alle Schranken überragenden deutschen Kulturgemeinschaft, frei bewegen konnte.

Literatur

s.S. 143; 164

22. Die Bildungsideale der deutschen Klassik

Man hat das Zeitalter zwischen 1770 und 1820 auch das klassische Zeitalter der pädagogischen Philosophie genannt. In der Tat kam der Erziehungsidee im Denken aller literarischen und philosophischen Vertreter dieser Jahrzehnte eine bedeutende Rolle zu. Im Gegensatz zu den Rationalisten und Aufklärern vor und neben ihnen sahen sie den Wert der Erziehung nicht mehr in äußerer Zweckhaftigkeit und Nützlichkeit sondern in ihrem Beitrag zur inneren Vervollkommnung des Menschen. Wie einige von ihnen durch ihre literarischen Werke zu Erziehern der Nation im 19. Jahrhundert geworden sind, so haben sie sich auch in besonderen Schriften mit Erziehungs- und Bildungsfragen auseinandergesetzt.

„Erziehung des Menschengeschlechts" hieß Lessings letzte Schrift (1780). Sie faßt die „Offenbarung", d. h. die Geschichte der Menschheit als einen Erziehungsvorgang im großen, dem die Entwicklung des Einzelmenschen parallel läuft. Judentum und Christentum bilden nur Stufen in dieser Entwicklung. Ihr letztes Ziel ist die Vollendung der Menschheit in einem Reiche der Vernunft, ein Gedanke, der durchaus im Sinne der Zeitgenossen lag. – Aus solchem Geist heraus hat auch Herder die Geschichte des Menschengeschlechts eine durch Jahrhunderte fortgesetzte Schule genannt. Er betonte aber im Gegensatz zum kosmopolitischen Lessing die Bedeutung, die der Individualität der einzelnen Völker zukommt. In diesem Sinne hat er das Wort geprägt: „Es hat jede Nation ihr Zentrum der Glückseligkeit in sich, wie jede Kugel ihren Schwerpunkt." Die von ihm mit Justus Möser und dem jungen Goethe herausgegebenen „Blätter von deutscher Art und Kunst", seine Volksliedersammlungen, seine „Ideen zur Philosophie der Geschichte der Menschheit" zeigen alle die gleiche Richtung seines Denkens: er suchte die Völker als Lebensganzheiten von bestimmter Eigenart zu verstehen, die durch ihre jeweilige Sitte, Sprache, Kunst und Religion den einzelnen als Volksglied formen. Im Christentum sah er die Religion der Humanität, da Christus sein Gottesreich auf allgemeine, echte Menschengüte gründet. So sehr er die Höhe des klassischen Griechentums und seiner Humanität bewunderte, so wollte er doch die Beschäftigung mit ihm nur als Mittel zur Beförderung deutscher Humanität gepflegt wissen, wie er auch schon in seinem „Reisejournal" (1769) dem abstrakten Naturkinde Rousseaus das geschichtlich bestimmte „Nationalkind" gegenüberstellte, zu dem der einzelne erzogen werden müsse. – Goethes Leben spiegelt eine Reihe von Entwicklungsschritten in seinen Ideen über Erziehung. In jungen Jahren schwärmte er mit Rousseau für ungehemmte Selbstentfaltung, und zeitlebens zeigte er im Gegensatz zur Aufklärung tiefes Verständnis für die Stärke natürlicher Eigenart und die Grenzen erzieherischen Einflusses (vgl. das Urteil der Löwenwirtin in „Hermann und Dorothea": „Wir können die Kinder nach unserem Sinn nicht formen", ferner die „Urworte": Und keine Zeit und keine Macht zerstückelt geprägte Form, die lebend sich entwickelt). Unter Herders Einfluß erwachte seine Liebe zur Volksdichtung und zur deutschen Vergangenheit, wie sie der „Götz" und der „Urfaust" bekunden. In Weimar mußte er aus dem Freund zum Erzieher des jugendlich ungestümen Herzog Karl August werden (vgl. die Dichtung „Ilmenau"). Seine Erziehungsansichten blieben gleichwohl noch lange Zeit individualistisch gerichtet. Die italienische Reise gewann ihn ganz für das ästhetische Bildungsziel der Neuhumanisten. Das zeigen nicht nur die klassischen Dramen jener Zeit (Iphigenie, Tasso) mit ihrer ausgeglichenen Form, das zeigt auch die Grundhaltung seines Bildungsromans „Wilhelm Meisters Lehrjahre", worin er die Erziehung seines Helden durch Leben und Kunst zu „schöner, freier Menschlichkeit" schildert. Doch werden die Spuren einer anderen Auffassung allmählich deutlicher. „Tätig sein ist des Menschen erste Bestimmung", heißt es schon in den „Lehrjahren". Die „Wanderjahre" singen dann das Hohelied der Arbeit für die Gesamtheit im Rahmen eines bestimmten Berufs. Wilhelm Meisters Sohn wird in eine „pädagogische Provinz" gebracht. Dort wird er mit andern in einer mustergültigen Gemeinschaft vor allem zur Lebenstüchtigkeit und zur Ehrfurcht erzogen, zur Ehrfurcht vor dem, was über uns ist, was unter uns, und vor dem, was uns gleich ist. Unter Kameraden entgeht er der Gefahr selbstbezogener Vereinzelung. Faust findet ebenfalls nach langem Suchen in rastloser gemeinnütziger Tätigkeit den Weg zur Selbstvollendung. So ist Goethes Individualismus des Sturm und Drang zu einer ausgewogenen Bestimmung zwischen Einzelnem und Gemeinnutz gekommen. – Schillers Anliegen war die Erziehung zum Sittlich-Schönen, er war besonders eng am antiken Ideal, so wie es zeitgenössisch verstanden wurde und zugleich an der kantischen Bestimmung des Sittlichen und Ästhetischen orientiert. Wie schon der jugendliche Dichter die Schaubühne als „moralische Anstalt" betrachtete und benutzte, so pries er in den „Künstlern" die Kunst überhaupt als die große Erzieherin der Menschheit. In der Schrift „Über Anmut und Würde" und besonders in den Briefen „Über die ästhetische Erziehung des Menschen" (1795) kehrt das gleiche Thema wieder. Nach ihnen gibt es keinen andern Weg, den natürlich-sinnlichen Menschen sittlich-vernünftig zu machen, als daß man ihn zuvor „ästhetisch" macht. Die Erziehung zur Schönheit bildet das Ganze unserer sinnlichen und geistigen Kräfte in möglichster Harmonie aus.

Auch Jean Paul erwies sich in seiner „Levana oder Erziehlehre" (1807) als neuhumanistisch-individualistisch gerichtet. Erziehung soll die „Entbindung" des „idealen Preismenschen" bewirken, der keimhaft in jedem Menschen steckt, und ihn zum „harmonischen Maximum aller individuellen Anlagen" führen. Den „Durchgang zum Jahrmarkt des Lebens" nehme die Jugend durch den „stillen Tempel der großen alten Zeiten und Menschen". Man lernt in dieser Schrift einen der feinsinnigsten Kenner der Kinderseele kennen.

Was die einzelnen Romantiker an Bildungsidealen verfochten haben, ist für die Geschichte des deutschen Bildungswesens weniger bedeutsam als die Gesamtrichtung ihres Denkens, die entschiedene Abkehr von der verstandesmäßigen Nüchternheit wie dem Weltbürgertum der Aufklärung und ihre Hinwendung zu einem organischen Volksbegriff, wie ihn schon Herder angeregt hatte. „Volk" wurde von Ihnen nicht als niedere Gesellschaftsschicht, sondern als nationales Ganzes, als Lebewesen eigener Art gefaßt. Indem die Romantik die Eigenart des Volkes aus seinen Äußerungen in Sprache, Dichtung, Kunst, Religion usw. zu erschließen suchte, hat sie nicht nur einen allgemeinen Aufschwung der Geisteswissenschaften angebahnt, sie hat insbesondere die Beschäftigung mit der deutschen Vergangenheit, ihrer Geschichte, Sprache und Literatur in einem Maße gefördert, wie keine geistige Bewegung früherer Zeiten.

Bei Johann Gottlieb Fichte († 1814), einem Schüler Kants, nahm die Humanitätsidee die entschiedenste Wendung zum Nationalen. Keiner hat den Glauben an eine Weltsendung der Deutschen so entschieden zum Ausdruck gebracht wie er. Schon 1804 hat er sich in seinen volkstümlich gehaltenen Vorlesungen über die „Grundzüge des gegenwärtigen Zeitalters" als Richter der „Selbstsucht" seiner aufgeklärten Zeitgenossen erwiesen. Er läßt darin das Individuum nur als Glied der Gemeinschaft gelten und keine Art der Bildung, die nicht vom Staat ausgehe und in ihn zurückzulaufen strebe. Nach dem politischen Zusammenbruch Preußens machte er sich durch seine „Reden an die deutsche Nation" (1807/8) zum Anwalt einer Wiederauferstehung der Nation.

Das deutsche Volk hat nach diesen Reden dank seiner Sündhaftigkeit und Selbstsucht sein Unglück verdient. Aber es braucht sich darum nicht ins Unvermeidliche zu fügen. Es muß ein neuer nationaler Staat geschaffen werden. Möglich ist dies nur durch eine gänzlich veränderte Erziehungsweise, eine neue einheitliche, deutsche Nationalerziehung. Sie muß aus dem Wesen des deutschen Geistes heraus Gestalt gewinnen. In Pestalozzi (s.S. 144 ff.) meint Fichte einen Wegweiser zu dieser Nationalerziehung zu finden. Das Geschlecht der Zukunft darf von dem gegenwärtigen verdorbenen nicht angesteckt werden; denn es soll das Gute um seiner selbst willen tun lernen. Es werde daher in einer besonderen „Nationalschule" unter die Leitung sittlich hochstehender Männer gestellt. Diese Schule soll die Form eines kleinen Wirtschaftsstaates haben, worin die Zöglinge ihre Nahrung, Kleidung usw. selbst erzeugen und verfertigen. In ihr werden alle, Knaben und Mädchen, gemeinsam erzogen und die Geschlechter nur in den Handarbeiten getrennt. In erster Linie werden sie an Arbeitsamkeit gewöhnt, damit sie sich später durch eigene Kraft im Leben behaupten können. Zu den gelehrten Studien werden nur die Begabten zugelassen, diese aber auch ohne Unterschied von Stand und Geburt. – Fichte verwarf in diesen Reden nicht nur wie Kant den Nützlichkeitsstandpunkt der Aufklärung, sondern auch über Kant hinaus ihren Individualismus und ihr Weltbürgertum. Im Gegensatz dazu stellte er die nationalen und sozialen Aufgaben der Erziehung in den Vordergrund. Erziehungsgeschichtlich im engeren Sinne bleibt Fichte das Verdienst, daß er als erster und lange Zeit alleinstehend das Ideal einer einheitlichen Nationalbildung verkündete, in der die Standes- und Bildungsunterschiede wegfallen.

Daß er dies in der idealistisch-romantischen Idee eines „Erziehungsstaates" tat, gehört zu den Besonderheiten der deutschen Bildungsgeschichte. Der Idee kam in ihr als Trägerin nationalen Heils eine überrragende Bedeutung zu, so daß Generationen von Schulkindern im 19. und 20. Jahrhundert in Deutschland der Eindruck vermittelt wurde, Fichte habe Napoleon besiegt.
Einen bedeutenden Beitrag zur Bildungstheorie des deutschen Idealismus hat Wilhlem von Humboldt (1767–1873) geliefert. Als Schüler J.H. Campes wurde er im Geiste des aufklärerischen Berlin erzogen und erhielt bei seinen akademischen Studien in Göttingen durch Heyne Kontakt zum Neuhumanismus. In seinem Werk vereinigt sich die Kritik an der Vernunftphilosophie der Aufklärung, die Rezeption des antiken ästhetischen Ideals und des Herderschen Verständnisses von Individualismus sowohl des Einzelnen wie des Volkes. Humboldt verbindet diese Aspekte zur gültigsten Form des deutschen Bildungsbegriffs. Diese Bildungstheorie ist keine Anleitung für die Hand des Lehrers und Erziehers, sondern Anleitung zur menschlichen Selbstreflexion und damit zur Initiierung und Vervollkommnung des menschlichen Bildungsprozesses. Bildung ist Anleitung zur individuellen Selbstentfaltung in Auseinandersetzung mit der äußeren Welt. Das Menschheitsideal war Ausgangspunkt und Ziel der Individualität gleichermaßen. Der Prozeß dieser Bildung vermittelt sich durch Sprache. Sprache unterscheidet von allen anderen menschlichen Kulturmanifestationen, daß sie einerseits das Medium des Allgemeinen ist, durch das die Individuen verbunden sind, andererseits verbürgt sie aber auch das Menschsein des Menschen, „die ursprünglich wahre Natur des Menschen". Die Griechen und ihre Kultur wurden als die Verwirklichung dieser Menschwerdung gesehen. Nach Humboldt soll das Studium der Griechen das Studium des eigentlichen Menschen sein: jenseits nationaler, konfessioneller und ständisch-beruflicher Begrenzung. Diese Bildungstheorie hat bis in das

zwanzigste Jahrhundert als klassische Formulierung des modernen Allgemeinbildungspostulats gewirkt. Sie hat die Bedeutung der sprachlichen Bildung auf die Höhe der philosophischen Reflexion ihrer Zeit geführt und sie enthält gleichzeitig den Widerspruch der modernen Allgemeinbildungsidee: Das auf die Individualisierung des Menschen gerichtete Bildungsideal wird zur theoretischen Begründung des modernen staatlichen Bildungswesens in Deutschland.

Der erfolgreichste unter den Vertretern des philosophischen Idealismus, G. Friedr. Wilh. Hegel (1170–1831), hat sich über Erziehungs- und Unterrichtsfragen nicht zusammenhängend ausgesprochen. Seine Schüler (Thaulow, Rosenkranz) haben in seinem Geiste Systeme der Pädagogik ausgebaut. Hegels eigene Gedanken, haben vornehmlich in der Gymnasialpädagogik des 19. Jahrhunderts Widerhall gefunden. Der formale Bildungswert des Unterrichts zeigt sich besonders bei der Spracherlernung und hier vor allem in der Beschäftigung mit der Grammatik, die eine andauernde Denktätigkeit erzwingt. In der Wertschätzung der alten Sprachen erweist sich Hegel als Neuhumanist. Mit großem Eifer bemühte er sich um die Einführung der philosophischen Propädeutik in den Gymnasialunterricht, die ihm auch schließlich durch Schulzes Einfluß glückte (siehe S. 157).

Seine Erziehungsgedanken hängen eng mit seiner philosophischen Grundanschauung, besonders seiner Geistesphilosophie, zusammen. Dem Einzel-Ich als dem subjektiven Geist stellt er als das Höhere den objektiven Geist, d. h. die Welt des Rechts, der Moralität und der Sittlichkeit gegenüber, die in der Familie, der bürgerlichen Gesellschaft und dem Staate ihre Verkörperung findet. Die vollkommenste sittliche Gemeinschaft sieht er im Staate. Er ist nach Hegel Selbstzweck und gibt dem Einzelwesen erst Lebensinhalt und Daseinszweck. Hegels Pädagogik ist gemäß dieser Staatsmetaphysik ausgesprochene Staatspädagogik. Im Erziehungsprozeß wird der junge Mensch durch die Anerkennung der sittlichen Einrichtungen des Allgemeinen zum Mann gebildet, geht den Weg vom „unmittelbaren Einzelnen" zu „substantieller

Allgemeinheit". War bei Fichte das „Reich der Vernunft" durch Erziehung erst noch herzustellen, so sind es bei Hegel die die bereits etablierten vernünftigen Ordnungen, die den Bildungsprozeß formen.

Friedrich Daniel Ernst Schleiermacher (1768–1834), Theologe, Sprachwissenschaftler und Philosoph kann als der große Vermittler zeitgenössischer Ideen gelten und war nicht nur der „Kirchenvater des 19. Jahrhunderts", sondern auch ein für das pädagogische Denken des 19. und des 20. Jahrhunderts überaus einflußreicher Denker. Selbst geprägt durch die Erziehung in der pietistischen Herrnhuter Brüdergemeinde war er nach dem Theologiestudium in Halle zunächst Hauslehrer, dann Pfarrer, außerordentlicher Professor in Halle und schließlich gehörte er nach der napoleonischen Besetzung von Halle (1806) seit 1810 zu den Gründungsmitgliedern der Berliner Universität, an der er bis zu seinem Tode als ordentlicher Professor lehrte. Schleiermachers Ideen haben sich vom romantischen Individualismus zur Anerkennung der Rechte der überindividuellen Mächte des Staates, der Kirche und der Gesellschaft entwickelt. In den erst 1849 herausgegebenen „Vorlesungen über Pädagogik", die auf eine Nachschrift der 1826 gehaltenen Fassung zurückgehen, kommt ein besonnener Ausgleich zwischen beiden Denkrichtungen zum Ausdruck.

Schleiermacher faßt die Pädagogik analog zur Politik als Anwendung der Ethik auf; er sieht im Erziehungsvorgang eine sittliche Betätigung des älteren Geschlechts dem jüngeren gegenüber. Zwei Aufgaben hat das erziehende Geschlecht dabei zu erfüllen: eine individuelle, die Ausbildung der Natur des Zöglings, und eine soziale, die Hineinbildung in das sittliche Leben der Gesellschaft. Die letztere ist ihm besonders wichtig; denn nur als Glied des Ganzen, das diesem Ganzen zu dienen bereit ist, gelangt der einzelne zur vollen Durchbildung seiner Persönlichkeit. Dieses Ganze aber setzt sich in der Hauptsache aus vier Lebenskreisen zusammen, der bürgerlichen Gesellschaft, der Kirche, der Wissenschaft und dem freien geselligen Verkehr. Für sie muß das werdende Geschlecht allmählich herangebildet werden, so daß es den vorhandenen Besitzstand an geistigen Gütern weiterentwickeln kann. Die methodischen Grundmittel dazu sind Unterstützung und Gegenwirkung. – Die erste Erziehungsstätte ist das

Haus, die Familie. Hier werden dem Kinde die erste leibliche Erziehung, die Ausbildung der Sinne, der Sprache, der Einbildungskraft, die Gewöhnung an Ordnung und Gehorsam, die Erweckung der religiösen Gefühle zuteil. Im zweiten Abschnitt seiner Entwicklung erwirbt sich der Zögling in der öffentlichen Schule die nötigen Kenntnisse und Fertigkeiten und lernt sich in ein größeres Gemeinwesen einleben. Diese Schulerziehung ist Sache des Staates, nicht der Kirche. Schon die Volksschule muß eine Erziehung geben, die zum Verständnis aller staatlichen Aufgaben befähigt. In ihrem Unterbau muß sie die Bildungsstätte aller Kinder sein; später erst gehen die fähigeren zur höheren Schule über, die nur im Umfang, nicht im Inhalt des Lehrstoffes von der Volksschule abweichen darf. Fachschulen bilden den Abschluß der Jugendbildung, und zwar Handwerksschulen für die gewerbliche Jugend, Hochschulen für die Gymnasiasten.

Schleiermachers Pädagogik begründete erstmalig die relative Eigenständigkeit der Erziehung als öffentliche Aufgabe, die nicht mit dem Staatsinteresse identisch ist und hat zuerst mit dem Glauben an ein immer und überall sich gleichbleibendes Erziehungsideal gebrochen. Wie sich die sittlichen Ideale und die Kulturaufgaben der Gesellschaft ändern, so sind auch die Aufgaben der Erziehung geschichtlich bedingt. Es läßt sich also nach Schleiermacher keine allgemeingültige Pädagogik aufstellen. In der Betrachtung der erziehlichen Einwirkung des älteren Geschlechts auf das jüngere, die sich mit Notwendigkeit aus der Lebensgemeinschaft beider ergibt, und den daraus erwachsenen Folgerungen sah er das eigentliche Arbeitsfeld der Erziehungswissenschaft. Damit konstituierte Schleiermacher eine neuartige „Dignität der Praxis" (Dilthey) als notwendige Grundlage jeder Pädagogik.

Ganz anders, nämlich grundsätzlich normativ orientiert hat der Zeitgenosse Herbart die Pädagogik wissenschaftlich zu begründen gesucht. Seine Erziehungslehre errang einen späten, aber glänzenden Erfolg. Der Philosoph Johann Friedr. Herbart (1776–1841) lehrte von 1805–1809 als Professor in Göttingen, bis 1833 in Königsberg, dann wieder in Göttingen, wo er 1841 starb. In seiner „Allgemeinen Pädagogik" (1806) und dem sie ergänzenden „Umriß pädagogischer Vorlesungen" (1835) brachte er die Erziehungslehre in enge Verbindung mit seinen philosophischen Grundgedanken, indem er das Ziel der Erziehung aus der Ethik, das dazu erforderliche Verfahren aber aus der Psychologie ableitete.

In der Ethik, die er in Übereinstimmung mit der neuhumanistischen Auffassung von der Einheit des Guten und Schönen dem Gebiete der Ästhetik zuweist, stellt Herbart fünf Musterbilder des Willens auf, die in ihrer Gesamtheit das Ideal der Persönlichkeit ausmachen. Es sind die Ideen der inneren Freiheit, der Vollkommenheit, des Wohlwollens, des Rechts und der Billigkeit oder der Vergeltung. Ein Mensch, dessen Grundsätze und Handlungen ganz von diesen Ideen beherrscht sind, ist ein wahrhaft sittlicher Charakter. Ausbildung zu solch einem sittlichen Charakter – Herbart nennt es Charakterstärke der Sittlichkeit – ist der oberste Zweck der Erziehung.

Die Mittel, die zur Erreichung dieses Zieles führen, sind Zucht und Unterricht. Daneben gibt es eine Reihe von Maßregeln, die zur Aufrechterhaltung der äußeren Ordnung beim Erziehungsgeschäft dienen und die Herbart unter dem Namen „Regierung" zusammenfaßt. Eine eigentlich erziehliche Aufgabe fällt dieser, die man sonst als Disziplin bezeichnet, nicht zu. Dagegen stellt der Unterricht ein um so wichtigeres Erziehungsmittel dar, und nur einen erziehenden Unterricht will Herbart gelten lassen. Wie dieser zur Bildung eines sittlichen Charakters beitragen kann, lehrt Herbarts Psychologie. Nach ihr sind alle Erscheinungen des Seelenlebens auf die Vorstellungen als dessen Elemente zurückzuführen. Gefühle, Begierden und Willensentschließungen sind nichts anderes als besondere Zustände, die durch die wechselseitige Verstärkung oder Hemmung der Vorstellungen im Bewußtsein entstehen. Wenn aber das Wollen zwangsläufig aus dem Gedankenkreise hervorgeht, dann kann auch der Unterricht durch richtiges Lenken und Ordnen der Vorstellungsmassen den Willen beeinflussen und damit erzieherisch wirken.

Zum Wollen führt das Wissen indessen nur, wenn es den Geist des Zöglings zum Weiterstreben veranlaßt oder, wie Herbart sagt, sein „Interesse" erregt. Die Erweckung eines vielseitigen, auf die verschiedenen Hauptgebiete der Natur- und Menschenkenntnis mit gleicher Stärke gerichteten („gleichschwebenden") Interesses ist also der nähere Zweck des Unterrichts. Herbart setzt dieses gleichschwebende Interesse dem gleich, was die Neuhumanisten seiner Zeit „Harmonie der Kräfte" nannten.

Noch ehe der Zögling die Schule besucht, hat er aus der Erfahrung an den Dingen mannigfache Kenntnisse, aus dem Umgang mit Menschen mancherlei Gesinnungen erworben. An diese hat der Unterricht anzuknüpfen und alle Arten von Interesse zu wecken, die aus Erfahrung und Umgang erwachsen können: das empirische, das spekulative, das ästhetische, das sympathetische, das soziale und das religiöse. Danach gruppieren sich die Lehrfächer in solche, welche Erkenntnis vermitteln (die naturwissenschaftlich-mathematischen), und solche, die den Kreis der Gesinnungen erweitern und vertiefen (Religion und sprachlich-geschichtliche Fächer).

Auch die Durcharbeitung des Lehrstoffs suchte Herbart psychologisch zu begründen. Die Aneignung der Vorstellungsmassen geschieht nach seiner Überzeugung durch einen beständigen Wechsel von Vertiefung und Besinnung. Unter der Vertiefung versteht er die Sorgfalt, die man auf den einzelnen Gegenstand verwendet, um ihn völlig und klar zu erfassen. Die Mannigfaltigkeit der Dinge erfordert aber sehr viele Vertiefungen, die alle ohne Beziehung nebeneinander lägen, wenn die Besinnung sie nicht immer wieder zusammenfaßte und dadurch die Einheit des Bewußtseins wahrte. Aus dem Gesetz des Wechsels von Vertiefung und Besinnung leitet nun Herbart für den Unterricht die vier Stufen der Klarheit, der Assoziation, des Systems und der Methode ab. Man nennt sie seit Ziller (S. 176) „formale Stufen", weil sie die Form angeben, in der der Unterrichtsstoff zu geistiger Aneignung gelangt. Auf der Stufe der Klarheit vertieft man sich in das einzelne, um es von anderem scharf gesondert, d.h. klar zu erfassen. Die Stufe der Assoziation bezeichnet den Fortschritt von einer Vertiefung zur anderen, die Verknüpfung neuer, ähnlicher Gedanken mit den schon vorhandenen. Damit aber die Gedanken nicht planlos aneinandergereiht werden, muß ihre Einordnung in eine feste Übersicht (System) erfolgen. Auf der Stufe der Methode endlich bewegt sich der Geist frei in dem gewonnenen Gedankenganzen. Es ist die Stufe der Anwendung des Gelernten. Diese vier Stufen werden als die formalen Grundbegriffe aller geistigen Regungen naturgemäß sowohl in jeder kleinsten Unterrichtsgruppe als auch im großen ganzen der vieljährigen Lehrarbeit in der mannigfaltigsten Weise durchlaufen.

Der Gang des Unterrichts ist dabei je nach Bedarf darstellend, analytisch oder synthetisch. Im darstellenden Unterricht hat der Lehrer möglichst anschaulich – auch unter Benutzung von Anschauungsmitteln – zu schildern oder zu erzählen; im analytischen werden die Massen zerlegt und die Aufmerksamkeit auf das einzelne gelenkt; im synthetischen werden die Elemente gegeben und ihre Verbindung vollzogen, wie z. B. die grammatischen Regeln aus gleichartigen Einzelerscheinungen gewonnen werden.

Die den Unterricht ergänzende Zucht arbeitet unmittelbar auf die Charakterbildung hin. Da das Vorherrschen sittlicher Grundsätze, deren

Inbegriff wir Gewissen nennen, den wahrhaft sittlichen Charakter ausmacht, so muß die Zucht lediglich auf deren Einpflanzung in das Gemüt des Zöglings bedacht sein. Je nach der Neigung und dem Alter des Zöglings muß sie haltend, bestimmend, regelnd und unterstützend wirken. Hilfsmittel dabei sind Ermahnung, Warnung, Zurechtweisung, Lohn und Strafe. Mit dem wachsenden Vertrauen zu den Gesinnungen und Grundsätzen des Zöglings hat ihre Einwirkung in entsprechendem Maße nachzulassen.

Herbarts Lehre war ganz auf der Basis des individuellen Unterrichts konzipiert. Ihre Anwendung durch seine unmittelbaren und mittelbaren Schüler Stoy, Ziller u.a. in öffentlichen Schulen mit großen Schülerzahlen hat zu einer am Herbartianismus immer wieder getadelten Schematik und formalisierten Unterrichtspraxis geführt. Vor allem sein Schüler Ziller, Pädagogikprofessor in Halle, hat für die Ausweitung und Verbreitung des Systems des Herbartianismus durch vielfältige Organisations- und Publikationstätigkeit bis zu seinem Tod 1868 gesorgt und den Herbartianismus zur dominierenden Unterrichtslehre des 19. Jahrhunderts gemacht.

Literatur:

Dietrich Benner, Die Pädagogik Herbarts. Eine problemgeschichtliche Einführung in die Systematik der neuzeitlichen Pädagogik, Weinheim-München 1986

Ursula Krautkrämer, Staat und Erziehung. Begründung öffentlicher Erziehung bei Humboldt, Kant, Fichte, Hegel und Schleiermacher, München 1979

Wolfgang Sünkel, Friedrich Schleiermachers Begründung der Pädagogik als Wissenschaft, Ratingen 1964

Hans Weil, Die Entstehung des deutschen Bildungsprinzips, Bonn 1930 (2. Aufl. 1967)

Traugott Weisskopf, Immanuel Kant und die Pädagogik, Zürich 1970

23. Pestalozzi

Zur Geschichte des deutschen Bildungswesens gehört auch das Wirken des Schweizers Johann Heinrich Pestalozzi, dessen pädagogische Gedankenwelt sich auch in Deutschland entfaltet hat. Er wurde am 12. Januar 1746 als Sohn eines Arztes in Zürich geboren und verlor schon früh seinen Vater. Die mütterliche Erziehung, ohne väterliche Korrektur, wird häufig dafür verantwortlich gemacht, daß er ein reiches Gemütsleben entwickelte und zeitlebens ein unpraktischer, gefühlsbestimmter Mensch war. Seine Bildung erhielt er auf den Schulen seiner Vaterstadt. Schon früh regte sich in ihm ein starker sozialer Trieb. Die Notlage des gedrückten Landvolkes, die er auf seinen Ferienbesuchen beim Großvater, dem Pfarrer in Höngg, kennenlernte, ferner der Einfluß seines stark patriotisch gesinnten Lehrers Bodmer und Rousseaus „Emile" gaben diesen sozialen Bestrebungen reichlich Nahrung. Um dem Volke als Anwalt helfen zu können, wollte er die Rechte studieren, wandte sich aber schließlich der Landwirtschaft zu, der man damals als Hauptquelle des Nationalreichtums erneute Beachtung schenkte und die ihn in unmittelbare Berührung mit dem Landvolk brachte. 1768 legte er auf einer bisher unbebauten Landstrecke bei Birr im Aargau eine Krapp-Pflanzung an, die er „Neuhof" taufte. Hier wollte er durch eine Musterwirtschaft seinen hungernden Mitmenschen den Weg zu einem menschenwürdigen Dasein zeigen. Aber das Mißraten der Pflanzung und Pestalozzis eigenes Ungeschick führten in wenigen Jahren den wirtschaftlichen Zusammenbruch herbei. Er hielt gleichwohl auf dem Neuhof aus und errichtete sogar, um die Not der Landbevölkerung zu lindern, 1774 eine Armenschule, deren Zöglinge er zugleich unterrichtete und nutzbringend beschäftigte (Feldarbeiten, Stricken, Spinnen, Weben). Da diese Idee eines Industrieunterrichts damals durchaus populär war (vgl. Kindermann, S. 122), fand Pestalozzi dazu eine Zeitlang die Unterstützung mehrerer Städte und reicher Leute. Aber nach sechs Jahren harter Arbeit und schwerer Sorgen mußte er auch dieses Unternehmen aufgeben. Unter den ärmlichsten

Verhältnissen brachte er noch weitere achtzehn Jahre auf dem Neuhof zu, mit schriftstellerischen Arbeiten über Volkserziehung beschäftigt. 1780 erschien in Iselins „Ephemeriden", einer führenden Schweizer Zeitschrift, „Die Abendstunde des Einsiedlers", ein leidenschaftlicher lyrischer Erguß in lehrspruchartiger Form, worin er schon die „Emporbildung der inneren Kräfte der Menschennatur zu reiner Menschenweisheit als allgemeinen Zweck der Bildung, auch der niedersten Menschen" bezeichnet und das Vaterhaus als Ausgangspunkt und Vorbild aller Erziehung preist. Damit wird der Mensch im Gegensatz zu Rousseaus Lehre als soziales Wesen herausgestellt, dessen angeborene Grundkräfte in der lebendigen Gemeinschaft der Familie ihre erste, natürliche Entfaltung finden. Anschaulich malte Pestalozzi diese Gedanken im nächsten Jahre in einer volkstümlichen Dorfgeschichte „Lienhard und Gertrud" aus, die ihn mit einem Schlage berühmt machte.

Das Bauern- und Spinnerndorf Bonnal ist durch das schurkische Treiben des Untervogts Hummel an den Rand des Verderbens gebracht worden. Hummel, der allein das Wirtsrecht im Dorfe hat, verleitet die Männer zum Trunk und zum Schuldenmachen. Auch der gutmütige Maurer Lienhard schuldet ihm 30 Gulden, und weil er sie nicht zahlen kann, vertrinkt er seinen kargen Verdienst beim Vogte, während Gertrud, seine Frau, mit 7 Kindern zu Hause darbt. Als diese den wahren Sachverhalt erfährt, faßt sie sich ein Herz und schildert dem Gutsherrn Arner die Notlage ihres Mannes und das Treiben des Wirtes. Der Junker geht der Sache nach und findet Gertruds Anklagen bestätigt. Er gibt Lienhard Arbeit; dann entlarvt und bestraft er den Vogt, der ihm heimlich einen wichtigen Grenzstein versetzen wollte. Die Verhältnisse im Dorf ändern sich nun langsam, aber merklich. Der Ruf von Gertruds Wirken als Mutter und Erzieherin veranlaßt den Gutsherrn und den bei ihm tätigen, ausgedienten Leutnant Glüphi zu einem Besuch in ihrem Hause. Sie sehen dort alle Kinder am Spinnrad sitzen und spinnen, während die Mutter sie zugleich unterrichtet. Nach diesem Vorbild richtet nun Glüphi mit Arners Zustimmung eine Schule im Dorf ein; in der Hand- und Kopfarbeit (Spinnen, Lesen, Schreiben und Rechnen) nebeneinander hergehen. Wichtiger noch als der Unterricht ist die Erziehung der Kinder zur Gemeinschaft, zu Reinlichkeit, Ordnung und Pünktlichkeit, die Einwirkung auf ihr Herz, die Gewöhnung an rechtes Sehen und Hören und damit die Weckung ihrer Aufmerksamkeit und ihres Verstandes. Die Strafen sucht er dem Vergehen anzupassen und dadurch die Fehler der Kinder zu beheben. In freien Stunden führt er diese in die Werkstätten des Dorfes und in den Mustergarten einer alten Frau. Er erzählt ihnen die Geschichte ihres Dorfes und läßt sie darin heimisch werden; des Abends handwerkert er mit ihnen in der Schulstube.

Während so der Leutnant als Erzieher der Jugend wirkt, sucht der Junker durch Verteilung von Weideland und zehntfreien Äckern an sparsame Bedürftige die Erwachsenen an Arbeitsamkeit und Sparsamkeit zu gewöhnen. Er krönt sein Werk durch eine weise Gesetzgebung. Der Pfarrer hilft ihm durch rechte Seelsorge bei alt und jung. Die Volksbildungsarbeit von Bonnal wird berühmt im ganzen Land. Auf Betreiben des Herzogs suchen alle Stände seines Landes dem vorbildlichen Werke von Bonnal nachzueifern.

Das Buch sollte, wie Pestalozzi selbst bemerkte, eine von der wahren Lage des Volkes und seinen natürlichen Verhältnissen ausgehende bessere Volksbildung bewirken, die ihrerseits wieder als Ausgangs- und Mittelpunkt einer großen sozialen und wirtschaftlichen Reform gedacht war. Bereits in diesem ersten Roman findet sich das Herzstück seiner Pädagogik: es ist das mütterliche Prinzip, gelegentlich auch „Gertruds Wohnstubenpädagogik" genannt, von dem aus die Erziehung gänzlich konzipiert wird. Der große Leseerfolg des 1. Teiles blieb den folgenden drei Bänden und den andern auf dem Neuhof verfaßten Schriften (1782 Christoph und Else, 1797 Meine Nachforschungen über den Gang der Natur in der Entwicklung des Menschengeschlechts) versagt. Man hielt Pestalozzi für einen unfruchtbaren Träumer; er selbst drohte an sich irre zu werden.

Da brachten die politischen Ereignisse einen Umschwung in seinem Leben. Die Franzosen fielen 1797 in die Schweiz ein und setzten an die Stelle der alten Kantonalverwaltung die „Eine, unteilbare helvetische Republik". Da nicht alle Kantone dem zustimmten, kam es zu Aufständen, die mit Waffengewalt von den Franzosen niedergeschlagen wurden, so auch derjenige der Unterwaldner, der vielen Familienvätern das Leben kostete. Die zahlreichen Waisen, die sie zurückließen, versammelte man in einem

Kloster in Stanz und übergab sie Pestalozzis Pflege. Dieser ging mit großem Eifer an die neue Aufgabe. Er war Vater, Erzieher und Lehrer von etwa 80 Kindern zugleich. Wohnstubengeist sollte sein Werk erfüllen. Neben der auf dem Neuhof gepflegten Verbindung von Unterricht und Arbeit führte er die Unterweisung von je zwei kleineren Kindern durch ein größeres, sowie taktmäßiges, rhythmisches Chorsprechen über das Schulzimmer und seine Gegenstände ein. Nach nur fünfmonatiger Wirksamkeit mußte er das Kloster den Franzosen als Lazarett überlassen. Die Kinder zerstreuten sich wieder, und Pestalozzi war froh, daß er nach kurzer Erholungszeit wenigstens als Lehrer an der Volksschule Burgdorf im Kanton Bern wirken durfte. Hier gelangte er allmählich an der Hand ständiger Versuche zur vollen Klarheit über seine Methode der „Elementarbildung". Er verband sich mit den beiden Appenzellern Krüsi und Tobler und dem Schwaben Buß zur Gründung einer Erziehungsanstalt und eines Lehrerseminars im Burgdorfer Schloß, in dem er seine neue Unterrichtsart ausbauen konnte. Für die Öffentlichkeit legte er sie dar in der 1801 erschienenen Schrift „Wie Gertrud ihre Kinder lehrt". Was er darin entwickelte, das sollten die hauptsächlich von Krüsi und Buß bearbeiteten Elementarbücher (Abc der Anschauung oder Anschauungslehre der Maßverhältnisse; Anschauungslehre der Zahlenverhältnisse; Buch der Mütter) so gemeinverständlich darbieten, daß man in jedem Hause danach unterrichten könne. Die Überweisung des Burgdorfer Schlosses an einen Oberamtmann vertrieb 1804 Pestalozzi mit seiner blühenden Anstalt nach Münchenbuchsee (Bern), von wo er noch im selben Jahre nach Iferten (Yverdon) am Neuenburger See übersiedelte. Sein im dortigen Schloß eingerichtetes Institut (für Knaben und Mädchen, Zöglinge aus allen Gesellschaftskreisen) erlangte bald europäische Berühmtheit. Staatsmänner, Pädagogen und Philanthropen aus aller Herren Länder besuchten die Schule. Die Begeisterung für den Mann und sein Werk war allgemein. Gleichwohl erfreute sich die Anstalt keines viel längeren Bestandes als Basedows Philanthropin. Pestalozzis Mangel an Geschäftskenntnis und an Verwaltungsgaben, jahrelange Streitigkeiten unter den Lehrern (Schmid, Niederer) und viele andere Umstände führten 1825 ihre Auflösung herbei. Der hochbetagte Stifter, der auch mit einer Armenerziehungsanstalt im nahen Clindy kein Glück hatte, kehrte zu seinem Enkel auf den Neuhof zurück. Hier schilderte er in den „Lebensschicksalen", was er als Vorsteher der Schulen zu Burgdorf und Iferten an Freud und Leid durchkostet hatte, und faßte im „Schwanengesang" noch einmal in gedrängter Form die Gedanken zusammen, für die er sein ganzes Leben hindurch gekämpft und gelitten. Er starb in Brugg am 17. Februar 1827 und liegt am Schulhaus in Birr begraben.

Was Pestalozzi mit seiner Elementarmethode wollte, zeigt am klarsten seine methodische Hauptschrift „Wie Gertrud ihre Kinder lehrt". Es handelt sich um eine Anleitung für eine Mutter, die in 14 Briefen abgefasst ist. Die ersten drei Briefe enthalten einen Rückblick auf Pestalozzis bisherige Bemühungen, besonders in Stanz und Burgdorf, und die Urteile seiner Freunde Krüsi, Tobler und Buß über seine Lehrweise. Im 4. und 5. sucht er sich über das Verhältnis der Unterrichtskunst zur menschlichen Natur klarzuwerden. Der Gang des Unterrichts muß sich den Gesetzen der Geistesentwicklung anpassen. Nun beginnt alle natürliche Erkenntnis mit sinnlichen Eindrücken, d.h. mit ursprünglich verwirrten und verwirrenden Anschauungen. Allmählich aber arbeitet sich der Geist zu klarem und deutlichem Erfassen durch. Alle Erfahrung geht ferner vom Nächstliegenden aus. Je näher die Gegenstände den Sinnen kommen und mit je mehr Sinnen sie erfaßt werden, um so richtiger werden sie erkannt. Daraus leitet Pestalozzi die entsprechenden allgemeinen Unterrichtsgrundsätze ab: Gründung alles Unterrichts auf die Anschauung, planmäßiges Ausgehen vom Nächstliegenden und Einfachen, langsames und lückenloses Fortschreiten zum Schwierigen und Verwickelteren, Scheidung des Wesentlichen und Unwandelbaren von den zufälligen Beschaffenheiten der Dinge durch örtliches Nahebringen und mit Hilfe möglichst vieler Sinne.

In den folgenden Briefen entwickelt Pestalozzi dann seine „Methode der Elementarbildung".

Zum Schluß deutet Pestalozzi in großen Zügen den Stufengang der sittlich-religiösen Erziehung an. Alle ihre Keime liegen im Familienleben. Im Verhältnis zwischen Mutter und Kind werden zuerst die Regungen der Liebe, des Vertrauens und des Dankes wach. Die Nichtbeachtung seiner Wünsche und Launen durch die unbiegsame Natur und die Umgebung erzieht zur Geduld und zum Gehorsam. Nach und nach entwickeln sich auch das Gewissen, das Gefühl für Pflicht und Recht und aus der Anhänglichkeit an die Mutter die Anhänglichkeit an Gott. Was sich so „natürlich" entfaltet hat, muß die Erziehungskunst auch dann zu erhalten und weiterzuentwickeln suchen, wenn der Einfluß des Kulturlebens mit all seinen Tücken und Verführungen sich bei ihm geltend macht. Wenn die Mutter ihm Gott in der Schöpfung der Natur und seiner selbst zeigt, wenn sie mit Hilfe der Elementarbildung seine Kenntnisse und Kräfte mehrt, so veredelt sie zugleich seine sittlichen Anlagen und stärkt in ihm die natürlichen Wurzeln der Gottes- und Nächstenliebe. Alles, was auch auf diesem Gebiete gelehrt wird, muß in der Form des Erlebens zu „innerer" Anschauung gelangt sein.

In den „Nachforschungen", seiner kultur- und sozialphilosophisch bedeutendsten Schrift, schildert Pestalozzi den Menschen als tierisches (d.h. natürliches), gesellschaftliches und sittliches Wesen und weist die Selbstsucht als den Urgrund aller gesellschaftlichen und sittlichen Übel nach. Ein Gegengewicht gegen diese zu schaffen, ist die große Aufgabe, an der die Gesellschaft als Ganzes wie der einzelne für sich zu arbeiten hat. In der Vereinigung der sinnlichen Natur und der sozialen Gesinnung, der „Selbstsucht und des Wohlwollens", wie Pestalozzi sagt, sieht er das ideale Ziel der menschlichen Entwicklung: Gedanken, wie sie schon Leibniz und Lessing vorgeschwebt haben.

Bis 1798 wirkte Pestalozzi schriftstellerisch und mit dem Ausblick auf große sozialpolitische und wirtschaftliche Reformen. Die Wendung zu engerer, praktischer Arbeit brachte zuerst der Stanzer Auftrag, dann Burgdorf. Er wurde Lehrer; er suchte und fand einen gangbaren Weg schulmäßiger Unterweisung in seiner Elementarmethode, deren Hauptwert er in ihrem Ausgehen von der Anschauung und in ihrer formalbildenden Kraft sah. Darauf baute er mit seinen Anhängern den Unterricht in der Muttersprache, dem Rechnen, der Raum- und Formenlehre, dem Zeichnen, der Erd-, Pflanzen- und Steinkunde, im Gesang und den Leibesübungen aus. Es war die erste methodische Gestaltung des Volksschulunterrichts. Durch sie wurde er für den Vater der neuzeitlichen Volksschule gehalten, wenn auch sein Lehrverfahren in vielen Punkten längst wieder verlassen wurde. Aber er hat nicht allein der Volksschule gedient. Seine Elementarbildung sollte der Idee nach die Grundlage aller Bildung sein und allen Kindern zuteil werden. Mit der Aufgabe der Entwicklung aller Grundkräfte des Menschen in „Kopf, Herz und Hand" hat Pestalozzi ihr ein Ziel gestellt, das der Humanitätsforderung der Neuhumanisten scheinbar nahestand.

Seine Wirksamkeit hat sich also nicht allein literarisch vermittelt. Es war die eigentümliche Verbindung von Leben und Werk dieses Pädagogen, die ihn im 19. Jahrhundert zu einem – nicht selten mißverstandenen – „Heroen" der Volksbildung machten. Pestalozzi hat sich in diesem Zeitalter der großen politischen Umwälzungen auf die Seite der Unterdrückten gestellt, hat die Schwächsten unter ihnen, die Kinder, zu Adressaten seiner pädagogischen Bemühungen gemacht und hat offensichtlich einen Nerv der Zeit getroffen, als er Erziehung aus einem mütterlichen Prinzip heraus entwickelte. Auf die hierin enthaltene Modernitätskritik einer auf Nützlichkeit und Berechenbarkeit hin orientierten Pädagogik ist von reformpädagogischen Tendenzen im 19. und 20. Jahrhundert immer wieder Bezug genommen worden, ebenso wie die Volksschuldidaktiker sich immer wieder auf seine Elementarmethode berufen haben. Die Volkserziehung fand ihre stärkste Rezeption in der Romantik und in den demokratischen Bestrebungen der Lehrerschaft. Dem Neuhumanismus stand er selbst viel weniger nah als seine Aufnahme in Deutschland vermuten läßt, die ihn, den eidgenössischen Rousseauanhänger, verleitet durch die Pestalozzi-Begeisterung Fichtes und Humboldts Empfehlung seiner „Methode" zur Elementarschulreform, gerne umstandslos zu einem „deutschen Pädagogen der Klassik" macht.

Literatur:

Friedrich Delekat, Pestalozzi, Heidelberg 1968 (Erstaufl. 1927)
Adalbert Rang, Der politische Pestalozzi, Frankfurt a.M. 1967

VII. Das 19. Jahrhundert

24. Die Schulreform am Anfang des 19. Jahrhunderts

Die Jahrzehnte vor und nach der Jahrhundertwende waren in ganz Europa gekennzeichnet von den Folgen der Französischen Revolution. In Deutschland war durch die napoleonische Besatzung das alte Staats- und Verwaltungssystem der meisten Länder endgültig zusammengebrochen. Nur durch eine völlige Neuorganisation aller staatlichen und kommunalen Einrichtungen schien sich eine Zukunft zu eröffnen. In Preußen wurde unter der Leitung des Freiherrn von Stein und des Fürsten von Hardenberg nach der Niederlage gegen Napoleon 1806 im Jahre 1807 mit der grundlegenden Verwaltungsreform für einen modernen Staat begonnen.

Auch das Bildungswesen wurde in die allgemeine Verwaltungsreform einbezogen. Das Oberschulkollegium wurde 1808 in eine dem Ministerium des Innern unterstehende „Sektion des Kultus und öffentlichen Unterrichts" umgewandelt. An ihre Spitze berief man den vielseitig begabten, griechenbegeisterten Wilhelm von Humboldt, den Schüler Heynes, den Freund Schillers, den Verehrer Goethes und Fr. A. Wolfs (s. S. 128 ff.). Ihm zur Seite traten ausgezeichnete Pädagogen, wie die Staatsräte Nicolovius, ein Freund Pestalozzis, und Süvern, ein Schüler Fichtes und Wolfs. Zur Bearbeitung von Volksschulfragen wurde der Theologe und Schulmann Ludwig Natorp hinzugezogen. Mit diesen Männern schuf Humboldt das einheitlichste und geschlossenste Reformwerk, welches das deutsche Bildungswesen bis dahin erfahren hat. Wie der Freiherr vom Stein die altständische Verfassung zugunsten des allgemeinen Staatsbürgertums aufhob, so beseitigte Humboldt alle Sonderformen der Standes- und Berufsbildung (Ritterakademien, Garnisonsschulen, Industrieschulen) zugunsten eines einheitlichen Bildungsweges, als dessen Grundlage die allgemeine Volksschule gedacht war. Da er nur 16 Monate (1809, 1810) im Amte blieb, konnte er selber bloß die Grundlagen der Reform schaffen; aber die von ihm vorgezeichneten Richtlinien blieben für seine länger amtierenden Mitarbeiter in der Hauptsache maßgebend, jedenfalls setzten sie Maßstäbe, an denen die deutsche Bildungspolitik bis ins zwanzigste Jahrhundert gemessen werden sollte.

Die Gründung der Berliner Universität (1810) leitete das Reformwerk ein. Als Stätte freier wissenschaftlicher Forschung und Lehre gedacht, wie es einst Platons Akademie war, wurde sie rasch der Mittelpunkt der neuen klassisch-idealistischen höheren Bildung. Die wissenschaftliche Führung erhielt die philosophische Fakultät, die Jahrhunderte hindurch nur Vorbereitungsschule für die „oberen" Fakultäten gewesen war (S. 33 und 49 f.). Sie sollte durch die von ihr gebotene Allgemeinbildung ein Gegengewicht gegen die wissenschaftliche Verfachlichung und damit gegen die Zersplitterung des geistigen Lebens bilden. Die von Wolf und seinen Schülern ausgebildete Methode der Altertumswissenschaft wurde vorbildlich für die Arbeitsweise der anderen Fachgebiete. Die Übermittlung der wissenschaftlichen Forschungsweise an die Studenten wurde neben eigener Forscherarbeit die wichtigste Aufgabe ihrer Lehrer.

Eine im gleichen Jahr von Süvern ausgearbeitete Prüfungsordnung für wissenschaftliche Lehrer diente der Schaffung eines staatlichen höheren Lehrerstandes, der nun endgültig vom Pfarramt geschieden wurde. Auch die Schulen, in denen er wirken sollte, erfuhren einen einheitlichen Ausbau. Als Vorbereitungsstätte für die Universität wurde nur noch das Gymnasium zugelassen, das ganz in neuhumanistischem Geiste ausgestaltet wurde und in seiner Oberstufe die Rolle der mittelalterlichen Artistenfakultät übernahm. Eine (ebenfalls von Süvern erfaßte) Neuordnung der Reifeprüfung (1812), die nun für alle galt, die zur Hochschule wollten, sorgte für die einheitliche Ausrichtung dieser Schulen. Latein und Griechisch waren danach die Hauptprüfungsfächer, nächst ihnen Deutsch und Mathematik.

Seinen Abschluß erhielt das Humboldtsche Reformwerk durch die einheitliche Ausgestaltung des Volksschulwesens. Pestalozzis „Methode" wurde zur Grundlage der Neuordnung der Volksschule ebenso wie der Ausbildung der Volksschullehrer. Der Gedanke der allgemeinen Menschenbildung, den Pestlozzi so eindringlich gepredigt, sollte in Preußen seine Verwirklichung in der allgemeinen Volksschule finden. Auf Anregung von Nicolovius schickte man von 1809 ab mehrere Jahre hindurch junge Theologen als „Eleven" nach Iferten, um Pestalozzis Verfahren kennenzulernen und weiterzupflanzen. Gleichzeitig berief man den Pestalozzischüler K. A. Zeller nach Königsberg zur Gründung eines Normalinstituts, das die in Pestalozzis Geist gebildeten Lehrer für Ostpreußen liefern sollte.

Das Zellersche Unternehmen blieb auf die Dauer einflußlos, da sich die Konzeption des handwerklich ausgebildeten Unterrichtsbeamten mit beschränkter Methodenkompetenz durchsetzte. Die Volksschule und die Lehrerbildung wurde durch Ludwig Natorp († 1846), der als Süverns rechte Hand in Volksschulfragen die weitere Entwicklung des preußischen Volksschulwesens entscheidend beeinflußte, konzipiert. Er gab dem Unterricht über den bloß religiösen Lehrstoff hinaus einen reicheren Lehrinhalt und setzte ihm ein höheres Ziel im Sinne Pestalozzis: Ausbildung des Menschlichen im Menschen, Kraftbildung und Erziehung zur Selbständigkeit. Damit verband er die Rochowsche Forderung der Verstandesübung und gemeinnützigen Belehrung. Den wichtigsten Hebel aller Schulverbesserung sah er in der Einrichtung guter Lehrerseminare, die er zu Staatsanstalten machte, und in ständiger Lehrerfortbildung durch Konferenzen, Lesezirkel und seminaristische Wanderkurse.

Anders als das Zellersche Konzept der Normalinstitute, das auf eine breite Allgemeinbildung hin angelegt war, war die seminaristische Ausbildung in Preußen aufs Engste berufsbezogen und orientierte sich letztlich an der Handwerksausbildung. Die Lehrerseminare wurden nicht in das Berechtigungssystem mit eingebunden, sondern waren Bestandteil des niederen Schulwesens. Damit fand auch in der Lehrerbildung eine Ausgrenzung des Allgemeinbildungspostulates statt. Letzteres hatte für die faktische Seite der preußischen Bildungsreformen, die das 19. Jahrhundert prägten, für die Trennung von niederer und höherer Bildung eine Bedeutung.

Die enge Verbindung des Aufbaus des öffentlichen Bildungssystems mit der allgemeinen staatlichen Erneuerung drückt sich auch in der Förderung der Turnerbewegung aus, die auf die nationale Erhebung gegen die napoleonische „Fremdherrrschaft" hin gerichtet war. Ihr Inititator war Friedrich Ludwig Jahn (1778–1852). Um zwei Dinge war es ihm nach dem Zusammenbruch Preußens zu tun: um Wiederbelebung des Volksbewußtseins und um Stärkung der körperlichen Kraft der Jugend. Mit seiner Schrift „Deutsches Volkstum" trat er 1810 an die Öffentlichkeit. Sie brachte ein neues Wort für einen bis dahin unbekannten Begriff. Jahn, in der Tradition Herders und Ernst Moritz Arndts stehend, entwickelte einen romantischen Volksbegriff, auf den sich nationalistische und völkische Bewegungen bis ins zwanzigste Jahrhundert beriefen. Nach Jahn ist Volkstum in seinen Lebensäußerungen („Lebenswirkzeugen") erkennbar: seiner Sprache, seiner Sage, seinem Brauchtum, seiner Geschichte. Diese gilt es auch volkserzieherisch auszunutzen. Sie sind als die Kernfächer in allen öffentlichen Schulen ebenso zu pflegen wie Handarbeiten und Leibesübungen. Hier setzte Jahns folgenreichstes Werk ein: die Ausbildung seiner Turnkunst. Als Lehrer an einer von Plamann in Berlin gegründeten Pestalozzischule führte er von 1811 ab seine Schüler zum Spiel auf die Hasenheide und legte dort den ersten Turnplatz an. Seine Übungen erinnerten an die von Guts Muths entworfenen, waren aber doch ganz entschieden militärisch orientiert. Sie sollten die Jugend zum Befreiungskampfe fähig zu machen. Darum unterstützte die preußische Regierung Jahns Wirken als eine vaterländische Angelegenheit, und die Turnplätze verbreiteten sich bis 1819 über ganz Deutschland. Jahns und Eiselens „Deutsche Turnkunst" (1816) wurde das Grundbuch der Turnbewegung.

Literatur

s.S. 164

25. Konservative gegen liberale Bildungspolitik

Mit dem Sieg über und der Abschüttelung der napoleonischen Fremdherrschaft waren nun allerdings keineswegs gleichzeitig die Ziele der Reformer, geschweige denn die der nationalen Erneuerer erreicht. Der Wiener Kongreß machte die Hoffnung auf ein neues, geeintes Vaterland zunichte. Zwei politische und geistige Strömungen bekämpften sich von da ab in Deutschland: eine konservative, die möglichst viel von den alten ständestaatlichen Strukturen zu bewahren suchte, und eine liberale, die dem Freiheits- und Fortschrittsglauben des neu entstehenden bürgerlichen Zeitalters verpflichtet war.

Der Ausbau des öffentlichen Bildungswesens fand in den nächsten Jahrzehnten im Spannungsfeld dieser widerstrebenden Kräfte statt. So wurden auch die Universitäten in den Kampf zwischen Konservatismus und Liberalismus hineingezogen. Der Grundsatz freier Forschungsarbeit hatte neben der Altertumswissenschaft eine Reihe neuer Einzelwissenschaften erstehen lassen. Die historischen Geisteswissenschaften, namentlich die Philologien, die historische Rechtswissenschaft und die Philosophie, inititert durch Johann Gottfried Herder und weiterentwickelt von zahlreichen Wissenschaftlern der Romantik, erfuhren einen enormen Aufschwung an den deutschen Universitäten.

Der Glaube an Deutschlands Zukunft war in akademischen Kreisen am stärksten und wirkte berauschend auf die studierende Jugend, die vor allem den Freiheits- und Einheitsgedanken nicht preisgeben wollte. Die Gründung der deutschen Burschenschaft, die Jahns Ideen nahestand, ihr entschiedener Protest gegen Zopferei und Reaktion auf dem Wartburgfest (1817), die Erschießung

Kotzebues durch den Burschenschafter Sand (1819) trieben die ängstlich gewordenen Regierungen zu den „Karlsbader Beschlüssen", auf Grund deren man die Burschenschaften auflöste, die Universitäten einer strengen Überwachung, das Schrifttum einer scharfen Zensur unterwarf und eine „Zentral-Untersuchungskommission gegen revolutionäre Umtriebe" einsetzte. Damit begann eine Zeit scharfer politischer Verfolgung, von den Gegnern der nationalen Aufbruchsstimmung als „Demagogenverfolgung" bezeichnet. Selbst Männer, die sich um den preußischen Staat besonders verdient gemacht hatten, wie Schleiermacher und Arndt, hatten unter politischen Verdächtigungen zu leiden. Jahn wurde verhaftet und später unter Polizeiaufsicht gestellt, die aufblühende Turnbewegung wurde behördlich unterdrückt (1820).

Die Auswirkungen des Geistes der politischen Reaktion auf das unter Humboldt begonnene Werk der Schaffung eines einheitlichen preußischen Bildungswesens waren erheblich. Auf Süverns Betreiben hatte man zwischen 1817 und 1819 ein Unterrichtsgesetz ausgearbeitet, das Fichteschen Geist atmete. Der Staat als „Erziehungsanstalt im Großen" sollte dadurch eine entsprechende „Nationaljugendbildung" erhalten, die in den drei Stufen: Elementarschule, Stadtschule, Gymnasium einheitlich auf denselben nationalen Endzweck ausgerichtet sein sollte. Aber das Gesetz blieb Entwurf, einmal wegen des Widerspruchs der Bischöfe und Oberpräsidenten, dann aber auch wegen der durch die Karlsbader Beschlüsse völlig veränderten Lage. Süvern, der von diesem Gesetz die Krönung seines Lebenswerkes erhofft hatte, trat verbittert in den Hintergrund. Seine Nachfolger Johannes Schulze und Altenstein bemühten sich, das Schulschiff über die schlimmsten Klippen der Reaktion hinwegzusteuern. Es ist ihr Verdienst, trotz politischer Überwachung sowohl das Hochschulwesen wie das neuhumanistische Gymnasium ausgebaut zu haben. Geist und innerer Betrieb des Gymnasiums änderten sich allerdings mehr und mehr. Unter dem Einfluß Hegels (S. 138 f), der durch sein Eintreten für die Staatsidee bald auch in Regierungskreisen Boden gewann, wurden die alten Sprachen wieder mehr verstandesmäßig und grammatikalisch behandelt. Das Griechische trat aufs neue hinter dem Lateinischen zurück, um der deutschen Sprache, deutschen Geschichte, aber auch dem Französischen Platz zu machen. Neben Religion wurde philosophische Propädeutik unter die Lehr- und Prüfungsfächer eingereiht. Freilich wurde dadurch der Lehrplan überlastet und die Schülerschaft überbürdet, jedenfalls hatte das gebildete Publikum der Zeit diesen Eindruck. Das Vielerlei der Lehrfächer aber, das Schulze zur Erzielung „allseitiger Bildung" glaubte vertreten zu müssen und das er wegen seiner gleichmäßigen Beachtung humanistischer und realistischer Forderungen verteidigte, wurde in andern Staaten (besonders in Bayern unter Thiersch) abgelehnt. Es war ein Reflex auf die unterschiedlichen Aufgaben, die das Gymnasium in dieser Zeit immer noch zu erfüllen hatte: Nicht nur die zukünftige staatliche Funktionselite sollte in ihm auf das Universitätsstudium vorbereitet werden, sondern auch die Söhne des Wirtschaftsbürgertums erhielten vor allem in den unteren Klassenstufen ihre schulische Ausbildung. Die Bedürfnisse dieser Schüler waren es, die Schulze in erster Linie zur Aufnahme realistischer Fächer in den Lehrplan des Gymnasiums bestimmten. Für die Realschule, die diesem Bedürfnis am ersten abzuhelfen berufen war, hatte man die rechte Form noch nicht gefunden. Ihre bekannteste Ausprägung, die Berliner Realschule mit ihrer fachschulartigen Einrichtung, stand den auf allgemeine Menschenbildung abzielenden Bestrebungen der Neuhumanisten entgegen. Gleichwohl sollte gerade von ihr eine Neubelebung des Realschulgedankens ausgehen. August Gottl. Spilleke (1778–1841), ein Schüler Fr. A. Wolfs und der bedeutendste unter Heckers Nachfolgern, gab ihr in mehreren Programmschriften (1821 bis 1823) ein fest umrissenes Bildungsziel und einen Inhalt, der sie über den beschränkten Nützlichkeitsstandpunkt des 18. Jahrhunderts hinaushob. Die Realschule kann, wie Spilleke ausführt, ebensogut eine allgemeinbildende Schule sein wie das Gymnasium. Sie darf aber keine Vorbereitungsanstalt für die unmittelbaren Berufszwecke, also keine Fachschule sein, sondern sie hat die Aufgabe, die „Freiheit der Bildung, geübte Denkkraft und den Sinn für das Heilige und Große" zu fördern, eine Zielstellung, die unverkennbar der neuhumanistischen Denkweise entsprungen ist. Während das Gymnasium in der Hauptsache eine altsprachliche-geschichtliche Bildung vermittelt, muß die Realschule ihre wichtigsten Bildungsstoffe in den mathematisch-naturwissenschaftlichen Fächern suchen. Da aber alle Kultur ein Werk der Gemeinschaft ist, so ergibt sich der Unterricht in den neueren Sprachen und der Muttersprache, sowie in Geschichte und Erdkunde als daneben erforderlich. Sie sind gesinnungsbildende Fächer wie die entsprechenden Fächer des Gymnasiums. Latein verwarf Spilleke anfangs als unverträglich mit dem Wesen der Realschule; später wollte er es doch zulassen; angeblich wegen seiner verstandesbildenden Kraft, wie er selbst angibt, wahrscheinlich aber wegen der mit Lateinkenntnissen verbundenen Berechtigungen. Denn als es sich darum handelte, den Zöglingen der Realschule die Berechtigung zum einjährigen Militärdienst und zum Eintritt in die mittlere Beamtenlaufbahn zu gewähren, machte die preußische „Instruktion" von 1832 diese von der Kenntnis des Lateinischen abhängig.

In den ersten Jahrzehnten des 19. Jahrhunderts verband sich die Militärverfassung mit der Bildungsverfassung dadurch, daß die Exemtion vom dreijährigen Wehrdienst und die Zulassung zur Offizierslaufbahn an den Abschluß bestimmter Klassenstufen, die zur Hochschulreife führten, gebunden war. Dieses, vor allem in Preußen ausgebildete „Berechtigungswesens" hat die Diskussion um das neuhumanistische Gymnasium und realistisch orientierte andere Formen der höheren Schule bis in das frühe 20. Jahrhundert geprägt. Das Hochschulzugangsmonopol war somit fast ausschließlich von den Interessen staatlicher Beamteneliten geprägt.

Auf dem Gebiet des Volksschulwesens erhielt der Kampf zwischen Konservatismus und Liberalismus sein besonderes Gepräge durch das hier am stärksten zutage tretende Wiedererstarken des kirchlichen Einflusses. Man hoffte, auf diese Weise die staatstreue Gesinnung der Massen zu stärken, und gab daher den Geistlichen erweiterte Aufsichtsbefugnisse über die Lehrer, die immer noch als niedere Kirchendiener angesehen wurden. Der frühere Prinzenerzieher Beckedorff, der sich als Gegner Schleiermachers und Autor einer Schrift gegen „revolutionäre Umtriebe" an den Universitäten nach der Ermordung des reaktionären Dichters Kotzebue (s. S. 157) der Reaktion empfohlen hatte, wurde zum Leiter des Volksschulwesens ernannt, um es in staats- und kirchentreuem Geiste zu führen. Den demokratischen Gefahren, die in einer Ausweitung der allgemeinen Schulpflicht lagen, suchte er durch Stärkung des kirchlichen Einflusses auf die Schule zu begegnen. Gegen die Auflösung der geburtsständischen Ordnung richteten sich auch seine religiös begründeten Gesinnungsbildungsvorstellungen, die dafür sorgen sollten, daß jedermann auf dem für ihn durch Geburt vorgesehenen Platz in der Gesellschaft verblieb. Seine Hauptsorge galt den Seminaren, die konfessionell getrennt wurden und an deren Spitze er Theologen berief. Durch Einführung einer (schon von Natorp geforderten) Entlassungsprüfung (1826) sorgte er für bessere und einheitlichere Vorbildung der Lehrer. Zu einflußreichen Volkspädagogen dieser Zeit gehörten: Wilhelm Harnisch (1787–1864) und Adolf Diesterweg (1790 bis 1866). Beide berufen sich auf Pestalozzis Ideen. Sie verdienen besondere Erwähnung wegen ihrer typischen Haltung zu den schulpolitischen Kämpfen ihrer Zeit. Harnisch stand in den entscheidenden Jahren auf konservativer und kirchlich orthodoxer Seite, Diesterweg auf liberaler und schied deshalb Ende der vierziger Jahre, aber nach immerhin über zwanzigjähriger Tätigkeit an einflußreicher Stelle aus dem Staatsdienst aus. Auch Harnisch hatte anders begonnen. Fichte und Pestalozzi waren seine ersten Führer gewesen. Von 1809 ab hatte er mit Jahn und Friesen an der Plamannschen Anstalt in Berlin gewirkt und war von diesen für die nationale Sache und das Turnen gewonnen worden. Unter solchem Einfluß hatte er 1812 in seiner Schrift „Deutsche Volksschulen" den Plan einer Schule entworfen, in der er Volksschulen nicht als Bauern- und Armenschulen, sondern als Grund- und Stammschulen des gesamten Volkes verlangte. Pestalozzisch sollten sie sein im Sinn des großen Schweizers, der, wie Harnisch meinte, mit seiner volkstümlichen Bildung dem Schweizer Vaterland helfen wollte. In der Hand des Staates, nicht der Kirche sollte sie liegen; deutsche Sprache, vaterländische Geschichte und Vaterlandskunde als Grundlage der Erdkunde sollten im Mittelpunkt ihrer Arbeit stehen. Turnen als Vorstufe der Wehrkunst sollte für die Kräftigung der jungen Männer sorgen. Den „morgenländischen", d.h. nicht-deutschen Glauben kirchlicher Orthodoxie verwarf er damals noch und verlangte statt dessen Erziehung der Jugend zu Wahrhaftigkeit und Mut, zu Ehrgefühl und Tatbereitschaft für das Volk. Diese nationalen Töne gingen durchaus auch mit einem aufkommenden Antisemitismus Hand in Hand, der gegen die aufklärerische Toleranz der Jahrzehnte unmittelbar nach der Französischen Revolution gerichtet war. Es war bezeichnend für den Geist der damaligen preußischen Regierung, daß sie den Verfasser dieser Schrift 1812 als Leiter eines neu zu gründenden Seminars nach Breslau berief. Hier wirkte er mit großem Erfolg ganz im Sinne der „nationalen Wiedergeburt" jener Jahre. Nach dem Einsetzen der politischen Reaktion trat aber eine Wandlung in seinem Denken ein. Pietistische Einflüsse ließen ihn mehr und mehr eine kirchliche und konservative Haltung einnehmen, besonders nachdem er 1822 zur Erneuerung des Seminars in Weißenfels berufen worden war. Hier wurde er der Begründer der Heimatkunde als Ausgangspunkt der Weltkunde und seine Anstalt eine Musteranstalt im pädagogisch-technischen Sinn. Er selber zog sich 1842 auf eine Pfarrei zurück.

Diesterweg war anfangs völlig von Basedow und der Rochowschen Schule (s. S. 109 ff. u. 120 f.) beeinflußt und zeitlebens ein entschiedener Gegner des Übereifers der strengen Pestalozzianer; später bekannte er sich auch zu Pestalozzis Methode, soweit sie sich auf die Anschauung gründet und die Selbsttätigkeit des Schülers anregt, blieb gleichzeitig aufklärerischen Ideen immer verpflichtet. Schon als Direktor des Seminars zu Moers gab er zwischen 1820 und 1832 eine Reihe methodischer Schriften für den ersten Anschauungs-, den Rechen- und deutschen Sprachunterricht heraus, die seinen vermittelnden Standpunkt deutlich verraten. Auf diesen Gebieten wie in Erdkunde und den Naturwissenschaften war er führend, besonders seit seiner Berufung an das Berliner Stadtschullehrerseminar und der Herausgabe seines „Wegweisers zur Bildung für deutsche Lehrer".

Der Schwerpunkt seines Wirkens lag aber auf schulpolitischem Gebiete. In der Befreiung der Volksschullehrerschaft von kirchlicher Bevormundung und im Kampfe für eine konfessionsfreie Lehrerbildung sah er seine Lebensaufgabe. Die Schulen des Volkes wollte er als „Nationalschulen" ohne Trennung nach Ständen und kirchlichem Bekenntnis eingerichtet wissen. Mit der Aufklärung teilte er den Glauben an die Güte der Menschennatur, an den Segen des Fortschritts und der Freiheit, die durchaus als politische und geistige Freiheit des einzelnen gedacht war. In ihrem Sinn forderte er einen allgemeinen, d. h. konfessionslosen Religionsunterricht in den Unterklassen der Volksschule, die Beseitigung der kirchlichen Schulaufsicht und ihre Ersetzung durch weltliche, fachmännisch ausgebildete Kreisschulinspektoren. Die von ihm seit 1827 herausgegebenen „Rheinischen Blätter" verbreiteten diese Gedanken in der deutschen Lehrerschaft.

Der Widerspruch der konservativ-reaktionären Kräfte blieb aber nicht aus. Nach der Thronbesteigung des romantisierenden und streng kirchlich gesinnten Königs Friedrich Wilhelms IV. fanden sie einen Rückhalt an höchster Stelle. Als Diesterweg auch für soziale Erneuerung und das Wohl der arbeitenden Klasse eintrat, erfolgte Verwarnung auf Verwarnung und schließlich 1847 seine Amtsenthebung.

Die Gegensätze zwischen Liberalen und Konservativen hatten sich mittlerweile in ganz Deutschland verschärft. Sie kamen im Revolutionsjahr 1848 zu offener politischer Entladung. Die in der Lehrerschaft vorhandene Erregung machte sich in lauten Versammlungen, heftigen Reden und weitgehenden Beschlüssen und Aufrufen Luft. Man forderte endgültige Durchführung der Staatsschule, simultane Volksschule, organischen Aufbau des gesamten Schulwesens auf deren Grundlage, hochschulmäßige Ausbildung aller Lehrer usw. Aber durch den Fehlschlag der Revolution blieb alles beim bloßen Fordern und Wünschen. Auch hat man den Einfluß gerade der Volksschullehrer auf das revolutionäre Geschehen lange überschätzt, wozu die antiliberale Denunziation nicht zuletzt des preußischen Monarchen beitrug. Die Reaktion setzte dafür um so kräftiger ein, um den Geist der Zucht und Ordnung wiederherzustellen. Beschränkung des Wissens und Stärkung der Gesinnung und Gottesfurcht wurde daher die Losung der Regierung für das Volksschulwesen. In den 1854 vom Minister Raumer erlassenen, von Ferdinand Stiehl entworfenen drei Regulativen für Seminare, Präparanden- und einklassige Elementarschulen fand dieses Bestreben unverkennbaren Ausdruck. Die einklassige Schule wurde danach als die Normalschule angesehen, ihr Lehrstoff auf Religion, Lesen, Schreiben, Rechnen und Singen beschränkt; der ganze Sachunterricht (Geschichte, Erdkunde, Naturkunde) wurde in das Lesebuch gezwängt. Formale Bildung im Sinne Pestalozzis wurde ausdrücklich abgelehnt, dagegen festes Können „gegebener Wahrheiten" durch Auswendiglernen verlangt. Entsprechend sollte der Lehrstoff und Lehrbetrieb der Seminare sein; diese wurden verkleinert, zu Internaten umgestaltet, ihre Zöglinge streng in positiv christlichem Geiste erzogen. Selbst für deren Privatlektüre war das deutsche klassische Schrifttum ausgeschlossen, ebenso Literatur- und allgemeine Weltgeschichte. Dreijährige Seminardauer und Übungsschule wurden allgemein eingeführt.

Die Reaktion machte sich auch in den anderen deutschen Ländern geltend: in Österreich suchte das Konkordat von 1855, in Bayern das Normativ für Lehrerbildung (1857) konservative und streng-kirchliche Gesinnung in die Volksschulen und ihre Lehrer einzupflanzen. Als in den sechziger Jahren der Liberalismus politisch erneut Boden gewann, lenkte man auch in der Schulverwaltung dieser Länder wieder in freiere Bahnen ein. Das bayrische Normativ wurde 1866 durch ein besseres, das österreichische Konkordat 1869 durch das „Reichsvolksschulgesetz" ersetzt, das diesem Lande die simultane Staatsschule brachte.

Im preußischen Volksschulwesen setzte die Liberalisierung erst 1872 mit der Berufung des Kultusministers Adalbert Falk ein, und zwar als Folge des mit der katholischen Kirche ausgebrochenen Kulturkampfes, der die Hoheitsrechte des Staates den Geistlichen gegenüber wieder zur Geltung bringen sollte. Ein gleich nach Falks Amtsantritt erlassenes Schulaufsichtsgesetz betonte das alleinige Aufsichtsrecht des Staates, der nach seinem Ermessen die Orts- und Kreisschulinspektoren zu ernennen und zu entlassen habe. Die im Herbst erschienenen „Allgemeinen Bestimmungen", denen die Regulative weichen mußten, begünstigten das paritätische Schulwesen, sorgten für bessere Schulräume und erweiterten den Lehrstoff der Volksschulen und Seminare besonders in Geschichte, Erd- und Naturkunde, der Raumlehre und im nationalen Schrifttum, während sie den religiösen Gedächtnisstoff einschränkten und alles mechanische Erlernen verboten. Weltanschaulich waren sie farblos gehalten, politisch neutral. Als Neuerung brachten sie einen Lehrplan für Mittelschulen, die als Volksschulen für gehobene Berufe des praktischen Lebens eine neuere Fremdsprache sowie etwas mehr Mathematik und Realien treiben sollten. Diese Schulen (für Knaben und für Mädchen) sind in ihrer Einrichtung für andere Staaten vorbildlich geworden. Auch für den äußeren Ausbau der Volksschule sorgte Falk nach Kräften. Die Zahl der Schulen und dementsprechend auch die der Seminare wurde erheblich vermehrt, die Gehälter der Lehrer und das Einkommen der Witwen erhöht, die Angelegenheit der Schulbauten in regeren Fluß gebracht. Bismarcks Schwenkung im Kulturkampf (1879) führte Falks Abdankung herbei. Die Folge davon war, daß unter dessen Nachfolgern die Ansätze zu einer Erweiterung des Simultanschulgedankens wieder zurückgedrängt wurden. Die staatliche Schulaufsicht, besonders die örtliche, wurde meist in die Hände der Geistlichen gelegt. Das Schulgeld wurde in Preußen endgültig 1888 abgeschafft.

Literatur:

Otto Friedrich Bollnow, Die Pädagogik der deutschen Romantik von Arndt bis Fröbel, Stuttgart, Berlin 1952

Karl Ernst Jeismann, Das Preußische Gymnasium in Staat und Gesellschaft,

Die Enstehung des Gymnasiums als Schule des Staates und der Gebildeten. 1787–1817, Stuttgart 1974

Clemens Menze, Die Bildungsreform Wilhelm von Humboldts, Hannover 1975

Peter Martin Roeder, Achim Leschinsky, Schule im historischen Prozeß. Zum Wechselverhältnis von institutioneller Erziehung und gesellschaftlicher Entwicklung, Stuttgart 1976

Hartmut Titze, Die Politisierung der Erziehung, Frankfurt 1973

26. Die Fürsorge- und Heilerziehung. Die Kleinkindererziehung

Die Kinder der Armen, die Waisen, Verwahrlosten, die geistig und körperlich Behinderten haben Jahrtausende hindurch nur unvollkommene erzieherische Hilfe und Förderung erfahren. Christliche Barmherzigkeit nahm sich wohl schon im Mittelalter der Armen und Waisen an, aber nur wirtschaftlich und seelsorgerisch. Erst der Pietismus, vor allem Francke nahm solchen Kindern gegenüber auch Erziehungs- und Unterrichtspflichten auf sich. Das 18. Jahrhundert und die ersten Jahrzehnte des 19. Jahrhunderts brachten eine Verarmung großer Bevölkerungsgruppen mit sich, die sozialpolitische und erzieherische Maßnahmen herausforderten. Neben städtischer Armenfürsorge waren es vor allem die beiden großen Kirchen, die vielfältige sozialfürsorgerische Initiativen entwickelten, eng verknüpft mit einer Renaissance pietistischer Frömmigkeit in der „Erweckungsbewegung". Auf die vielfältigen internationalen Kontakte und Einflüsse aus den Niederlanden und England kann nur hingewiesen werden. Außerhalb des staatlich geförderten und ausgebauten Bildungswesens entwickelten sich im wesentlichen drei Zweige aus den traditionellen Armenwesen: Die Fürsorgeziehung, die Erziehung von Behinderten und die Kleinkindererziehung. Der Anteil von Frauen beim Aufbau dieser Initiativen war sowohl in den kirchlichen wie in den städtischen überaus hoch, die

Neuentstehung ordensähnlicher Frauengemeinschaften in beiden Kirchen und von Frauenhilfsvereinen seit dem Vormärz belegt dies eindrucksvoll.

Pestalozzi hatte sich ursprünglich ganz ausschließlich der armen Kinder angenommen und einen bisher unbekannten Eifer für die Pflege und Erziehung geistig und leiblich verkümmerter und verwahrloster Kinder entwickelt. 1804 gründete der Freiherr v. Fellenberg angeregt durch Pestalozzi auf seinem Gute Hofwyl bei Bern eine Armenerziehungsanstalt, in welcher der Lehrer Jakob Wehrli seit 1810 Erziehung und Unterricht mit ländlicher Arbeit verband. Nach diesem Muster errichtete man bald eine größere Anzahl von Armenschulen, die man in Erinnerung an jenen Mann vielfach auch „Wehrlischulen" genannt hat. In demselben Geiste christlicher Nächstenliebe stiftete 1813 Johannes Falk in Weimar die „Gesellschaft der Freunde in der Not" und mit ihrer Hilfe das erste deutsche Rettungshaus für verwahrloste und elternlose Kinder. Die Gründung solcher Häuser ließen sich im Laufe der folgenden Jahrzehnte besonders die kirchlichen Kreise zur Förderung der inneren Mission angelegen sein. Auf diesem Gebiete sind die Pfarrer Joh. Hinrich Wichern († 1881), der Gründer des Rauhen Hauses in Horn bei Hamburg (1833), und Friedr. von Bodelschwingh († 1910), der Schöpfer der Betheler Anstalten bei Bielefeld, zu christlichen Volkserziehern großen Stils geworden.

Die Unterweisung geistig und körperlicher Behinderter, insbesondere der Blinden und Tauben, galt lange Zeit hindurch für unmöglich. Erst seit dem 16. Jahrhundert hörte man (zuerst in Spanien) von vereinzelten Versuchen, die das Gegenteil bewiesen. Seit 1770 unterrichtete der Abbé de l'Epée in Paris Taubstumme durch Verwendung einer künstlichen Gebärden- und Fingersprache. Bald danach entwickelte der Kantor Samuel Heinicke († 1790) in Eppendorf bei Hamburg, später in Leipzig, sein System der Lautmethode, nach dem der Taube durch Ablesen vom Mund und Betasten des Kehlkopfes seines Lehrers zum Sprechen gelangt. In den ersten Jahrzehnten des 19. Jahrhunderts nahm die Zahl der

Die Fürsorge- und Heilerziehung 167

Taubstummenanstalten in starkem Maße zu. In ähnlichem Verhältnis wuchs seit Beginn des neuen Jahrhunderts die Zahl der Blindenanstalten, deren erste Valentin Haüy 1784 in Paris gegründet hatte. Der selbst blinde Blindenlehrer Louis Braille veröffentlichte 1829 eine reliefartige Punktschrift, die später die Weltschrift der Blinden wurde. Die Pflege der geistig Behinderten, deren sich zuerst Gotthard Guggenmoos im Salzburgischen angenommen hatte, lag allerdings noch lange Zeit im argen, bis endlich der Schweizer Guggenbühl durch das auf dem Abendberge bei Interlaken 1841 geschaffene Kretineninstitut auch diesen Menschen erzieherische Zuwendungg zuteil werden ließ und durch sein Beispiel in Deutschland und anderen Ländern eine Reihe von Nachahmungen hervorrief.

Aus sozialen und wirtschaftlichen Nöten sind die ersten Bestrebungen zu anstaltsmäßiger Pflege und Erziehung des Kleinkindes entstanden. Schon Pestalozzi forderte „Spiel- und Warteschulen" als Notbehelf für die Armen, die bei Taglöhnerdienst ihre Wohnungen verschließen müssen. Aus gleicher Erwägung heraus schuf 1779 der Elsässer Oberlin solche Zufluchtstätten (salles d'asyle) für die Kinder seiner armen Gemeinde Waldersbach im Steintal. Die Fürstin Pauline von Lippe-Detmold gab als erste in Deutschland diesen Anstalten ihre bestimmte Aufgabe und Einrichtung zur Wartung kleiner Kinder, die das Säuglingsalter überschritten haben. 1802 schuf sie in Detmold eine Kinderbewahranstalt, deren Einrichtung für alle folgenden maßgebend wurde. Seit 1849 haben in Deutschland diese Kleinkinderschulen ihre Ergänzung in den von dem Franzosen Marbeau eingeführten Krippen gefunden, die der arbeitenden Mutter die Pflege der Säuglinge am Tage abnahmen.

Den wirkungsvollsten Anstoß zur Förderung der Kleinkindererziehung hat aber erst der Pestalozzischüler Friedrich Fröbel mit seinem Kindergarten gegeben. 1782 zu Oberweißbach i. Th. als Sohn eines Pfarrers geboren, ging er nach mehrfachem Berufswechsel 1808 mit mehreren Frankfurter Patriziersöhnen auf zwei Jahre zu Pestalozzi nach Iferten. Nachdem er an den Freiheitskriegen teilgenommen hatte, gründete er 1817 in Keilhau bei Rudolfstadt eine „deutsche Erziehungsanstalt". Schon hier legte er großes Gewicht auf das Selbstfinden und Selbstdarstellen der Kinder und beschäftigte sie neben körperlichen Übungen mit landwirtschaftlichen und Werkstattarbeiten, die Kleinsten mit Bau- und Farbenspielen. Seine Bemühungen, die Anstalt zu einer Pflegestätte echt deutschen Geisteslebens zu machen, brachte ihn in den Verdacht demagogischer Bestrebungen. Er konnte sich zwar rechtfertigen; aber die Schülerzahl ging erheblich zurück. Er übergab daher 1831 die Leitung der Schule seinem Mitarbeiter Barop und siedelte selber nach der Schweiz über, wo er nach mehrfachen vergeblichen Anstaltsgründungen 1835 eine Berufung als Leiter des Waisenhauses in Burgdorf annahm. Seine Teilnahme wandte sich nun immer mehr der Kleinkindererziehung zu. Von der Überzeugung durchdrungen, daß die Erregung des Lernbedürfnisses dem Lernen selbst vorangehen müsse, schuf er schon in Burgdorf eine feste Reihe von Spiel- und Beschäftigungsmitteln für das vorschulpflichtige Alter. Die Erkrankung seiner Frau zwang ihn zur Rückkehr nach Deutschland, wo er in den Jahren 1837–1840 in Blankenburg bei Keilhau den ersten Kindergarten ausbaute. Er sollte deutschen Müttern den Weg zu rechter Kleinkindererziehung zeigen. 1850 entstand im Schloß Marienthal das erste Seminar für Kindergärtnerinnen. Die politische Nähe Fröbels zu radikalen Protagonisten der 48er Revolution führte 1851 zum Verbot der Kindergärten in Preußen, das erst 1860 aufgehoben wurde. Mittlerweile war Fröbel gestorben (1852). Die Kindergärten aber, die als Erziehungs- und Bildungsstätten weit über die bloßen Bewahranstalten hinausgehen, breiteten sich dank der unermüdlichen Werbearbeit seiner Freunde und Schüler (Middendorf, Langethal, Berta von Marenholtz-Bülow, Henriette Schrader-Breymann) allmählich in fast allen europäischen Ländern und den Vereinigten Staaten von Amerika aus.

Fröbel war ein pädagogisch unermüdlich tätiger Mann, dessen Wahlspruch: „Kommt, laßt uns unsern Kindern leben!" lautete. Er hat seine Gedanken am umfassendsten in der 1826 erschienen Schrift „Menschenerziehung" dargelegt. Das versponnene, in der Darstellung unbeholfene Werk verrät in seinen Grundgedanken Verwandtschaft mit Schellings Idee des Organischen als Ausdruck und Selbsthervorbringung des Geistes, daneben auch mit Gedanken Fichtes, Arndts und Pestalozzis, ist aber am ehesten aus Fröbels innerem Werdegang zu verstehen. Die ganze Natur und so auch der Mensch ist danach Entfaltung Gottes. Natur und Menschenleben ist Gottloben in individueller Gestalt. Die besondere Bestimmung des Menschen ist sein Wesen, sein Göttliches sich zum vollen Bewußtsein zu bringen und im Leben wirksam werden zu lassen. Die Anregung dazu gibt die Erziehung. Allseitige Lebenseinigung, d.h. Einigung mit Gott, mit den Menschen und mit sich selbst ist ihr Ziel. Da das Göttliche im Menschen notwendig gut ist, wenn es in seiner Ungestörtheit belassen wird, darf die Erziehung nur nachgehend und behütend sein, nicht vorschreibend, bestimmend, eingreifend. In der Entwicklung organischen Lebens ist jede Entwicklungsstufe schon in der vorausgehenden enthalten, aus der sie sich entfaltet. Darum sollte jedes Wesen auf jeder Stufe nur ganz das sein, was diese Stufe fordert; dann wird jede folgende wie ein neuer Schuß aus einer gesunden Knospe hervorsprießen. Demgemäß lasse man den werdenen Menschen sich so entfalten, wie es seiner Altersstufe entspricht. Das Geistige in ihm drängt dann nach Entfaltung durch „schaffendes Gestalten und Formen am Stofflichen". In der Pflege dieses Gestaltungstriebes von früher Kindheit an hat die Erziehung ihre wichtigste Aufgabe zu sehen. – Auf der ersten Stufe seines Lebens ist der Mensch Säugling nicht nur im wörtlichen Sinne. Einsaugend ist sein ganzes Wesen, vor allem seine Sinne. Rein und klar sei darum seine Umgebung in jeder Beziehung. Mit der eintretenden Sprache beginnt die Stufe des Kindes. Sein ureigenstes Erzeugnis auf dieser Stufe ist das Spiel, und die Spiele sind wieder die Herzblätter des ganzen künftigen Lebens. Mit dem Eintritt in das Knabenalter lernt der Mensch die sprachliche Bezeichnung und damit die Sprache als etwas Besonderes, von den Gegenständen Getrenntes begreifen. Damit beginnt die Stufe des Lernens. Zweck des Unterrichts ist, die Einheit aller Dinge und ihr Ruhen in Gott zur Einsicht zu bringen, um dieser Einsicht gemäß einst im Leben handeln zu können. Dazu verhilft die rechte Unterweisung in der Religion, der Naturkunde, der Mathematik, den Sprachen, der Geschichte und die rechte Kenntnis und Ausbildung des Körpers. So schildert Fröbel den Menschen „von dem ersten Grunde seines Seins bis zur eingetretenen Knabenstufe in seinem Werden und Erscheinen".

Seiner Grundanschauung nach mußten für Fröbel wie für Pestalozzi die Familie als erste Erziehungsstelle und die Mutter als erste Erzieherin besonders wichtig sein. Im Kindergarten schuf er daher die Lehrstätte für die zukünftigen Mütter, in den „Mutter- und Koseliedern" (1849) zeigte er den Weg, wie „die Keimpunkte der menschlichen Anlagen gepflegt und unterstützt werden müssen", in seinen planvoll gruppierten „Spielgaben" erfand er die dem vorschulpflichtigen Kindesalter angemessenen Spiel- und Beschäftigungsmittel. Kugel, Würfel und Walze in der kindlichen Form von Ball, Bauklötzchen, Säule bildeten die grundlegenen Spielgaben, an die Beschäftigungen wie Stäbchenlegen, Erbsen- und Flechtarbeiten anschlossen. Aber die dem Kindergarten zugrunde liegenden Gedanken haben über diesen hinaus auch allgemeinerzieherische Bedeutung, so vor allem die Forderung einer rein entwickelten Erziehung und die der Selbsttätigkeit des Kindes, die kein Pädagoge vor ihm so folgerichtig durchgeführt hat wie er. Ferner hat er den Anschauungsunterricht über Pestalozzi hinaus weitergebildet und vertieft. Während dieser die Elemente der Anschauung nur in den Raum- und Formverhältnissen sah, fügte Fröbel die Sinnesqualitäten (Farben, Töne, Tast- und Bewegungsempfindungen) hinzu. Und gemäß seiner Forderung der Selbsttätigkeit schätze er den tätigen Gebrauch der Kräfte höher ein als das bloß passive Anschauen. Daher sein Grundsatz: „Was das Kind anschaut, soll es auch mit den Händen machen." Erst dadurch gelangt es zum vollen Verständnis des Angeschauten. Mit Einfühlungsvermögen knüpfte Fröbel den Anschauungsunterricht an den natürlichen Spiel- und Beschäftigungstrieb des Kindes an. Endlich hat er mehr als alle anderen Pädagogen die Frauenbildung für einen Beruf betont, der sich an der Mutterschaft orientierte. Das pestalozzianische Prinzip der Mütterlichkeit als ein Bestandteil pädagogischer Handlungsweise ist von Fröbel weiterentwickelt worden, indem er es naturphilosophisch-romantisch überhöht und methodisch ausgebaut hat. Von allen Pädagogen des klassisch-romantischen Zeitalters hat er die größte Bedeutung für Frauenbildungstheorien, auch und gerade für die Berufsausbildung im fürsorgerisch, sozialpädagogischen und vorschulischen Bereich in der zweiten Hälfte des 19. Jahrhunderts und in der Reformpädagogik des 20. Jahrhunderts erlangt.

Literatur:

Erika Hofmann, Kindererziehung in Deutschland, Witten 1971

Christoph Sachße, Florian Tenstedt, Geschichte der Armenfürsorge in Deutschland. Vom Spätmittelalter bis zum Ersten Weltkrieg, Stuttgart-Berlin 1980

Gerda Torniporth, Studien zur Frauenbildung, Weinheim-Basel 1977.

27. Das Bildungswesen in der zweiten Hälfte des 19. Jahrhunderts

Die Industrialisierung Deutschland fand beschleunigt in der zweiten Jahrhunderthälfte statt und wirkte sich auf die Entwicklung von Naturwissenschaft und Technik in diesen Jahrzehnten verstärkt aus. Während in der ersten Hälfte dieses Jahrhunderts die Naturwissenschaften z. T. noch einen stark romantisch-spekulativen Einschlag hatten, orientierten sie sich im Verlauf des 19. Jahrhunderts immer eindeutiger an einem emprisch-exakten Erkenntnismodell. Von ihnen aus wurde die positivistische Denkweise, die sich auf „reine Tatsachenforschung" beschränkte, zum dominierenden

Trend in allen anderen Wissenschaften der Folgezeit. Das war der Boden, auf dem eine Fülle von Einzelwissenschaften aufkeimte, von dem aus die Technik und in ihrem Gefolge Handel und Industrie einen ungeahnten Aufschwung nahmen.

Auf dem Gebiet des Bildungswesens fand diese Entwicklung ihren Niederschlag in hartnäckigen Kämpfen zwischen humanistischen und realistischen Bildungsströmungen, die erst am Ende des 19. Jahrhunderts zum Ausgleich kamen. Mit der Einrichtung von Bau-, Bergbau- und Forstschulen, technischen und landwirtschaftlichen Instituten hatte man z. T. schon im 18. Jahrhundert begonnen und weiterhin in der ersten Hälfte des 19. das dringendste Verlangen nach einer über das Handwerkliche hinausgehenden Fachbildung befriedigt. In der zweiten Hälfte entwickelten sich die bedeutendsten dieser Anstalten zu reinen Hochschulen, die sowohl in ihrer Zielstellung und Arbeitsweise wie in ihrer äußeren Verfassung das Vorbild der Universitäten nachahmten (technische, landwirtschaftliche und tierärztliche Hochschulen, Berg- und Forstakademien). Ein solches Hochschulwesen bedingte aber als Vorstufe eine Allgemeinbildung höherer Art mit ausgesprochen realistischer Prägung. Die durch Spilleke eingeleitete Reform der Realschulen war auf halbem Wege stehengeblieben. Die Instruktion von 1832 (S. 158) hatte sie zu Vorbereitungsstätten für die mittlere Beamtenlaufbahn herabgedrückt. Auf die Hebung dieser Schulgattung und eine entsprechende Neugestaltung der Gymnasien drängte daher das gewerbliche Bürgertum besonders hin.

Die regierenden Kreise verhielten sich dieser Bewegung gegenüber lange Zeit ablehnend. Besonders unter dem reaktionären Regiment Friedrich Wilhelms IV. war an ihre Förderung nicht zu denken. Diesem waren schon die humanistischen Gymnasien zu heidnisch, und er versuchte ernstlich, sie durch „christliche" (wie das evangelische Gymnasium in Gütersloh) zu ersetzen. Realschulen waren solchem Geiste völlig zuwider. Erst unter Wilhelm I. trat ein Wandel ein. Der Schwiegersohn Spillekes, Ludwig Wiese, seit 1858 Schulzes Nachfolger im Kultusministerium, setzte 1859 eine „Unterrichts- und Prüfungsordnung für die Real- und höheren

Bürgerschulen" durch, die zum erstenmal das Berechtigungsmonopol des Gymnasiums durchbrach. Sie unterschied zwischen neunklassigen Realschulen „erster Ordnung" mit Lateinpflicht, siebenklassigen „zweiter Ordnung" mit wahlfreiem Latein und sechsklassigen höheren Bürgerschulen ohne Latein. Die ersten, die später Realgymnasien genannt wurden, gaben die Berechtigung zum Studium des höheren Bau-, Berg- und Forstfachs; 1870 erhielten sie die weitere Berechtigung zum Studium der neueren Sprachen, der Mathematik und Naturwissenschaften an den Universitäten. 1882 erfolgte auch der Ausbau der lateinlosen Realschule zur neunklassigen Oberrealschule, die als reinster schulmäßiger Ausdruck des neuen technisch-realistischen Zeitalters den Schwerpunkt des Unterrichts auf die Mathematik, die Naturwissenschaften und die neueren Fremdsprachen legte. Somit waren neben dem humanistischen Gymnasium zwei neue höhere Schultypen geschaffen, die aber erst zur vollen Geltung kommen konnten, wenn sie der älteren Schwesterschule in der Berechtigungsfrage völlig gleichgestellt wurden. Daher drehten sich die Kämpfe der Folgezeit vorwiegend um diese Frage. Neue Lehrpläne von 1882, die zum erstenmal Ziel und Ausbau der Oberrealschule festlegten, hatten die Vorherrschaft des Gymnasiums dadurch zu retten gesucht, daß sie auch in ihm die realistischen Fächer verstärkten und die alten Sprachen in ihrer Stundenzahl beschränkten. Aber dieser Ausweg befriedigte nicht. Nicht weniger als drei Fachvereine (der Realschulmännerverein, der Verein für Lateinlose Schulen und der Verein für Schulreform) standen der Reihe nach gegen das Gymnasialmonopol auf und zogen durch zielbewußte Werbearbeit auch große Teile der Gebildeten, besonders die Ärzte und Ingenieure, auf ihre Seite. Eine Flut von Eingaben und Verbesserungsvorschlägen ergoß sich über das preußische Unterrichtsministerium. Ein Kompromiß war Ende der achtziger Jahre noch nicht in Sicht.

Die höheren Mädchenschulen erfreuten sich während der drei ersten Viertel des 19. Jahrhunderts einer nur sehr geringen Fürsorge von staatlicher Seite, obwohl seit Pestalozzis Tagen die erzieherische Bedeutung der Mutter und seit dem Auftreten der Romantiker das Eigenrecht der Frau auf eine ihr gemäße Bildung diskutiert wurde. (s.S. 124 ff.) Städtische und private Schulgründungen bleiben fast das ganze Jahrhundert hindurch vorherrschend. Zu einem gründlichen Wandel der Dinge drängte auch hier wieder die wirtschaftliche Entwicklung Deutschlands. Seit der Mitte des Jahrhunderts traten Frauen in wachsender Zahl in das Berufsleben ein. Die „Frauenfrage" entstand. Frauen forderten liberale Rechte ein, die ihnen Staat und Gesellschaft bisher vorenthalten hatten. Der 1865 gegründete „Allgemeine deutsche Frauenverein" forderte in diesem Sinne die Gleichberechtigung der Frau neben dem Manne.

Die ersten praktischen Schritte im allgemeinbildenden Schulwesen leitete der 1872 gegründete „Verein für das höhere Mädchenschulwesen" ein, eine Vereinigung der an höheren Mädchenschulen beschäftigten Lehrerinnen und Lehrer, in dem die männlichen Lehrer allerdings gänzlich den Ton angaben. Der Verein trat aktiv dafür ein, daß die Regierungen, zunächst in einigen Mittel- und Kleinstaaten, 1894 auch in Preußen, sich bemühten, durch geeignete Lehrpläne und „Prüfungsvorschriften für Lehrerinnen" eine einheitliche höhere Mädchenschule zu schaffen. Es war jedoch nicht das Ziel dieser Vereinigung, die höhere Mädchenbildung der höheren Knabenbildung gleichzustellen, womöglich das Mädchenschulwesen in das Berechtigungswesen einzugliedern. Die „höhere Mädchenschule" sollte zwar zum höheren Schulwesen zugeordnet werden, das frauenspezifische Bildungsangebot aber aufrecht erhalten. Die vom „Verein" propagierten Ziele genügten durchaus nicht allen interessierten Kreisen. Es setzte eine sehr aktive, hauptsächlich von Frauen getragene Frauenbildungsbewegung ein, die Unterstützung von einzelnen liberalen Männern aus Wissenschaft, Industrie und Verwaltung fand. Neben dem „Allgemeinen Deutschen Lehrerinnenverein" (ADLV gegründet 1889), der zahlenmäßig die größte Organisation der Frauenbildungsbewegung war und dessen Vorsitzende Helene Lange als die einflußreichste Bildungspolitikerin der Frauenbewegung gelten kann, gab es den 1888 geschaffenen „Frauenverein Reform", der den Kern der Bewegung bildete. Der Verein nannte sich vier Jahre später „Frauenbildungsreform" und seit 1895 „Frauenbildung-Frauenstudium", um schon durch die Namensänderung das Ziel seiner Bemühungen zu verdeutlichen. Mit wachsender Dringlichkeit forderte er von Behörden und Landtagen die Einrichtung von Mädchengymnasien mit voller Hochschulberechtigung. Praktisch half man sich zunächst mit Ersatzversuchen: 1888 schuf Helene Lange, jahrzehntelang die Seele dieser Bildungsbewegung, in Berlin „Realkurse für Frauen", die nacheinander in gymnasiale und realgymnasiale umgewandelt wurden. Im gleichen Jahr richtete der ADLV eine Petition an den preußischen Landtag, deren Begleitschrift, von Helene Lange verfaßt, unter dem Namen „Gelbe Broschüre" bekannt wurde. In dieser Schrift findet sich das bildungspolitische Programm des gemäßigten Teils der Frauenbewegung, die bei gleichen Bildungsrechten und Berechtigungen den Aufbau eines eigenständigen, von Frauen geleiteten höheren Mädchenschulwesens forderte, in dem der Eigenart des weiblichen Geschlechts Rechnung getragen werden sollte. In Karlsruhe wurde 1893 ein Mädchengymnasium gegründet, und in der Folgezeit entstand eine Reihe ähnlicher Schulen und Kurse meist realgymnasialen Charakters. Auch die höheren Knabenschulen öffneten in manchen Städten Südwestdeutschlands den Mädchen ihre Pforten.

Da die Universitäten sich der Aufnahme weiblicher Studenten noch widersetzten, studierten die Abiturientinnen zunächst auf Schweizer Hochschulen, an deutschen Hochschulen waren sie allenfalls als Gasthörerinnen zugelassen. Diese Möglichkeit wurde jedoch durchaus von Frauen genutzt, besonders um sich auf das wissenschaftliche Examen für das Lehramt an höheren Mädchenschulen vorzubereiten, nachdem jedenfalls in Preußen 1894 diese Möglichkeit eröffnet worden war.

Die geschilderte politische, wirtschaftliche und soziale Entwicklung blieb auch nicht ohne entscheidenden Einfluß auf die Entwicklung des Volksschulwesens. Wenn unter Falk (S.163 f.) der Lehrstoff der Volksschulen und Seminare nach der nationalen wie der realistischen Seite hin vermehrt und gar besondere Mittelschulen mit noch weiterem realistischem Bildungsstoff geschaffen wurden, so bekundete sich darin deutlich der allgemeine Wandel der Zeit. Der Bildungshunger der Massen äußerte sich im verstärkten Streben nach positiven Kenntnissen aus dem Tatsachenbereich der irdischen Welt. Daneben zeigten die „Allgemeinen Bestimmungen" durch ihre Ablehnung mechanischen Einpaukens, daß auch das methodische Gewissen der Pädagogen wieder erwacht war. Es war dies eine der Voraussetzungen für die Neubelebung der Herbartschen Pädagogik. Ihr erfolgreichster Erneuerer war der Leipziger Professor Tuiskon Ziller (1817–1882). Sein Hauptverdienst lag darin, daß er ihre praktische Verwendbarkeit nachwies. Er gründete zu diesem Zwecke 1861 in Leipzig ein akademisch-pädagogisches Seminar mit Übungsschule. Dieses wurde die fruchtbarste Pflanzstätte der Herbartschen Pädagogik, besonders seit Zillers Anhänger sich zu einem „Verein für wissenschaftliche Pädagogik" zusammenschlossen (1868), um die Verbreitung der von ihrem Meister vertretenen Anschauungen nachdrücklicher zu fordern. Zillers Hauptwerk ist die „Grundlegung zur Lehre vom erziehenden Unterricht"; doch führen seine kürzer gehaltenen „Vorlesungen über allgemeine Pädagogik" leichter in seine Gedankengänge ein.

Ziller hat mit seiner Lehre Herbarts Pädagogik mehrfach stark umgebildet. Er verlangte, daß im Vordergrunde des Unterrichts auf jeder Stufe „Gesinnungsstoffe" stehen, die das religiös-sittliche Denken und Wollen des Kindes begründen und befestigen sollen. Diese Stoffe müssen so ausgewählt werden, daß sie der jeweiligen Entwicklungsstufe des Kindes entsprechen. Nun war Ziller überzeugt, daß der geistige Werdegang des einzelnen mit den Hauptstufen der Kulturentwicklung der Menschheit „vollkommen" gleichlaufe. Da aber die wichtigsten Entwicklungsabschnitte menschlicher Bildung stets ihre Geschichtsschreiber oder Sänger gefunden haben, die uns ein anschauliches Bild von ihnen entwerfen, so müssen deren Werke die Hauptbildungsstoffe des Unterrichts abgeben. – An diese „Kulturstufentheorie" schließt sich eng die Lehre von der „Konzentration des Unterrichts" im Sinne einer Verbindung und Unterordnung sämtlicher Lehrfächer unter die religiösen Gesinnungsstoffe. – Auch Herbarts formale Bestimmung des Lehrgangs (siehe S. 142) hat Ziller selbständig weitergebildet. Er zerlegte die Stufe der Klarheit in zwei weitere, Analyse und Synthese, und wollte nun die so gewonnenen fünf Stufen für die Durcharbeitung eines jeden in sich abgeschlossenen Lehrstücks (methodische Einheit) innerhalb einer oder mehrerer Stunden verwertet wissen (Formalstufentheorie). An diesen Lehren hat er trotz immer lauter werdender Kritik mit großer Starrheit festgehalten und dadurch einen Formalismus erzeugt, der Herbarts Pädagogik im ersten Jarhzehnt nach der Jahrhundertwende besonders angreifbar machte.

Zunächst freilich gewann die Zillersche Lehre in Volksschulkreisen steigenden Anhang, besonders als sein bedeutendster Schüler Wilhelm Rein von Jena aus für sie eintrat. In den mit Pickel und Scheller herausgebenen „Acht Schuljahren" zeigte dieser der breiten Masse der Volksschullehrerschaft die praktische Verwendbarkeit der Kultur- und Formalstufenlehre und trug viel zu deren Verbreitung in den Lehrerseminaren bei. Durch das großangelegte „Enzyklopädische Handbuch der Pädagogik" sowie durch seine „Pädagogik in systematischer Darstellung" sorgte er für den wissenschaftlichen Ausbau der Herbart-Zillerschen Pädagogik, nahm aber auch bereits neue „reformpädagogische" Gedankengänge auf.

Otto Willmann, einst Schüler des Zillerschen Seminars, überwand die Einseitigkeit des Herbartschen Individualismus, indem er auf die erzieherische Bedeutung der Sozialkörper und der von ihnen getragenen geistigen und sittlichen Güter hinwies. In seiner „Didaktik als Bildungslehre" hat er auf Aristoteles und den Scholastikern eine stark religiös gerichtete Erziehungslehre aufgebaut. Unter den Volksschulpädagogen hat der Wuppertaler Hauptlehrer Friedr. Wilh. Dörpfeld († 1893) Herbarts Pädagogik am selbständigsten weitergebildet, besonders nach der Seite der Schulverwaltung und Schulverfassung hin, indem er die Idee einer zentralstaatlich nicht kontrollierten „Schulgemeinde" entwickelte, d.h. auf die lokale Autonomie in Schulfragen abzielte.

Das Fortbildungsschulwesen, das im 18. Jahrhundert unter pietistischem Einfluß einen ersten Anlauf genommen hatte (s. S. 96 f.), erhielt dank dem wirtschaftlichen Aufschwung Deutschlands im Zeitalter Bismarcks zunächst vereinzelte Anstöße zu neuer Ausbreitung durch Städte, Innungen und Vereine. 1869 wurde in der

Gewerbeordnung für den Norddeutschen Bund bestimmt, daß Lehrlinge, Gesellen und Gehilfen unter 18 Jahren durch Ortsstatut zum Besuch der Fortbildungsschule gezwungen werden könnten. Das wirkte sich in den folgenden Jahren dahin aus, daß zahlreiche Städte und auch kleinere Staaten den Besuch dieser Schulen der gewerblichen Jugend zur Pflicht machten. Deren Zahl wuchs noch, als die Reichsgewerbeordnung von 1883 die Bestimmung ihrer norddeutschen Vorgängerin erneuerte. Wirtschaftliche Bedürfnisse führten darüber hinaus zur Gründung von gewerblichen Fortbildungsschulen (Gewerbeschulen, Zeichenschulen, Handelsschulen usw.), die der gewerblichen Jugend neben allgemeiner geistiger Fortbildung eine berufliche Vertiefung geben sollten. In industriellen Großbetrieben wurden dank der Tatkraft einzelner weitblickender Männer (als erster Friedrich Harkort, †1880) besondere Werkschulen dieser Art eingerichtet. Fachschulen höheren Grades für niedere und mittlere technische Büro- und Betriebsbeamte in Verwaltung und Fabrikbetrieben entstanden ebenfalls in größerer Zahl. Doch fehlte es noch völlig an einheitlicher gesetzlicher Regelung dieses wirtschaftspädagogischen Schulwesens.

Literatur:

James D. Albisetti, The Schooling of German Girls and Women, Princeton 1989

Ders. Secondary Schoolreform in Imperial Germany, Princeton 1983

Herwig Blankertz, Bildung im Zeitalter der großen Industrie, Hannover 1969

Ulrich Herrmann (Hrsg.), Schule und Gesellschaft im 19. Jahrhundert., Weinheim-Basel 1977

Werner Jost, Gewerbliche Schulen und politische Macht. Zur Entwicklung des gewerblichen Schulwesens in Preußen in der Zeit von 1830-1880, Weinheim-Basel 1982

Franz Schnabel, Deutsche Geschichte im 19. Jahrhundert, Bd. 3: Erfahrungswissenschaften und Technik, Freiburg 1934

VIII. Das 20. Jahrhundert

28. Das Schulwesen und die pädagogischen Reformbestrebungen am Ende des 19. und Anfang des 20. Jahrhunderts

Wissenschaftlich und wirtschaftlich machte Deutschland in dieser Zeit große Fortschritte. Diesem Aufschwung entsprechend weitete sich auch das öffentliche Bildungswesen aus und paßte sich den neuen Forderungen weitgehend an. Das Aufkommen neuer Industriezweige, das immer weitergehende Spezialistentum und die fachwissenschaftlichen Bedürfnisse ließen eine große Zahl von Fachschulen zu den allgemeinbildenden Schulen hinzukommen. Die Ausdehnung der Studienberechtigung auf Realgymnasien und Oberrealschulen führte dem Hochschulwesen eine ständig wachsende Zahl von Studierenden zu. Neben Universitäten mußten neue technische Hochschulen und Handelshochschulen gegründet werden. Die philosophische Fakultät der Universitäten wuchs durch Aufnahme immer neuer Fachgebiete derart, daß meist eine Zerlegung in eine philosophisch-historische und eine naturwissenschaftlich-mathematische Sektion oder gar eine völlige Abspaltung der letzteren als neue Fakultät erfolgte. So nahm die wissenschaftliche Hochschulbildung immer mehr ein fachschulartiges Gepräge an. Als gemeinsamer Besitz blieb ihr der Grundsatz freier Forschung und Lehre und eine entsprechende Form der Selbstverwaltung.

Im Bereich der höheren Schulen dauerte beim Regierungsantritt Kaiser Wilhelm II. der Kampf um das Berechtigungsmonopol des Gymnasiums weiter an. Um ihn zu schlichten, berief der preußische Kultusminister 1890 vierzig angesehene Philologen zu einer Schulkonferenz nach Berlin. In einer heftigen Rede klagte Wilhelm II. auf dieser Konferenz über die Überbürdung der Schüler, den

Mangel an Turnstunden und die Weltfremdheit der Gymnasien, die junge Griechen und Römer statt national eingestellter junger Deutscher erzögen. Er forderte mehr Leibesübungen, Beseitigung des lateinischen Aufsatzes, Verstärkung des Deutschunterrichts, der neueren und neuesten deutschen Geschichte im Sinne einer militaristisch-nationalen Ausrichtung und Abschaffung des Realgymnasiums. Mit Ausnahme des letzten Punktes fanden alle diese Forderungen Berücksichtigung in den preußischen Lehrplänen des Jahres 1892. Die alten Sprachen am Gymnasium mußten dabei die größten Opfer bringen; da man sich aber in Regierungskreisen zur Aufgabe des Berechtigungsmonopols des humanistischen Gymnasiums auf die allgemeine Hochschulreife nicht entschließen konnte, ging der Kampf weiter. Erst im Jahre 1900 fand eine zweite preußische Schulkonferenz in Berlin statt und ihr folgte danach ein entsprechender Erlaß, der grundsätzlich die Gleichwertigkeit der durch Gymnasium, Realgymnasium und Oberrealschule vermittelten Allgemeinbildung anerkannte und die notwendigen Folgerungen in der Frage der Zulassung zum Hochschulbesuch veranlaßte. Auch in den außerpreußischen Ländern setzte sich diese Dreiteilung des höheren Schulwesens mit den entsprechenden Folgen in der Berechtigungsfrage allmählich durch.

Die Gymnasien gingen nun an Zahl auffallend zurück, während die Realgymnasien und Oberrealschulen sich dem realistischen Zug der Zeit entsprechend erheblich vermehrten. Besonderer Beliebtheit erfreuten sich dabei die sogenannten Reformschulen, die der Lippstädter Direktor Ostendorf schon in den siebziger Jahren empfohlen hatte, die aber erst seit 1878 von E. Schlee mit lateinloser Unterstufe im sog. „Altonaer Plan" und darauf aufbauend ab 1892 in der von Karl Reinhardt in Frankfurt a. M. geschaffenen Form ihre Verbreitung in Deutschland fanden. Nach diesem „Frankfurter System" begannen Gymnasium und Realgymnasium wie die Oberrealschule mit einer neueren Fremdsprache. Dadurch wurde ein gemeinsamer lateinloser Unterbau für alle Schulen dieses Systems geschaffen, die sich erst in späteren Jahren, wenn Begabung und Neigung der Schüler offenkundiger werden, in bestimmte Typen gabelten. Die so gewonnene Erleichterung der Schulwahl war es, die diesen Schulen besondere Bevorzugung verschaffte. Die Zahl der Schulformen wurde damit aber auch um zwei weitere, das Reformgymnasium und das Reformrealgymnasium, vermehrt.

Die höheren Mädchenschulen schlossen sich dem Reinhardtschen System an, als die preußische Mädchenschulreform von 1908 sie endgültig in den Bereich der höheren Schulen aufnahm und damit dem weiblichen Geschlecht die Möglichkeit gab, auf eigenen Schulen die Reifeprüfung abzulegen. Der Grundstock dieser Schulen bildete das damals zehnklassige Lyzeum, auf dem sich ein Oberlyzeum mit beschränkter Berechtigung und eine den höheren Knabenschulen nachgebildete, allerdings vierjährige Studienanstalt mit voller Hochschulberechtigung aufbauten, während eine ein- bis zweijährige Frauenschule ihren Schülerinnen das vermitteln sollte, was die gebildete Hausfrau und Mutter von Hauswirtschaft, Gesundheits- und Kinderpflege, Staatsbürgerkunde usw. wissen sollte. Von der Frauenschule abgesehen, waren diese Schulen den damaligen Tendenzen der Frauenbewegung gemäß in Form und Inhalt möglichst den höheren Knabenschulen angeglichen. Sie verzichteten also um der Gleichberechtigung willen auf die zunächst geforderte Berücksichtigung weiblicher Eigenart. Die privaten höheren Mädchenschulen gingen nun rasch in öffentliche (meist städtische) Anstalten über; die Zahl der Studierenden aber erhielt neuen Zuwachs aus den Reihen der Frauen, seit diese 1902 sukzessive an allen deutschen Universitäten zugelassen wurden. Auch die Falkschen Mittelschulen nahmen in dieser Zeit an Zahl und Ausbreitung zu, besonders als eine 1910 erfolgende Neuordnung dem Aufblühen von Handel und Gewerbe entsprechend den Zöglingen dieser Schulen eine bessere Ausbildung für das Berufsleben gab. Sie fügten für das letzte Schuljahr die einfache Buchführung in den Lehrplan ein und durften neben einer Fremdsprache als Pflichtfach eine weitere als Wahlfach lehren. So vorbereitete Knaben wurden zur Einjährigenprüfung zugelassen.

Die Volksschulen allein erteilten seit 1888 unentgeltlichen Unterricht. Sie nahmen infolge des starken Zustroms der arbeitenden Bevölkerung in den Groß- und Fabrikstädten an Zahl und Umfang ganz erheblich zu. Die Abwanderung begabter Kinder und die der wirtschaftlich Bessergestellten in die mit Berechtigungen für den einjährigen freiwilligen Militärdienst und den Eintritt in den mittlern Beamtendienst bei Post und Verwaltung ausgestatteten Mittelschulen waren ansteigend, die in die höheren Schulen hielt sich in Grenzen. Wohnungsnot führte zu gesundheitlicher Schwächung und „sittlicher Gefährdung" dieser Jugend. Vielfach wurde sie noch durch Arbeit im Haus, – vor allem der weiblichen Jugend – und durch Heimarbeit für Fabriken ausgenutzt. Seit den späten achtziger Jahren gab es verstärkte Bemühungen zur Einrichtung von Handarbeits- und hauswirtschaftlichem Unterricht in den Abgangklassen der Volksschulen für Mädchen, der parallel zur Naturkunde und Naturlehre für Jungen erteilt wurde. Die Hereinnahme sozialpädagogischer Zielsetzungen in die Volksschule fand hierin ihren Ausdruck. Der Staat suchte durch Kinderschutzgesetze, Fürsorge- und Zwangserziehung zu helfen, die Städte und die private Wohlfahrtspflege durch Anstellung von Schulärzten, Einrichtung von Kindergärten, Kinderspitälern, Kinderhorten, Schulspeisungen, Ferienkolonien, Waldschulen und Landheimen. Der Umfang und Geltungsbereich der öffentlichen Erziehung wurde dadurch erheblich erweitert. In entsprechender Weise bemühte man sich um die innere Förderung der Volksschulen. Um der verschiedenartigen Begabung der Kinder besser gerecht zu werden, richtete man für geistig zurückgebliebene Kinder Hilfsklassen und Hilfsschulen, ferner für „normalschwache" Kinder Förderklassen ein, die von besonders vorgebildeten Lehrern und Lehrerinnen geleitet wurden. Auch die schulentlassene Jugend wurde gegen die Jahrundertwende immer stärker das Ziel staatlicher, kommunaler und kirchlicher sozialpädagogischer Bemühungen. Die Reichsgewerbeordnung von 1900 verpflichtete die Gewerbeunternehmer, ihren Arbeitern unter 18 Jahren die zum Besuch der Fortbildungsschulen erforderliche Freizeit zu gewähren. Die Einrichtung und Unterhaltung dieser Schulen war meist Sache der

Gemeinden. Sie wurde nach Kerschensteiners Anregung (s. S. 189) in der Richtung der Gesamtbildung über den Beruf ausgebaut. Damit begann eine tiefgreifende Umgestaltung der bisherigen Fortbildungsschule, der die rechte Verbindung mit dem Leben und den beruflichen Aufgaben fehlte. In der Berufsschule wurde seitdem Unterricht und Erziehung in enge Beziehung zur Praxis des Berufs gebracht. Hier sollte der heranwachsende werktätige Mensch durch besonders ausgebildete und hauptamtlich tätige Gewerbelehrer und -lehrerinnen betreut und sein praktisches Lernen im Beruf durch geistige Beschäftigung mit dem Material, an dem er arbeitete, mit den Bedingungen, dem Zweck und Sinn seines täglichen Tuns erklärt und vertieft werden. Für die weibliche Jugend waren die Fortbildungsschulen jedoch vor allem auf die späteren häuslichen Aufgaben von Frauen hin orientiert, eine Tendenz, die sich in der Weimarer Republik fortsetzte und im Bremer Modell der Hauswirtschaftlichen Pflichtfortbildungsschule ihren deutlichsten Ausdruck fand.

Von 1911 ab griff der Staat auch in das Gebiet der Jugendpflege ein, mit deren Hilfe man die schulentlassene Jugend in ihrer berufsfreien Zeit körperlich und sittlich zu fördern suchte. Andere Gruppen waren in dieser Beziehung längst vorangegangen. So haben die Kirchen z. T. schon früh im 19. Jh. durch die Schaffung von christlichen Jugendvereinigungen (Gesellenvereinen, Jünglings- und Jungfrauenvereinen, Bibelkreisen usw.) dieses Alter in ihre Pflege genommen.

Während das öffentliche Bildungswesen sich über die Jahrhundertwende hinaus im großen und ganzen als Weiterentwicklung der bisherigen Formen erwies, wuchs die pädagogische Gedankenwelt weit darüber hinaus.

Schon in den siebziger Jahren war Friedrich Nietzsche (1844 – 1900) als pädagogischer Kritiker durch seine Schriften „Über die Zukunft unserer Bildungsanstalten" (1872) und „Unzeitgemäße Betrachtungen" hervorgetreten. Er führte einen heftigen Kampf gegen die Einseitigkeit des Rationalismus und Intellektualismus, gegen den selbstzufriedenen Bildungsphilister, gegen den Historismus und die künstlerische Stillosigkeit der Zeit und gegen die Überfütterung der Schüler mit Wissen und Gelehrsamkeit.

Von der Kunst aus drang dann zuerst ein neuer Geist ins Schulleben ein. 1890 erschien ein Buch, das einen ungeheuren buchhändlerischen Erfolg erzielte: „Rembrandt als Erzieher. Von einem Deutschen" (Julius Langbehn † 1907). Hier wurde eine Künstlerpersönlichkeit den Deutschen als Ideal hingestellt und statt einseitiger Verstandspflege und Wissensüberladung eine ästhetische und künstlerische Bildung mit starker nationaler Einfärbung gefordert. In der sogenannten Hamburger Schulbewegung begann man bald danach mit solchen Gedanken Ernst zu machen. Praktische Anleitung dazu erhielt die Bewegung allerdings nicht durch die eher verblasenen kulturkritischen Ideen Langbehns, sondern durch den Direktor der Hamburger Kunsthalle Alfred Lichtwark, der seit 1888 Übungen in der Betrachtung von Kunstwerken veranstaltete und dafür besonders die Hamburger Lehrerschaft gewann. 1896 erreichte er es, daß die regsamsten unter seinen Schülern sich zu einer „Lehrervereinigung zur Pflege der künstlerischen Bildung in der Schule" zusammenschlossen. Die Neugestaltung des Zeichenunterrichts, die Pflege und Förderung von Bildung und Buch (Heinrich Wolgast „Das Elend unserer Jugendliteratur") waren die wichtigsten Zielpunkte ihrer Reformbestrebungen. Die Kunsterziehungsbewegung suchte damals vor allem die künstlerische Empfänglichkeit und Genußfähigkeit des Schülers zu wecken und ihn von der Vorliebe für „Schund und Kitsch" zu befreien.

Aus den vielfältigen reformpädagogischen Bestrebungen der Zeit, die in enger Verbindung zur Jugendbewegung standen, ist besonders die Landerziehungsbewegung hervorzuheben. Als ihr Begründer gilt Hermann Lietz († 1919), der nach englischem Vorbilde 1898 in Ilsenburg am Harz sein erstes Landerziehungsheim, dem bald zwei weitere in Haubinda und Bieberstein folgten, gründete. Der Name, den er diesen neuen Bildungsstätten gab, sagt bereits, was ihr Schöpfer wollte: Erziehung des ganzen Menschen in familienmäßiger Gemeinschaft und enger Verbundenheit mit der Natur, wie sie nur das Landleben bietet. Leben und Erziehung fielen hier zusammen. Spiel und Sport in freier Luft, körperliche Arbeit neben der geistigen, Erziehung zum sozialen Menschen durch den ständigen Einfluß der im Heim verwirklichten Lebensgemeinschaft waren die Zielpunkte, die der bloßen Verstandesbildung der Zeit gegenübergestellt wurden.

Zwei Mitarbeiter von Lietz, Gustav Wyneken und Paul Geheeb, haben neben anderen durch selbständige Gründungen den Landerziehungsheimen einen größeren Rahmen geschaffen und darin Ideen entwickelt, die im deutschen Schulwesen weite Verbreitung fanden. Sie gründeten gemeinsam 1906 die „Freie Schulgemeinde Wickersdorf". 1910 trennte sich Geheeb von Wyneken und schuf im selben Jahre die Odenwaldschule. Die Gedanken der Schülerselbstverwaltung, Schulgemeinde, Schülerausschüsse, Auflockerung jeden starren Systems, Kursunterricht u.a.m. fanden hier ihre praktische Erprobung und von dort ihren Eingang in die Schulgesetzgebung (Wyneken war 1918 Mitarbeiter im preußischen Kultusministerium) und in viele öffentliche Schulen. Impulse dieser rationalitätskritischen Pädagogik sind durch das ganze 20. Jahrhundert immer wieder in das allgemeinbildende Schulwesen von der Landerziehungsheimbewegung ausgegangen.

Die Lehre von der Bedeutung der Gemeinschaft für die Erziehung trat in Paul Natorps „Sozialpädagogik" (1898) an die Öffentlichkeit. Es enthielt neben vielem Theoretischen Sätze von großer Eindringlichkeit und Wirkungskraft, durch die es der Zeitkritik Ausdruck gab. Die grundsätzliche Heraushebung des Gedankens, daß alle Erziehung in der Gemeinschaft und für die Gemeinschaft geschieht, die Gleichsetzung von Leben und Tätigkeit und endlich die entschiedene Betonung der Willens- und der künstlerischen Geschmacksbildung neben der bisher allein gepflegten Verstandesbildung lagen ganz im Sinne der eben aufkeimenden pädagogischen Reformbewegung.

Einen anderen Weg zur Überwindung einseitiger Geistesbildung betrat schon seit den 80er Jahren der „Deutsche Verein für Knabenhandarbeit" unter Führung des Freiherrn von Schenckendorff und seiner pädagogischen Berater Biedermann und Götze. Diese schufen ein Seminar für Knabenhandarbeit in Leipzig, richteten Schülerwerkstätten zu freiwilligem Besuch ein und zeigten in der Weckung und Entfaltung des Tätigkeitsbetriebs einen neuen Weg pädagogischer Einwirkung. Von der Tatsache ausgehend, daß die Mehrzahl der Kinder zwischen 6 und 14 Jahren im wesentlichen praktisch eingestellt sei und daß die meisten Menschen später handtätig ihr Brot verdienen müssen, richtete der Münchener Stadtschulrat G. Kerschensteiner 1896 in den Münchener Mädchenschulen Schulküchen, in den Knabenschulen von 1900 ab Werkstätten ein und machte den Unterricht in diesen zum Pflichtfach für das 8. Volksschuljahr.

Ebenfalls noch bis ins Ende des 19. Jahrhunderts zurück gehen die Anfänge der Jugendbewegung. Seit 1896 pflegten ältere Schüler des Steglitzer Gymnasiums, angeregt durch kritische Lehrer und unter dem Schutz eines pädagogisch interessierten Fördervereins, größere Wanderungen zu unternehmen. Sie fanden Nachahmung an anderen Schulen, deren Teilnehmer sich 1901 zum „Wandervogel" zusammenschlossen. Das Wandern in der Natur und das freie, absichtslose Fürsichsein der Jugend in kameradschaftlicher Verbundenheit war den Anhängern dieser Bewegung von Anfang an wichtigster Selbstzweck. Sie gewann dadurch eine neue Form der Selbsterziehung außerhalb von Familie und Schule. Es war die erste Kulturbewegung, die den Anspruch stellte, aus der Jugend selbst geboren zu sein. Eine Abwehr zunächst gegen die übergroße Bindung und Unterdrückung des jugendlichen Eigenwillens in Schule und Elternhaus des Kaiserreich, dann aber auch eine Auflehnung gegen die immer stärker werdende Mechanisierung und Intellektualisierung des Lebens.

Alle diese Ansätze eines neuen Erziehungs- und Lebensgefühls verbreiterten sich im ersten Jahrzehnt des neuen Jahrhunderts. Zuerst gelang es der Kunsterziehungsbewegung, Teilnahme für ihre Bestrebungen in breiteren Kreisen zu wecken. Im März 1901 veranstalteten Berliner Künstler eine Ausstellung „Die Kunst im Leben des Kindes", wo zum erstenmal auf die im Kind steckenden schöpferischen Kräfte hingewiesen wurde. Im gleichen Jahre kam der erste Kunsterziehungstag in Dresden zustande, der sich mit den Grundfragen der Kunsterziehung und derjenigen der Stellung der Schule zur bildenden Kunst beschäftigte. Zwei weitere Tagungen folgten 1903 in Weimar und 1905 in Hamburg; dort stand die Wortkunst (Sprache und Dichtung), hier die musikalische Kunst und die Körperkultur im Vordergrund der Verhandlungen. Was die Hamburger in der Stille des Schulzimmers und in leidenschaftlichen Erörterungen im engeren Kreise auf dem Gebiete des Zeichenunterrichts, des Jugendschrifttums, der Lesebuchfrage, der Gedichtbehandlung, des Gesangs und der Leibesübungen sich erarbeitet hatten, das drang durch diese Tagungen zum erstenmal in die breite Öffentlichkeit, und Jugend- und Kunsterziehungsbewegung beeinflußten sich gegenseitig und gelangten zu einer umfassenden Kulturreformbewegung, die von der Musik über die Geselligkeit bis zu Wohnung und Kleidung reichte.

Zwei Schriften, beide 1902 erschienen, formulierten das pädagogische Programm, indem sie die bisherigen Jugenderziehung völlig verwarfen: „Das Jahrhundert des Kindes" von der Schwedin Ellen Key und „Der Deutsche und sein Vaterland" von Ludwig Gurlitt. Beide traten, wie einst schon Rousseau, mit Entschiedenheit für ungehemmte Entfaltung jugendlicher Eigenart ein. Sie haben auf die Zeitgenossen weniger durch ihre positiven Vorschläge als durch die Kritik am Bestehenden gewirkt. Indem sie treffende Worte für tatsächliche Schäden und Mängel der herrschenden Familien- und Schulerziehung fanden, haben sie die Masse der Gebildeten aufgerüttelt und für die Erkenntnis notwendiger Reformen empfänglich gemacht.

Die Reformer selbst aber kamen vorwiegend aus den Reihen der Lehrerinnen und Lehrer. Die Bremer Lehrer Heinrich Scharrelmann († 1940) und Fritz Gansberg († 1950) gingen eigene Wege zur Förderung jüngerer Volksschüler und gaben sie im „Herzhaften Unterricht" (Scharrelmann) und in der „Schaffensfreude" (Gansberg) bekannt. Auch sie stellten die Lehrerpersönlichkeit in den Vordergrund und bekämpften den bisher beliebten Methodendrill, die „Abfrage- und Resultatepädagogik", wie sie Scharrelmann nannte. Durch lebendige Darstellung und warme Schilderung, durch freien, natürlichen Unterrichtston, der auch das Kind sich frei und unbefangen in seiner Sprache äußern läßt, soll der Lehrer die Schüler zu „produktiver Arbeit" anregen. Beide haben auch die Welt des Großstadtkindes dem Unterricht erschlossen. Sowohl die Hamburger Kunsterziehungsbewegung wie auch die Bremer Reformversuche standen in enger Verbindung mit oppositionellen Lehrerverbindungen, die in den jeweiligen Stadtstaaten bildungspolitisch sehr aktiv waren.

Der bedeutendste unter diesen praktischen frühen Reformpädagogen war Berthold Otto († 1933), der 1906 unter dem Namen „Hauslehrerschule" in Lichterfelde eine Privatschule eröffnete, die „freiheitlichste Schule der Welt". Die Entwicklung des Kindes zu möglichst freier Entfaltung zu bringen, und zwar durch Nachahmung der im Familienkreis üblichen Unterhaltungsweise, war das Hauptziel seiner Bemühungen. Demgemäß ergänzte er den Unterricht durch einen freien geistigen Verkehr mit den Kindern, den er Gesamtunterricht nannte. Der Lehrer tritt darin nach Möglichkeit zurück, während die Anregungen der Schüler den Gang der gegenseitigen Belehrung bestimmen. Die von ihm herausgegebene Zeitschrift „Der Hauslehrer" führte bezeichnenderweise den Untertitel „Wochenschrift für den geistigen Verkehr mit Kindern."

In der zweiten Hälfte des ersten Jahrzehnts wurde der pädagogische Reformeifer immer dringlicher. Während das Interesse an kunsterzieherischen Fragen nachließ, zogen solche der Charakterbildung, der staatsbürgerlichen und ganz besonders der Arbeitserziehung die öffentliche Aufmerksamkeit in wachsendem Maße auf sich. Führend in diesen Fragen wurde mehr und mehr der schon erwähnte Stadtschulrat Georg Kerschensteiner († 1932). Durch seine preisgekrönte Schrift über „Die staatsbürgerliche Erziehung der deutschen Jugend" (1901) wurde er zuerst weiteren Kreisen bekannt. Man hatte bisher ein durch „Staatsbürgerkunde" oder durch entsprechende Gestaltung des Geschichtsunterrichts erzeugtes Wissen um den Staat als ausreichend angesehen. Demgegenüber betonte Kerschensteiner, daß es weniger auf das Wissen als auf die Erziehung zur Staatsgesinnung und zum staatsbürgerlich-sittlichen Handeln ankomme. Der Staat, an den er dabei dachte, war freilich nicht der wirkliche Staat seiner Zeit, sondern ein ideal gedachter vollkommener Zukunftsstaat. Das beste Mittel zur rechten staatsbürgerlichen Erziehung sah Kerschensteiner in der Arbeitsschule. Sie war zunächst von ihm als Schule mit handtätiger Arbeit gedacht (s. S. 183). Nach der erfolgreichen Einführung des Werkstattunterrichts in den Münchener Volksschulen verband er auch mit den dortigen Fortbildungsschulen Werkstätten und suchte hier, von der Berufsbildung der Zöglinge ausgehend, das Handwerk zur Grundlage der staatsbürgerlichen Erziehung zu machen. Aus dem Verständnis der durch den Beruf gegebenen Arbeit, ihrer Bedingungen und Ziele erwächst nach seiner Ansicht dem Zögling das Verständnis für den Beruf selber und dessen Stellung im Staatsganzen. Zudem dient die gemeinsame Arbeit in der Werkstätte der Bildung des Charakters. Hier lernen die Zöglinge die Zucht sorgfältiger Arbeit kennen, sie lernen einer Gemeinschaft dienen, sich freiwillig unterordnen, gegenseitige Rücksicht nehmen und werden verantwortungsbewußt. Dieses Leben und Tun in der kleinen Arbeitsgemeinschaft bereitet auf das Leben und Tun in der großen Arbeitsgemeinschaft des Staates vor. So hat Kerschensteiner die Fortbildungsschule in der Form der Berufsschule zu einer volks- und staatsbürgerlichen Erziehungsstätte gemacht, die ihren Lehr- und Bildungsstoff aus dem jeweiligen Berufe nimmt. Seine Reform wurde vorbildlich für das In- und Ausland.

Eine grundlegende Wandlung erfuhr indessen der Begriff der Arbeitsschule durch Hugo Gaudig († 1923). Dieser ließ 1911 auf dem „Kongreß für Jugendbildung und Jugendkunde" in Dresden in einer Auseinandersetzung mit Kerschensteiner die handtätige Arbeit im Unterricht wohl als erwünscht, nicht aber als Wesensmerkmal der Arbeitsschule gelten. Dieses sei vielmehr in der Selbsttätigkeit des Schülers zu sehen. Selbsttätig aber seien die Schüler nur da, wo sie sämtliche Arbeitsvorgänge möglichst allein bestimmen: die Zielsetzung, die Wahl der Arbeitsmittel, die Planung des Arbeitswegs, die Ausführung der Arbeitsschritte, die Überprüfung und Auswertung der Ergebnisse. Nur das nannte Gaudig „freie geistige Schularbeit", und von ihr allein versprach er sich die Möglichkeit der Bildung zur Persönlichkeit, die nach seiner Überzeugung ein höheres Bildungsziel darstellt als die staatsbürgerliche Erziehung als solche. Gaudig hat diese Gedanken nicht nur in seinen Schriften („Didaktische Ketzereien", „Die Schule im Dienst der werdenden Persönlichkeit") vertreten und verbreitet, sondern ihnen auch als Leiter der II. höheren Mädchenschule in Leipzig eine Verwirklichung gegeben. Aus der Frauenbewegung sind vor allem die Lehrerinnen und Bildungspolitikerinnen Helene Lange (s. auch S. 174 f.) und Gertrud Bäumer zu nennen, die nicht nur die Professionalisierung im Lehrerinnenberuf maßgeblich mit vorangetrieben haben, sondern die sowohl in der pädagogischen Praxis der Mädchenschulen wie auch in ihren bildungstheoretischen Überzeugungen scharfe Kritik an der wilhelminischen Lernschule und ihrem männlichen Schematismus formulierten. Dagegen setzten sie ein Bildungsideal, das von der Annahme eines eigenen weiblichen Kulturbeitrages bestimmt war und der Individualität jedes einzelnen Kindes gerecht werden sollte.

Gleichzeitig empfing die experimentelle Pädagogik Anregungen von der experimentellen Psychologie, die Theodor Fechner († 1887) begründet und die dessen Schüler Wilhelm Wundt († 1920) am erfolgreichsten ausgebaut hatte. Schon 1882 hatte der Physiologe William Preyer durch sein auf planmäßiger Beobachtung beruhendes Buch „Die Seele des Kindes" den entscheidenden Anstoß zu erfahrungswissenschaftlicher Betrachtung der Kinderseele und zu exakter Jugendforschung gegeben. 1903 veröffentlichte der Karlsruher Seminarlehrer August Lay eine im gleichen Sinne gehaltene „Experimentelle Didaktik". 1907 erschienen die „Vorlesungen zur Einführung in die experimentelle Pädagogik" von Wundts früherem Schüler Ernst Meumann († 1915), die sich in der zweiten Auflage (1911 bis 1914) zu einem dreibändigen Werke auswuchsen, das den ganzen bis dahin vorhandenen Ertrag der neuen Wissenschaft umfaßte. Ihre Vertreter gingen von dem

Gedanken aus, daß eine wissenschaftliche Erziehungs- und Unterrichtslehre nicht möglich sei, solange das Seelenleben des Kindes nicht wissenschaftlich erforscht sei. Sie bemühten sich daher um wissenschaftlich genaue Feststellung der körperlichen und seelischen Entwicklung des jugendlichen Menschen, seiner Begabung und Leistungsfähigkeit (Tests) und suchten aus all diesen Ergebnissen ein „wissenschaftlich gegründetes Verfahren im Erziehungsunterricht und eine Grundlegung für die Organisation des Schulwesens und darüber hinaus der ganzen Volkserziehung" zu gewinnen. Das Experiment war Ausgangspunkt und Grundlage dieser Forschung, wurde aber schon früh durch andere Forschungsmittel (planmäßige Beobachtung, Statistik, Aussagen der Versuchspersonen usw.) ergänzt. Meumanns Nachfolger in Hamburg, William Stern, zog daher die umfassendere Bezeichnung Jugendkunde vor, die er nach der individual-psychologischen Seite hin weiterbildete („Differentielle Psychologie" und „Psychologie der frühen Kindheit"). Er baute besonders die Begabungsforschung und Eignungsprüfung in fruchtbringender Weise aus.

Dem lange von Lehrerschaft und staatlichen und städtischen Stellen gehegten Wunsch nach einer zentralen Auskunfts- und Beratungsstelle in pädagogischen Fragen folgend, gründete 1915 Ludwig Pallat (1867–1946) das Zentralinstitut für Erziehung und Unterricht in Berlin mit Zweigstellen in Essen und Köln, das er bis 1938 leitete. Die Aufgaben des Instituts bestanden in Beratung, Auskunftserteilung und Begutachtung sowohl in Fragen der Lehrmittel, Sammlungen, Literatur, Lichtbilder und Bildstreifen als auch der Unterrichtsmethoden des In- und Auslandes. Es hatte zu diesem Zweck u.a. eine ständige Lehrmittelausstellung und große Bibliothek, veranstaltete Lehrgänge, Tagungen und Studienfahrten und pflegte die pädagogische Forschung.

Nach zwei Richtungen fanden die Reformbewegungen in der wissenschaftlichen Pädagogik theoretische Begründung und ideelle Unterstützung. Neben der experimentellen, positivistischen Pädagogik entwickelte sich die durch Wilhlem Dilthey begründete Geisteswissenschaftliche Pädagogik zur einflußreichsten akademischen Schule in den folgenden Jahrzehnten.

Diltheys wissenschaftstheoretische Neuformulierungen bezogen sich zunächst auf alle Wissenschaften und machten die folgenreiche Unterscheidung in die „verstehenden" Geistes- und die „erklärenden" Naturwissenschaften. Dilthey gelang es, aus der Kritik am Positivismus als dem neuen wissenschaftlichen Modell, im Rückgriff auf den deutschen Idealismus und besonders auf die Philosophie Schleiermachers, ein dem entgegengesetztes Paradigma zu entwickeln, daß den Historismus mithilfe einer philosophisch begründeten Hermeneutik (Verstehenslehre) weitertrieb. Die Geschichtlichkeit aller menschlichen Kultur und somit aller Gegenstände der historischen Wissenschaften und der Philologien, aber auch von Psychologie und Pädagogik war der Ausgangspunkt seiner Überlegungen. Mit dem naturwissenschaftlichen Erkenntnismodell des Erklärens von Kausalzusammenhängen sind die Gegenstände nicht zu erkennen, sondern nur durch das einfühlende Verstehen. Für die Pädagogik als Wissenschaft bedeutet diese neue Grundlegung, daß die jeweilige „Erziehungswirklichkeit" als historische Größe gefasst werden muß, die einerseits durch die objektive Kultur definiert wird, andererseits durch das, was Dilthey die „Teleologie des Seelenlebens" bezeichnet hat. Letztere ist strukturell in jedem Menschen angelegt und realisiert sich in der gegebenen Kultur in den von den Menschen als gültig angesehenen Formen des erzieherischen Umgangs. Pädagogik als Wissenschaft hat nun die Aufgabe, jenseits abstrakter Normen, die pädagogische Praxis zu verstehen und damit zu deren eigener Selbstverständigung beizutragen. Die damit erreichte normative Offenheit und der hermeneutische Pragmatismus entsprach der in den vielfältigen Reformbestrebungen angelegten Intention, sich vom normativen Schematismus der einseitigen Verstandesbildung in der alten Lernschule zu befreien und bestimmte für die kommenden Jahrzehnte die akademische Pädagogik.

Literatur:

James Abisetti, Secondary School Reform in Imperial Germany, Princeton 1983
Ulrich Herrmann, Die Pädagogik Wilhlem Diltheys, Göttingen 1971
Jürgen Oelkers, Die Reformpädagogik, Weinheim-Basel 1989
Thomas Koebner/Rolf-Peter Janz/Frank Trommler, „Mit uns zieht die neue Zeit". Der Mythos der Jugend, Frankfurt 1985
Peter Zedler, Rekonstruktion der pädagogischen Wissenschaftsgeschichte I, Weinheim-Basel 1988.

29. Das Bildungswesen zwischen 1918 und 1945

Die meisten der geschilderten pädagogischen Reformideen gewannen erst nach dem Ende des 1. Weltkrieges breite Auswirkung im deutschen Bildungswesen. Die Reichsverfassung von 1919 brachte zum ersten Mal durch die Artikel 143–149 schulrechtliche Vorschriften in das Reichsrecht; diese unterstützten manche der genannten Reformwünsche. Ihr wesentlicher Inhalt, der bildungspolitisch über den Nationalsozialismus hinaus bis in die ersten Jahrzehnte der Bundesrepublik bedeutsam blieb, war in den Artikeln 145 und 148 formuliert. Diese Artikel regulierten die allgemeine vierjährige Grundschule und die Konfessionalität der Volksschule, ließen die Ausgestaltung der Sekundarstufe jedoch im Gymnasialbereich weitgehend ungeklärt.

Hatte der Zusammenbruch der Monarchie und die Errichtung der Republik zum ersten Mal einen Rechts- und Verfassungsstaat in Deutschland hervorgebracht, so bedeutete dies für die Schulfrage, daß Entscheidungen gefällt werden mußten, die das an der ständisch gegliederten Gesellschaft des Kaiserreichs orientierte Bildungswesen demokratisieren sollten. Allerdings war die sogenannte Weimarer Koalition, die in der verfassungsgebenden Nationalversammlung von 1919 eine Mehrheit hatte (SPD, Zentrum,

Deutsche Demokratische Partei) in der Schulfrage höchst zerstritten. Vor allem die Konfessionalität der Volksschule wurde gegen die erklärte Politik der Sozialdemokraten und der Liberalen Deutschen Demokratischen Partei zugunsten des Erhalts der Koalition auf Drängen des Zentrums beibehalten.

Die Reichsschulkonferenz von 1920 sollte die Möglichkeiten, die die Verfassung für das Bildungswesen enthielt, ausformulieren. Sie war eine Diskussionsrunde, die sich aus Vertretern der Schulverwaltung in Reich und Ländern, Lehrervereinsrepräsentanten, Kirche, Weltanschauungsgruppen, Industrie und Handwerk, Jugendverbänden und Frauenverbänden zusammensetzte, sowie aus Experten aus der pädagogischen Wissenschaft und der Reformbewegung. Die Verhandlungen verliefen höchst kontrovers und die Konferenz konnte keinen Bildungsgesamtplan, wie es eigentlich ihre Aufgabe war, vorlegen. Das einzige reichseinheitliche Gesetz, daß in der Weimarer Republik zustande kam, war das Reichsgrundschulgesetz von 1920, das den Auftrag des Artikels 145 ausfüllte. Damit wurde der Sonderzugang zum Gymnasium durch die Vorschulen im Prinzip abgeschafft.

Die Mehrheit der Nationalversammlung änderte sich bei den Reichstagswahlen 1920 ganz erheblich zu Ungunsten der Weimarer Koalition. Die Sozialdemokraten verließen die Reichsregierung. Es kam in den folgenden Jahren der Republik zu keiner mehrheitsfähigen Reformpolitik mehr. Neben der Grundschule entwickelten sich die übrigen Schulformen während der Weimarer Republik vertikal gegliedert unabhängig voneinander. Vorbild für die meisten Länder im Reichsgebiet blieb Preußen. Hier entstand neben den bereits im Kaiserreich vorhandenen höheren Schulformen des Gymnasiums, Realgymnasiums der Oberrealschule die deutsche Ober- und Aufbauschule. Letztere war vor allem konzipiert zur Aufnahme von Realschulabsolventen und von Absolventen der an Volksschulen angeschlossenen Aufbauschulen. Quantitativ blieb dieser letzte Schultyp unbedeutend, bildungspolitisch diente er jedoch konservativen Schulpolitikern dazu, ihre Politik als verfassungskonform zu deklarieren. Die Oberrealschulen und

Realgymnasien fingen vor allem die Bildungsexpansion der 20er Jahre auf, während das humanistische Gymnasium seine Eliteposition trotz quantitativer Abnahme halten konnte.

Die Mädchenschulreform von 1908 kam in den 20er Jahren erst vollends zum Tragen. Der in der Weimarer Verfassung erstmalig kodifizierte Gleichheitsgrundsatz für beide Geschlechter legitimierte nun endgültig die nicht diskriminierende Öffnung der höheren Schulen für Mädchen. Koedukation blieb jedoch im höheren Schulwesen die Ausnahme. Durch die Abschaffung der seminaristischen Lehrer- und Lehrerinnenausbildung 1924 wurde das alte Oberlyzeum als eigenständige Mädchenoberstufe (s. S. 181) engültig obsolet, führte jedoch als neusprachliches Gymnasium in grundständiger Form die Tradition der höheren Mädchenbildung fort, die inhaltlich nicht an der höheren Knabenbildung orientiert war. Die Studienanstalt als Aufbaustufe auf das Lyzeum blieb erhalten. Alle Gymnasialtypen wurden jedoch für Mädchen auch grundständig eingerichtet. Hinzu kam noch die spezielle Form der Frauenoberschule, die als ein reformpädagogisches Experiment vor allem gegen Ende der 20er Jahre diskutiert wurde und dann in der nationalsozialistischen Schulpolitik einen besonderen Platz einnahm.

Die Zeit zwischen 1933 und 1945 ist durch einzelne Gesetzesmaßnahmen im Bereich des höheren Mädchenschulwesen, im Bereich der Lehrpläne ebenso wie durch kriegsvorbereitende Maßnahmen gekennzeichnet. Die Streichung des 13. Schuljahres, um Zeit für Arbeits- und Wehrdienst zu gewinnen, von 1937 wäre hier ebenso zu benennen wie die Maßnahmen zur Vereinheitlichung der Schultypen aus dem gleichen Jahr. Letztere zielten darauf ab, das humanistische Gymnasium zurückzudrängen und durch eine frauenspezifische Oberschule die Mädchen vom Studium fernzuhalten. Der bedeutendste Aspekt dieser Zeit liegt schulpolitisch darin, daß in diesen Jahren die Vertreibung von Kindern aus staatlichen Schulen, ihre Verfolgung und Vernichtung durch den nationalsozialistischen Staat stattgefunden hat, die durch Schulgesetze und Richtlinien verwirklicht wurde. Es waren die Schülerinnen und Schüler, die nach der nationalsozialistischen Ideologie, und 1935 gemäß den Gesetzen des nationalsozialistischen Staates, rassistisch diskriminiert wurden. Die größte Gruppe unter ihnen waren jüdische Kinder. Das bereits 1933 verabschiedete „Gesetz gegen die Überfüllung der deutschen Schulen und Hochschulen", das schon auf jüdische Kinder und Jugendliche abzielte, war zu diesem Zeitpunkt nicht „unnötig", wie es die quantitativ orientierte Bildungsforschung vielleicht nahelegt, weil die Schülerzahlen aufgrund demographischer Entwicklungen sowieso zurückgingen, und es demonstrierte Entschlossenheit nicht nur als Drohgebärde, sondern es bereitete die rassistische Ausgrenzung von Minderheiten vor. Denn: Bereits im Frühjahr und Sommer 1933 wurden die Nationalsozialisten auf Reichsebene initiativ in der Gestaltung und Interpretation von Unterrichtsfächern und Unterrichtsgegenständen. Ideologisch wichtig sind dabei die Fächer Geschichte, Biologie und Sport. Die Geschichtsrichtlinien sehen eine entschiedene Wendung gegen die demokratisch verfaßte Republik von Weimar und die Einführung der germanischen Frühgeschichte in den Lehrplan vor. Vererbungs- und Rassenkunde wird als Lernstoff dem Biologieunterricht hinzugefügt und zur Leitlinie aller Fächer erklärt. Bereits 1934 in den „Leitgedanken zur Schulordnung" wird festgestellt: „Den nicht arischen Schülern ist es freigestellt, ob sie den deutschen Gruß erweisen oder nicht".

Anfang der 30er Jahre lebten im Deutschen Reich eine halbe Million Menschen (0,76 % der Gesamtbevölkerung), die sich zur jüdischen Religionsgemeinschaft zugehörig fühlten. Eine Minderheit von ihnen wiederum schickte ihre Kinder in eine jüdische Volksschule (es gab 140 Schulen im Jahre 1932) oder in eine der zehn jüdischen höheren Schulen in einigen Großstädten. Die religiöse Minderheitsgruppe der Juden stellte 1931 2,5 % der Schüler an höheren Knabenschulen, 3,7 % der Schülerinnen an höheren Mädchenschulen. Im zitierten „Gesetz gegen Überfüllung der deutschen Schulen und Hochschulen" wird der Eindruck suggeriert, als sei es vor allem der überproportional hohe Anteil jüdischer Schülerinnen und Schüler an höheren Schulen und jüdischer Studentinnen und Studenten an den Universitäten, die die „Überfüllung" dieser Institution ausmachte. Es wird ein Numerus Clausus für Schulen und Hochschulen dekretiert von 1,5 % der Neuaufnahmen. Es gab dann zusätzlich die Ausnahmeregeln für Kinder jüdischer Frontkämpfer. Der propagandistische Terror, der sich durch dieses Gesetz und parallel und ergänzend zu diesem Gesetz entfaltete, war erheblich. Noch vor der Verabschiedung der Nürnberger Gesetze Ende 1935, in denen die deutschen Bürger, die selbst der jüdischen Religionsgemeinschaft angehörten oder Eltern oder Großeltern mit jüdischer Religionszugehörigkeit hatten, rechtlich deklassiert wurden und vor der amtlichen Regelung der „Auswirkung des Reichsbürgergesetzes auf das Schulwesen" von 1937 wird in den einzelnen Ländern begonnen, die sogenannte rassische Trennung durchzuführen, indem Sammelklassen oder spezielle Schulen für die Kinder dieser diskriminierten und neudefinierten Minderheit eingerichtet wurden. Eltern werden durch zunehmenden schikanösen Druck gezwungen, Kinder von den öffentlichen Schulen zu nehmen und auf jüdische Schulen zu schicken. 1936, also drei Jahre nach der sogenannten Machtergreifung, gehen schon mehr als die Hälfte aller jüdischen Kinder in jüdische Volksschulen. Im Zusammenhang der Verfolgungen in der Reichskristallnacht, bei denen auch viele jüdische Schulen zerstört wurden, ordnet der Reichserziehungsminister den Ausschluß aller Kinder, die nach den Nürnberger Gesetzen als jüdisch kategorisiert werden, aus den deutschen Schulen an. Der Reichsvereinigung der Juden Deutschlands, der Zwangskörperschaft, die die von den Nationalsozialisten deklarierte Minderheitenpolitik umzusetzen hatte, wurde die Aufgabe zugewiesen, jüdische Volksschulen in privater Initiative zu errichten. Während des Krieges dehnte die deutsche Besatzung diese Bestimmungen dann auch auf besetzte Nachbarländer aus. Alle jüdischen Schulen, Kultureinrichtungen, Lehrerbildungsstätten, die die Reichsvertretung nicht zu übernehmen in der Lage war, wurden geschlossen. Nach 1938 gab es noch einmal eine große Auswanderungswelle vor allen Dingen von Kindern und Jugendlichen. Die Zahl der jüdischen

Kinder schrumpfte. Die Deportation der jüdischen Bürger seit 1940 und ihre Vernichtung in den Lagern beendete die Existenz eines jüdischen Schulwesens. Im Juni 1942 untersagte das Reichssicherheitshauptamt jede „Beschulung" jüdischer Kinder durch besoldetes oder unbesoldetes Lehrpersonal. Mit Beginn des Schuljahres 1942/43 wurde auch Kindern, die einen Elternteil oder Großelternteil jüdischer Religionszugehörigkeit hatten, der Besuch weiterführender Schulen verboten. Damit war die Geschichte jüdischer Schülerinnen und Schüler in deutschen Schulen vorläufig durch Vertreibung, Vernichtung und Massenmord abgeschlossen.

Es hat in der durch die Verfolgung neu entstandenen jüdischen Gemeinschaft während dieser Jahre einige bedeutende Schulgründungen gegeben, die im Sinne der Reformpädagogik jüdische Kinder und Jugendliche lehrten, eine Identität zu entwickeln, die ihnen das Überleben ermöglichen sollte. Ziel dieser Schulen war häufig die Vorbereitung auf die Auswanderung nach Palästina und es hat eine Gruppe von Kindern und Jugendlichen gegeben, die tatsächlich auf diese Weise der Vernichtung entkommen sind.

Für die „arischen" Kinder waren die bereits erwähnte beabsichtigte Zurückdrängung der höheren Mädchenbildung, die Errichtung der nationalsozialistischen Ausleseschulen und der sukzessive Aufbau der Staatsjugend von Bedeutung. Traditionelle Geschlechtsrollen wurden durch diese schul- und jugendpolitischen Maßnahmen nicht nur gestützt, sondern durchaus weiterentwickelt im Interesse einer Diktatur, die zur Durchsetzung ihrer Ziele Massenmord und Vernichtungskrieg anstrebte. Für die männliche Jugend war durch die Nationalpolitischen Erziehungsanstalten eine Form der Internatserziehung entwickelt worden, in der Traditionen der Reformpädagogik aber auch der traditionellen Elitebildung – traditionsreiche staatliche Internate wie frühere preußischen Kadettenanstalten und zwei humanistische Gymnasien: Schulpforta und Ihlfeld (s.S. 55 f.) wurden zu Nationalpolitischen Erziehungsanstalten – im Sinne des nationalsozialistischen Erziehungsideals zusammengeführt wurden. Die Adolf-Hitler-Schulen kamen als Einrichtungen der Deutschen Arbeitsfront hinzu. Alle diese Schulen waren jedoch auch geprägt von dem immanenten Widerspruch einerseits Elitebildung betreiben und andererseits blinde Gefolgschaft heranziehen zu wollen.

Die Einrichtung der Staatsjugend mit ihren zwei nach Geschlechtern getrennten Formationen, der Hitlerjugend und deren weiblicher Unterorganisation, dem Bund Deutscher Mädel, verlief stufenweise und sollte nach dem Willen der nationalsozialistischen Ideologen schließlich die Erziehung der Jungen und Mädchen gänzlich organisieren. Die Zwangsmitgliedschaft wurde 1939 eingeführt. Auch in der Hitlerjugend bediente man sich der vielfältigen Formen außerschulischer Jugendarbeit, die von der Jugendbewegung, der bündischen Jugend der zwanziger Jahre und der mit ihr verbundenen Reformpädagogik entwickelt worden waren.

Die Verkürzung der Schulzeit für die höhere Schule von neun auf acht Jahre für Jungen 1937, für die Mädchen erst 1940 bedeutete einen wichtigen Schritt im Interesse des militärischen Aufbaus des nationalsozialistischen Staates. Aufgrund der Kriegssituation wurden die Anfang der dreißiger Jahre vorgenommenen Bildungsbeschränkungen für Mädchen weitgehend zurückgenommen.

Die Auswirkungen der Veränderungen im Bildungssystem Deutschlands sind bis heute nur schwer abzuschätzen. Die nationalsozialistische Herrschaft währte verhältnismäßig kurz und gerade die schulorganisatorischen Maßnahmen hatten wenig langfristige Wirkungen. Dennoch wird man davon ausgehen müssen, daß eine ganze Generation von Kindern und Jugendlichen in diesen zwölf Jahren erheblichen Einflüssen totalitärer Herrschaft ausgesetzt und unterlegen war, dessen prägendster nach dem Urteil eines männlichen Zeitzeugen die „Todesbereitschaft" (Jürgen Hennigsen) war.

Literatur:

Walter Benz (Hrsg.), Die Juden in Deutschland, 1933-1945, München 1988
Raul Hilberg, Die Vernichtung der europäischen Juden, 3 Bände, Berlin 1982

Christoph Führ, Zur Schulpolitik in der Weimarer Republik, Weinheim-Berlin-Basel 1970

Sebastian Müller, Die höhere Schule Preußens in der Weimarer Republik, Weinheim-Basel 1977

Lucie Schachne, Erziehung zum geistigen Widerstand, Frankfurt a.M. 1986

Harald Scholtz, Erziehung und Unterricht unterm Hakenkreuz, Göttingen 1985

30. Die großen pädagogischen Richtungen nach 1918

Ebenso wie die Reformansätze des Kaiserreichs erst in der Weimarer Republik in der Schulpolitik Früchte trugen, entwickelte sich auch das pädagogische Denken, das in den Jahrzehnten zwischen 1890 und 1914 kulturkritisch gegen die Wilhelminische Welt gerichtet war, nach 1918 in der neuen Republik in viele Richtungen. Herman Nohl sagt von dieser Zeit in „Pädagogik aus 30 Jahren": „Wer zwischen 1920 und 1930 in der Sozialpädagogik mitgearbeitet hat, weiß welch ein Reichtum von edelsten erzieherischen Kräften damals am Werk war." Die ältere experimentelle Psychologie, wie auch die sich auf sie stützende experimentelle Pädagogik wurden vor allem in der akademischen Pädagogik zurückgedrängt zugunsten der geisteswissenschaftlich-hermeneutisch orientierten Richtung, die auf Wilhelm Dilthey (s. S. 191 f.) zurück ging. Eine Reihe von akademischen Lehrern formulierten mit unterschiedlicher Schwerpunktbildung diese Richtung aus. Die geisteswissenschaftliche Pädagogik hat die deutsche Universitätspädagogik und eine Vielzahl von Lehrerbildungseinrichtungen bis in die 60er Jahre des 20. Jahrhunderts dominiert. Ihre Hauptvertreter waren Eduard Spranger, Theodor Litt und Herman Nohl und als etwas jüngerer Wilhelm Flitner. Hatte bis zum Ende des 19.Jahrhunderts der Herbartianismus die akademische Pädagogik beherrscht, so wurde er in den 20er Jahren endgültig von seiner Gegenbewegung, die allem Systemcharakter abschwor und „das Leben" zum Ausgangspunkt ihrer Theorie erklärte, abgelöst. Das Schleiermachersche Diktum von der „Dignität der Praxis", über Dilthey vermittelt, wurde von den Vertretern dieser pädagogischen Richtung aufgenommen. Sie verstanden die Pädagogik als eine hermeneutische Wissenschaft, die die Erziehungswirklichkeit im Verstehensprozeß durchdringen sollte. Der große Erfolg dieser Richtung in der Weimarer Zeit liegt in der Tatsache einer völlig neu strukturierten Erziehungsrealität nach 1918, in der die reformerischen Kräfte der Vorkriegszeit sowohl in der Volksschulpädagogik der entstehenden Demokratie wie in der Sozialpädagogik und in der Jugend- und Erwachsenenbildung eine breite und ungemein vielfältige pädagogische Praxis entwickeln konnten. Ihr lang anhaltender Erfolg in der Zeit nach dem 2. Weltkrieg erstaunt nur dann, wenn man nicht zur Kenntnis nimmt, daß sowohl durch die spezifische Verarbeitung des Nationalsozialismus wie durch die Abwehr des sich im Osten Deutschlands etablierenden Kommunismus wiederum ein normatives Erziehungsverständnis vorab denunziert war. Damit konnten die Vertreter der geisteswissenschaftlichen Pädagogik – erstaunlich unangefochten von den eigenen Anfechtungen zwischen 1933 und 1945 – an ihren Vorstellungen aus den 20er Jahren anknüpfen. Eine vergleichbare pädagogische Bewegung, d.h. pädagogische Praxis stand ihnen nach 1945 jedoch keineswegs zur Seite und so verwundert es wiederum nicht, daß die Jugendrevolte die sich Mitte der 60er Jahre ankündigte und die gleichzeitig stattfindende breite Rezeption der Sozialwissenschaften unterschiedlicher Provenienz den „Ausgang ihrer Epoche" (Dahmer, Klafki, Titel der Festschrift für den Herman Nohl Schüler Erich Weniger, 1969) beschleunigten. „Das Leben lebt", Herman Nohls Paraphrase der „Dignität jeglicher Praxis" mußte den sozialwissenschaftlich informierten Pädagogen der 60er und 70er Jahre denn doch allzu wenig analytisch und überaus affirmativ erscheinen. Wichtiger erschien es nun, kritisch zu hinterfragen, warum das Leben unterschiedlich nach sozialen Klassen gestaltet ist, wie die pädagogische

Praxis des vertikal gegliederten Schulsystems diese soziale Klassenstruktur reproduziert, oder auch welche Optimierungsstrategien pädagogische Institutionen und die in ihnen tätigen Erziehenden anwenden sollten. Neben Herman Nohl († 1961) war es vor allen Dingen Eduard Spranger († 1963), dessen Werk aus den 20er Jahren bis weit in die Nachkriegszeit nach dem 2. Weltkrieg einflußreich war. Mit seiner „Psychologie des Jugendalters", die ganz im Sinne einer verstehenden Psychologie konzipiert war, hat er eine Typologie des Jugendalters entworfen, die zu einem Klassiker der „Jugendkunde" wurde und in der er Pädagogik mit kulturphilosophischen Ambitionen verfolgte. Wilhelm Flitner († 1990), in den 20er Jahren vor allem durch seine Bemühungen um die Volksbildung im Hohenrodter Bund einflußreich, aber auch als Schriftleiter der von den geisteswissenschaftlichen Pädagogen herausgegebenen Zeitschrift „Die Erziehung", bestimmte maßgeblich die akademische pädagogische Diskussion bis in die 60er Jahre. Am weitesten vorangetrieben wurde die pädagogische Theoriebildung der geisteswissenschaftlichen Pädagogik durch den bereits zitierten Herman Nohl, dem es wohl auch als einzigen Vertreter gelang, eine eigene Schule zu bilden. Nohl, ehemaliger Assistent Wilhelm Diltheys, hatte weitgespannte pädagogische Interessen, die von der Kleinkindererziehung über die Schulpädagogik bis zu den vielfältigsten sozialpädagogischen Formen reichten. Er nahm von Dilthey vor allem den historisch-wissenschaftskritischen Aspekt auf. Die von ihm sogenannte „pädagogische Bewegung" des 20. Jahrhunderts, als deren Zeitzeuge und Mitglied er sich zugleich empfand, stellte er in eine philosophiegeschichtliche Tradition mit der „Deutschen Bewegung". Im Anschluß an Dilthey stellte er unter den Begriff „Deutsche Bewegung" Sturm und Drang, Klassik und Romantik als einen nationalen geistigen Entwicklungsprozeß in aufsteigender Linie dar. Ausgangspunkt dieser Entwicklung war nach Nohl die kritische Erkenntnis der Sturm- und Drangzeit gegenüber der Aufklärungsphilosophie, daß die Reflexion der Erfahrung (oder dem Leben) immer nacheile. In der Kunst geht diese Tradition nach Nohl von Herder über Goethe zu Schiller und zu den Romantikern in der Philosophie von Jacobi zu Fichte, Hegel, Schelling, Schleiermacher und Bader. Für die Philosophiegeschichte stellte Nohl fest, daß die Deutsche Bewegung in den idealistischen systematischen Versuchen die Kritik am Formalismus der Aufklärung mit der von Kant in „Die Kritik der Urteilskraft" aufgestellten Forderung verbindet, jeden wahren Inhalt des Lebens aus dem Zusammenhang unseres Bewußtseins abzuleiten. Die großen Systeme wollten „die ganze Inhaltlichkeit des Lebens" darstellen. Nicht mehr Kausalerklärungen, sondern die Realisierung der Totalität durch Leistungen des Bewußtseins (Kunst, Religion, Kultur, Sittlichkeit, Wissenschaft), sollten erkannt werden. In dieser zu Dilthey führenden Traditionslinie, in der sich Nohl auch selbst sah, wird besonders der letzte Aspekt betont: Es gilt den Zusammenhang der Kultur, ihre Entwicklung in der Geschichte als Teil einer Metaphysik des Lebens darzustellen. Folge dieser lebensphilosophischen Rezeption der deutschen Geistesgeschichte war die Betrachtung des sozialen und politischen Geschehens unter dem Oberbegriff „Bewegung". Die akademische Pädagogik mußte darum einen Platz außerhalb dieser Bewegung zu ihrer Bewertung einnehmen, von dem aus sie dann die jeweiligen Bewegungen aus dem „Geist der Pädagogik" heraus darstellen konnte, beispielsweise die Jugendbewegung, die Kunsterziehungsbewegung oder auch die Frauenbewegung, um sich dann im Anschluß daran selbst als Theoretiker dieser Bewegungen, zu einem Teil von ihr zu erklären. Auf diesem Hintergrund ist die Aussage Nohls von 1935 zu verstehen: „Jedenfalls hat der nationalsozialistische Staat die Überzeugung der pädagogischen Bewegung hinter sich, wenn er hier (es geht um Frauenbildungskonzeptionen) radikal eingreift und die Ganzheit oberhalb aller Gegensätze herausarbeitet."

Praxisdruck einerseits und Akademisierung andererseits bestimmten das theoretische Bemühen der Pädagogik während der Weimarer Republik. Der Zusammenbruch des politischen und wirtschaftlichen Systems nach dem 1. Weltkrieg rief ein Ausmaß an Kinder- und Jugendelend hervor, das als pädagogische Herausforderung begriffen wurde. Wie die Pädagogen- und Pädagoginnengeneration über die Zeit nach dem Ende des Kaiserreichs nachgedacht hat, belegt beispielhaft die Einleitung von Elisabeth Siegels Dissertation „Das Wesen der Revolutionspädagogik" (1930). Nohl ist wohl der akademische Lehrer gewesen, der den Praxisdruck vollends begriffen hat, und der seine eigene Lehr- und Forschungstätigkeit ganz eng auf die Anforderungen der Praxis in allen Bereichen hat beziehen wollen. Im Zusammenhang mit der „pädagogischen Bewegung" als eigenständiger kultureller Manifestation steht die Auffassung von der „pädagogischen Autonomie", die ein eigenes System der Erziehung gegen staatliche oder konfessionelle Übergriffe postuliert. War dieser Anspruch in der Republik noch aufrechtzuerhalten, so mußte er an der diktatorischen totalitären Realität des nationalsozialistischen Staates sehr bald scheitern, auch wenn seine Vertreter zunächst nicht die Tragweite der politischen Veränderungen, die mit 1933 markiert ist, erkennen konnten. Die Reaktionen der geisteswissenschaftlichen Pädagogen auf den neuen Staat waren durchaus unterschiedlich. Litt trat 1937 in den vorzeitigen Ruhestand, Nohl zog sich sehr bald zurück und wurde 1937 amtsenthoben, andere Vertreter wie Flitner und Spranger konnten ihre Lehrstühle behalten, distanzierten sich im Verlauf der nationalsozialistischen Herrschaft jedoch auch von ihrer anfänglichen Zustimmung zum „neuen Staat".

Neben der geisteswissenschaftlichen Pädagogik war weiterhin eine normativ orientierte Erziehungstheorie vor allem im akademischen Raum in der Weimarer Republik und über diese hinaus in der Zeit nach 1945 präsent: Die Erziehungsphilosophen aus dem Umfeld des Neukantianismus. Anders als die geisteswissenschaftliche Pädagogik hielten sie an einer streng normativ orientierten Pädagogik fest. Ausgehend von den ethischen Prämissen, nach denen Kultur und Gesellschaft organisiert werden, entwickelten sie eine Erziehungsphilosophie und Bildungstheorie, deren Umsetzung in die Praxis die Pädagogik ausmachte. Aufgrund dieser klaren normativen Vorgaben ergab sich eine relative Nähe zum revisionistischen Flügel der Sozialdemokratie, so daß der Neukantianismus vor allen Dingen in sozialdemokratischen Erzieher- und Lehrerkreisen zur Wirkung kam. In der Person des Philosophen Leonhard Nelson, der neben Herman Nohl in den 20er Jahren an der Göttinger Universität lehrte, fand der ethische Sozialismus dieser Richtung eine besonders herausragende Lehrergestalt, die einen großen Einfluß auf sozialdemokratisch orientierte Pädagogen im Rahmen des „Internationalen sozialistischen Kampfbundes" (ISK) und der sozialistischen Reformpädagogik ausübte. Der ISK kann für die 30er Jahre als eine der entschlossensten jugendlichen Widerstandsgruppen gegen das NS-Regime gelten, auch gingen führende Sozialdemokraten der Nachkriegszeit aus ihm hervor.

Die politische Linke wirkte im Rahmen des öffentlichen Schulwesens vor allem im „Bund entschiedener Schulreformer", der seit 1919 unter der Führung Paul Oestreichs (1878–1959) bemüht war, reformpädagogische Gedanken in die allgemeinbildenden Schulen, vor allen Dingen für die Kinder der arbeitenden Klassen zu vermitteln. Die im „Bund" organisierten Lehrerinnen und Lehrer bezeichneten die Schule als „Lebensschule und Produktionsschule". Einen besonderen Schulreformplan entwarf der seit 1923 in Jena tätige Peter Petersen (1881–1952). In der Form des sogenannten „Jena-Planes" suchte er die bisherige Form der Schule (Altersklassen, Fach- und Stundenpläne usw.) zu überwinden und an ihre Stelle eine freie allgemeine Lebensgemeinschaftsschule zu setzen. Petersen hat diesen Plan in einer mit der Jena Universität verbundenen Schule praktisch erprobt. In der pädagogischen Theoriebildung verkörpert Petersen einen Fall von erziehungswissenschaftlicher Avantgarde der 20er Jahre, in dem das ungeklärte Verhältnis von individualistischer und kollektiver Orientierung innerhalb der Pädagogik in eine gefährliche Nähe zu nationalsozialistisch-völkischem Denken geführt hat. Das Jena-Plan-Konzept jedoch hat auch über 1945 hinaus immer wieder die Aufmerksamkeit von reformorientierten Lehrern und Lehrerinnen ebenso wie Schulpolitikern nicht nur in Deutschland, sondern auch in den Niederlanden gefunden.

Auf der Seite der radikalen Linken, deren Wissenschaftsverständnis vom Marxismus geprägt war, entwickelten Siegfried Bernfeld und Alice und Otto Rühle-Gerstel eine eigenständige pädagogische Theorie. Bernfeld, der zionistischen Jugendbewegung entstammend, war ein von Sigmund Freud ausgebildeter Psychoanalytiker; er hat 1925 eine der luzidesten Schriften zur Kritik der Erziehung in der Moderne verfaßt unter dem Titel „Sisyphus oder die Grenzen der Erziehung". Seine produktive Verknüpfung marxistischer Gesellschaftskritik mit einer kritisch gewendeten Psychoanalyse läßt ihn den Idealismus des modernen Erziehungsdenkens einerseits klar aufzeigen und andererseits dessen ideologische Funktion bei der Reproduktion des Klassencharakters der Gesellschaft verdeutlichen. Bernfelds Forderung nach einer verwissenschaftlichten Pädagogik, die methodisch präzise und kontrollierbar verfährt, kann bis heute als uneingelöst gelten. Politisch noch randständiger, in ihrer Wirkung auf Erzieher und Erzieherinnen der äußersten Linken jedoch höchst erfolgreich, waren Otto Rühle und seine Frau Alice Rühle-Gerstel. Sie hatten ihre psychologische Orientierung an der Adlerschen Individualpsychologie gewonnen und sich politisch den Linksradikalen, anarcho-syndikalistischen Gruppierungen zugehörig gefühlt, die in Opposition sowohl zum Leninismus und aufkommenden Stalinismus der KPD wie auch zum Revisionismus der Sozialdemokratie standen. Die breite publizistische Tätigkeit dieser beiden Autoren bezog sich einerseits auf die Dokumentation des realen Elends von Kindern und Jugendlichen in der Weimarer Republik, hatte also sozialdokumentarischen Charakter, und andererseits auf eine sehr praktisch orientierte Form der Erziehung, die mit Hilfe des Adlerschen Modells von Entwicklung sich vorrangig um Kompensation von milieu- und gesundheitsbedingten Benachteiligungen bemühte. Das Exil, in das sie, wie die meisten politischen und pädagogischen Linken, getrieben wurden, hat diese Tradition in der deutschen Pädagogik abreißen lassen.

Als nationalsozialistischer Vorläufer und später offizieller Nazipädagoge ist Ernst Krieck (1882–1947) zu nennen, der, sich auf die romantische Volksauffassung berufend, deren besondere Bedeutung für die Erziehung als übergeordnete Gemeinschaft betonte. Erziehung ist für ihn eine überall und jederzeit wirksame Grundfunktion menschlichen Gemeinschaftslebens, etwas Urgegebenes wie Sprache, Religion, Sitte, Recht, Kunst, Wirtschaft. Sie ist Formung des Menschen durch Gemeinschaft. Diese stark antiindividualistisch orientierte Auffassung von Erziehung wurde seit Anfang der 30er Jahre mehr und mehr in den Dienst der nationalsozialistischen Bewegung genommen. Der zweite prominente Vertreter nationalsozialistischer Erziehungsphilosophie war Alfred Bäumler, zunächst Philosoph, der sich aufgrund seiner Arbeiten über „den Männerbund" in die Nähe des Nationalsozialismus gebracht hatte. Bäumler übernahm den Begriff der Rasse als Grundbegriff für die Erziehungswissenschaft. Er sah die Erziehung bestimmt durch Weltanschauung, die Volk und Rasse normativ verpflichtet war und deklarierte den politischen Soldaten als Leitbild für die Erziehung des neuen Staates.

Literatur:

Jürgen Oelkers, Die Reformpädagogik, Weinheim 1989

Wolfgang Scheibe, Die reformpädagogische Bewegung 1900–1932, Weinheim 1969

Ulrich Hermann, Jürgen Oelkers, (Hrsg.), Pädagogik und Nationalsozialismus, Weinheim 1988

31. Das Bildungswesen nach 1945

Der völlige Zusammenbruch staatlicher Strukturen im letzten Kriegsjahr betraf auch das Schulwesen. Die Schulen öffneten nach dem Kriegsende (Mai 1945) erst wieder im Herbst des gleichen Jahres. Äußerlich war dieser Neubeginn zunächst von Raummangel, Lehrermangel, verwahrlosten und schlecht ernährten Kindern, kurz von der allgemeinen Nachkriegsnot gekennzeichnet. Für die innere Gestaltung des Schulwesens hatten die Alliierten im Potsdamer Abkommen (Juli, August 1945) vereinbart: „Das deutsche Erziehungswesen soll so überwacht werden, daß die nazistischen und militärischen Lehren völlig entfernt und eine erfolgreiche Entwicklung demokratischer Ideen möglich gemacht wird." Auch versuchten die Alliierten durch die Kontrollratsdirektive Nr. 54 vom Juni 1947 ihre gemeinsame Absicht der Errichtung eines allgemeinbildenden demokratischen Gesamtschulwesens politisch umzusetzen und die Wiedererrichtung des vertikalen Schulsystems mit seiner klaren Klassentrennung zu verhindern. Faktisch waren jedoch zu diesem Zeitpunkt bereits in den einzelnen Zonen die Weichen für den schulischen Wiederaufbau gestellt. Dabei entwikkelten sich, einerseits bedingt durch die unterschiedliche Schulpolitik der einzelnen Alliierten, andererseits durch den Einfluß regionaler kultureller, religiöser und politischer Traditionen, recht unterschiedliche Organisationsformen: In der sowjetisch besetzten Zone wurde als einziger von Beginn an die Bestimmung des Potsdamer Abkommens ebenso wie die Kontrollratsdirektive umgesetzt im Aufbau eines „antifaschistischen" Einheitsschulsystems, das nach der Gründung der Deutschen Demokratischen Republik 1949 nahtlos in das „sozialistische Einheitsschulsystem" überführt wurde. In dieser Zone wurde auch am gründlichsten die „Entnazifizierung" der Lehrerschaft vorgenommen und die Entfernung vieler Lehrerinnen und Lehrer aus dem Schuldienst durch den massiven Einsatz von kurzfristig ausgebildeten „Neulehrerinnen- und lehrern" kompensiert.

Die Briten hatten bereits während des 2. Weltkrieges eine Gruppe deutscher Emigranten mit Plänen für die Neuordnung beauftragt: Die German Educational Reconstruction-Gruppe empfahl die starke Berücksichtigung der noch aus der Zeit der Weimarer Republik vorhandenen bildungspolitischen Traditionen. Generell war die Schulpolitik der britischen Militärregierung durch eine weitgehende Liberalität gegenüber den deutschen Selbstverwaltungsorganen geprägt, was in dem Begriff „reconstruction" zum

Ausdruck kommt. Dagegen bemühten sich die Amerikaner unter dem Stichwort „reeducation" um eine Demokratisierung des Schulwesens analog zu ihrem eigenen demokratischen Gesamtschulsystem. Sie konnten sich jedoch vor allem in den konservativ katholisch geprägten Gebieten ihrer Besatzungzone (Bayern) nicht durchsetzen. Die Franzosen verfuhren ähnlich wie die Briten, bescherten ihrer Besatzungszone jedoch die Besonderheit ihres eigenen Schulsystems in Form des Zentralabiturs, das in den südwestdeutschen Ländern bis heute existiert, und eine starke Dominanz des Französischunterrichts als erster Fremdsprache.

Innerhalb der westzonalen deutschen Schulpolitik wurden unabhängig von der Politik der Militärregierung folgende Punkte kontrovers diskutiert und in vielen Fällen zugunsten der traditionellen Lösung entschieden, die zugleich aber jahrzehntelang für anhaltenden bildungspolitischen Konfliktstoff sorgten:
– Die Einführung einer sechsjährigen Grundschule vor der Verzweigung in verschiedene Schultypen versus vierjährige Grundschule. Bis auf Berlin, Schleswig-Holstein und Bremen führten alle Westzonenländer die vierjährige Grundschule ein.
– Die Bekenntnisschule. Sie wurde gegen die Simultanschule in den meisten Ländern durchgesetzt, was vor allem auf den bildungspolitischen Einfluß der katholischen Kirche zurückzuführen war.

Diese Entscheidung hing eng mit der vorangehenden zusammen, denn nur eine vierjährige Grundschule konnte den Charakter als bekenntnisgebundene Anstalt mit an konfessionsgebundenen Lehrerhochschulen ausgebildetem Personal behalten. Die Universität und das zu ihrer Vorbildung gehörende Gymnasium waren nicht konfessionsgebunden. Damit erhielt sich zunächst die überkommene berufsständische Spaltung des Schulsystems und der Lehrerbildung. Unterstützung fand die konservative Politik spätestens seit 1947/48, als sich die deutsche Spaltung abzuzeichnen begann, nun auch bei den westlichen Alliierten, denn ihr Konzept war klar gegen Egalisierungstendenzen in der kommunistisch dominierten sowjetisch besetzten Zone gerichtet. Dennoch machte sich spätestens seit Anfang der 50er Jahre die Notwendigkeit der Modernisierung des Schulwesens in der neu errichteten Bundesrepublik bemerkbar. Sie fand ihren ersten Ausdruck in der Einrichtung des „Deutschen Ausschusses für das Erziehungs- und Bildungswesen", der ersten zentralen, 1953 vom Bundestag eingerichteten Kommission zur Koordinierung und Vereinheitlichung des westdeutschen Bildungswesen. Dem Ziel der Vereinheitlichung diente auch die Einrichtung der Kultusministerkonferenz, die unbeschadet der im Grundgesetz verankerten Autonomie der Länder seit den 50er Jahren die Bildungspolitik der Bundesrepublik koordinierte.

Um die Ungleichheiten innerhalb der Länder zu verringern und darüber hinaus den Forderungen der sich modernisierenden Gesellschaft entgegenzukommen, legte der „Deutsche Ausschuß" 1959 einen „Rahmenplan zur Umgestaltung und Vereinheitlichung des allgemeinbildenden öffentlichen Schulwesens" vor. Dieser bezieht sich ausdrücklich nur auf das allgemeinbildende Schulwesen und nicht auf die Hochschulen und die berufsbildenden Schulen. Der Ausschuß versuchte das Ziel einer Neuordnung, „die auf einem für das ganze Volk verbindlichen Fundament der Bildung und Gesittung beruht und der Entwicklung unserer Kultur und unserer pädagogischen Einsicht gerecht wird", in einem Kompromiß, der bei weitestmöglicher Wahrung der Tradition den notwendigen Forderungen der modernen Gesellschaft entsprechen sollte, zu erreichen. Er hielt daher an der Dreigliedrigkeit des Schulwesens, wenn auch mit neuen Benennungen, fest, suchte aber eine den Neigungen und Begabungen der Schüler folgende und damit möglichst gerechte Auslese in die verschiedenen Schultypen durch die Einschaltung einer Förderstufe im fünften und sechsten Schuljahr zu erreichen. Darüber hinaus sollten Übergänge von einem Schulsystem zum anderen je nach den individuellen Verschiedenheiten der Begabungsentwicklungen auch in späteren Schuljahren möglich sein. Die Schule begann mit der vierjährigen Grundschule, ihr folgt die zweijährige Förderstufe. Diese hat die Aufgabe „alle kindlichen Begabungen zu wecken und so zu erproben, daß die Entscheidung für den endgültigen Bildungsweg sich auf deutlich erkennbare Bewährung stützen kann". Entsprechend dieser Auslese sollten die Schüler entweder in die Hauptschule, einen zunächst auf ein neuntes und später einmal auf ein zehntes Schuljahr erweiterten, der bisherigen Volksschule entsprechenden Schultyp, oder auf das naturwissenschaftliche bzw. sprachliche Gymnasium gehen, das nach 13 Jahren mit der Hochschulreife abschließt. Einziges strukturell relevantes Ergebnis des Deutschen Ausschusses war die „Rahmenvereinbarung" der Kultusministerkonferenz von 1960 zur Ordnung des Unterrichts auf der Oberstufe der Gymnasien, in der erstmalig in der Bundesrepublik die Oberstufe einheitlich geregelt und eine neue Form der Wahlmöglichkeiten durch die Aufteilung in Kern- und Wahlfächer für Schülerinnen und Schüler eröffnet wurde. Weitere Vereinheitlichungsbestimmungen wurden von den Ministerpräsidenten im Hamburger Schulabkommen von 1964 getroffen, in dem einheitliche Schultypenbezeichnungen, die Einführung eines neunten Pflichtschuljahres mit der Perspektive der zehnjährigen Schulpflicht und der einheitliche Schuljahresanfang im Herbst beschlossen wurde.

Der „Deutsche Ausschuß", ein im wesentlichen aus pädagogischen Experten zusammengesetztes Beratungsgremium, wurde 1965 abgelöst durch die Errichtung des Deutschen Bildungsrates. Inzwischen hatte sich ein breiter öffentlicher schulpolitischer Konsens in der Bundesrepublik darüber etabliert, daß das gesamte Bildungswesen von der Vorschule bis zur Hochschule einer Strukturreform zu unterziehen sei. Außerdem war man sich Ende der 60er Jahre darüber einig, daß die Bundeskompetenzen in der Bildungspolitik erweitert werden müßten und daß es einer gemeinsamen Anstrengung von Vertretern aus Wissenschaft, Wirtschaft, Politik und pädagogischer Praxis für die Strukturreform bedürfe.

Innerhalb von fünf Jahren erarbeitete der Bildungsrat neben einer Vielzahl von Gutachten zu Einzelfragen der Reform den „Strukturplan zur Neuordnung des Bildungswesens", der 1970 vorgelegt und Ende 1970 von der Bundesregierung in einen „Bildungsgesamtplan" umgesetzt wurde. Was die einen als die Forderung nach gründlicher Ausschöpfung der Begabungsreserven formulierten, bezeichneten andere als „Bildung als Bürgerrecht" (Dahrendorf) und alle gemeinsam forderten eine familienunabhängige Bildungsförderung aller Kinder, die durch Vorschulerziehung, soziale Integration in der Grundschule, Einführung einer Orientierungsstufe und von Gesamtschulen wie die Verlängerung der Pflichtschulzeit und die Einführung von Tagesschulen gewährleistet werden sollte. Begleitet werden sollten diese äußeren Strukturveränderungen durch eine innere Reform der Lehrpläne und Lehrmethoden, die die Verwissenschaftlichung des Unterrichts auf allen Schulstufen und in allen Schultypen anstrebte und vom Prinzip des Lernens des Lernens geleitet werden sollte.

Der Strukturplan setzte diese Überlegung in folgenden Bildungsstufen um:

– Elementarstufe in Kindergärten und öffentlicher Vorschulerziehung

– Primarstufe, die aufgeteilt wurde in Eingangsstufe, Grundstufe und Orientierungsstufe (bis Klasse 6)

– Sekundarstufe I, in der die bisherigen Unterschiede zwischen Hauptschule, Realschule und Gymnasium aufgehoben, die zehnjährige Schulpflicht und ein qualifizierter Abschluß in allen Schultypen erreicht werden sollte (Abitur I)

– Sekundarstufe II, in der die verschiedenen Formen der gymnasialen Oberstufe und alle Einrichtungen der Berufsausbildung zusammengefaßt werden und es zu einem qualifizierten Abschluß mit Hochschulzugangsberechtigung (Abitur II) kommen sollte.

Die Umsetzung des Strukturplans im Bildungsgesamtplan und seine praktische Realisierung durch die Bund-Länder-Kommission zeigte jedoch bald, daß der Konsens, der zu den Reformplänen geführt hatte, höchst fragil war. Weder im Bereich der obligatorischen Vorschulerziehung, noch der Sekundarstufe I und erst recht nicht in der gymnasialen Oberstufe gab es bundeseinheitliche Regelungen und wenn auch die große Trennungslinie zwischen den sozialdemokratisch und christdemokratisch regierten Ländern verlief, so sind selbst innerhalb dieser beiden Ländergruppen unterschiedliche Regelungen in fast allen Bereichen zu finden.

Begleitet wurde die Bildungsreform der 70er Jahre durch eine starke Bildungsexpansion, die sich bereits in den 60er Jahren vor der Strukturreform angekündigt hat und die bis in die 80er Jahre anhielt. Trotz Beibehaltung des vertikal gegliederten Schulsystems kann als Bilanz der Bildungsreform festgehalten werden:
1. Die erhöhte Bildungsbeteiligung von Mädchen, die bezogen auf die Abitursquote auf 51 % eines Jahrgangs angestiegen ist, allerdings bei der Beteiligung am Hochschulstudium wieder absinkt.
2. Der Anstieg der Hochschulberechtigungen innerhalb eines Jahrgangs von knapp 3,0 % in den 50er Jahren auf knapp 30% in den 80er Jahren.
3. Die Aufhebung der Exklusivität des Gymnasiums, das heute in der fünften Klasse von ca. 30 % eines Jahrgangs besucht wird, in manchen großstädtischen Ballungsgebieten inzwischen von über 50 %.

Sind somit für die Bildungsbeteiligung die zwei Jahrzehnte zwischen 1970 und 1990 als Erfolgsjahre zu verbuchen, so müssen aber auch die enttäuschten Erwartungen an die Strukturreform genannt werden: Die Erhöhung des Anteils von Kindern aus unteren Sozialschichten an höheren Bildungsabschlüssen blieb weit hinter den Erwartungen zurück: Hochschulstudierende aus Arbeiterfamilien machten bis Mitte der 80er Jahre ca. 16 % aus und der Anteil von Kindern von Arbeitsimmigranten liegt im Bereich des Sekundarschulwesens, das zum Abitur führt, noch einmal deutlich unter dem Anteil der Arbeiterkinder. Gewinner der Bildungsreform sind die neuen Mittelschichten und vor allem die Mädchen der alten und neuen Mittelschichten (Friedeburg), allerdings sollte gleichzeitig nicht übersehen werden, daß durch die Bildungsexpansion auch eine Abwertung der höheren Bildungsabschlüsse stattgefunden hat.

Den inneren Reformen, die unter dem Stichwort „Verwissenschaftlichung" stattgefunden haben, begegneten Eltern und Pädagoginnen und Pädagogen auch mit Kritik. Ihren vielleicht deutlichsten Ausdruck findet diese Kritik in der Expansion der profiliertesten Alternativschulen, den Waldorfschulen. Deren „ganzheitliche

Pädagogik", aus der Kulturkritik Rudolf Steiners nach der Jahrhundertwende entwickelt, fand in den 70er und 80er Jahren immer größere Resonanz bei Eltern. Andere Schulen, die von reformpädagogischer Tradition oder auch radikaler Schulkritik geprägt sind, haben die Bildungsreform von Anfang an begleitet, wie die Glockseeschule in Hannover, die psychoanalytisch orientierte Freie Schule Frankfurt oder die Laborschule des Landes Nordrhein-Westfalen an der Universität Bielefeld, die der Pädagoge Hartmut von Hentig gegründet hat.

Die Wiedervereinigung der ehemaligen DDR mit der Bundesrepublik im Jahre 1990 stellt für die Schulpolitik, Schulverwaltung und innere Schulreform gänzlich neue Aufgaben. Eine Lehrerschaft, deren Ausbildungsgänge funktionalistisch dem Erhalt diktatorischer Herrschaft gedient haben und die 40 Jahre lang eine rigide reglementierte, ideologisch überfrachtete Lernschule praktiziert hat, muß in ein demokratisches Bildungswesen integriert werden. Die Wiedereinführung des vertikal gegliederten Schulwesens analog zu dem der alten Bundesländer wird die dadurch entstehenden politischen und pädagogischen Probleme sicherlich nicht lösen.

Literatur:

Günter Pakschieß, Umerziehung in der britischen Zone 1945–1949, Weinheim 1979

Arthur Hearnden, Bildungspolitik in der BRD und DDR, Düsseldorf 1973

Max Planck-Institut für Bildungsforschung (Hrsg.), Bildung in der Bundesrepublik Deutschland, 2 Bde., Reinbek 1980

32. Die Pädagogik nach 1945

Der programmatische Titel „Von der Pädagogik zur Erziehungswissenschaft", den Wolfgang Brezinka 1971 einer Publikation gab, ist zwar umstritten, bezeichnet aber einen Entwicklungsprozeß innerhalb des Selbstverständnisses der akademischen Disziplin. Ob mit dieser Umbenennung der Pädagogik in Erziehungswissenschaft, die aus dem Namen den Begriff des Handelns (agoge, griech. = Handlung, Erziehung) eliminiert und statt dessen die Erziehungswissenschaft zur „Handlungswissenschaft" erklärt, viel gewonnen ist, mag dahingestellt bleiben. Die Umbenennung signalisiert jedenfalls, daß in den 60er und 70er Jahren eine starke Tendenz zur „Verwissenschaftlichung" im Sinne einer Aufnahme sozialwissenschaftlicher Theorien und Methoden aufgetreten ist, deren Grund, wie oben gezeigt, in gesellschaftlichen Anforderungen an die Reform des Bildungswesens, aber auch in einer wissenschafts-geschichtlichen Anachronie der deutschen Wissenschaftsgeschichte beschlossen liegt. Eine ähnliche Tendenz läßt sich für die 60/70er Jahre auch in der Geschichtswissenschaft und in der Literaturwissenschaft feststellen. Zunächst dominierte nach 1945 die geisteswissenschaftliche Pädagogik die Seminare der Universitäten und die neu entstehenden pädagogischen Hochschulen (vgl. 192). Eingeleitet wurde der Prozeß der „Verwissenschaftlichung" mit der programmatischen Antrittsvorlesung, die Heinrich Roth 1962 in Göttingen als Nachfolger des Nohl-Schülers Erich Weniger unter dem Titel „Die realistische Wende in der Pädagogik" hielt. Mit der Rezeption der Sozialwissenschaften und der empirisch orientierten Psychologie entwickelte sich eine Ausdifferenzierung der Pädagogik sowohl innerhalb der einzelnen Bereiche – es entstanden und entstehen immer neue „Pädagogiken", von der Sozialpädagogik bis zur Medien-, Freizeit- und Friedenspädagogik – sowie auch innerhalb der wissenschaftstheoretischen Grundlegung für diese einzelnen Bereiche. Eine bedeutende Anzahl der aus der sogenannten Nohl-Schule oder ihrem Umfeld stammenden

Pädagogen entwickelte die „Kritische Erziehungswissenschaft", die durch Anleihen an der „Kritischen Theorie" andeuten will, daß sie sich weiterhin, wie die geisteswissenschaftliche Pädagogik, nicht affirmativ, nun aber sozialwissenschaftlich informiert und gesellschaftskritisch orientiert von den Vätern absetzt. Als herausragende Vertreter sind Klaus Mollenhauer, Wolfgang Klafki und Herwig Blankertz zu nennen. Mollenhauer hat vor allem die Sozialpädagogik der letzten Jahrzehnte maßgeblich mitbestimmt, Klafki und Blankertz die allgemeine Didaktik ebenso wie die Schulpädagogik im weiteren Sinn. Alle drei beteiligten sich mit konzeptionellen und empirisch begleitenden Forschungen an den Reformen des Erziehungswesens in den 70er Jahren. Mollenhauer war maßgeblich an der Neuorientierung der Sozialpädagogik hin zu einer „emanzipatorischen Handlungswissenschaft", Klafki und Blankertz waren vor allem an der Bildungsreform beteiligt. Daß sie alle drei der bildungstheoretischen Tradition der deutschsprachigen Pädagogik verbunden sind, äußert sich nicht zuletzt darin, daß sie nach Abschluß des Bildungsreformjahrzehnts in den 80er Jahren selbstreflexive Beiträge in dieser Tradition vorgelegt haben. Mollenhauer reflektiert in den 80er Jahren in mehreren Arbeiten das Verhältnis von Bildungstheorie und ästhetischer Theorie und damit ein Thema, das von der deutschen Klassik über die „pädagogische Bewegung" (vgl. S. 202 f.) bis zur Kritischen Theorie Theodor W. Adornos im Zentrum der Bildungstheorie stand. Herwig Blankertz „Geschichte der Pädagogik" (1982), ebenfalls der „Kritischen Theorie" der Frankfurter Schule verpflichtet, zieht den bildungsgeschichtlichen Spannungsbogen der europäisch-neuzeitlichen Pädagogik von Kant über Marx zu Adorno, und Wolfgang Klafki hat für die Allgemeinbildungstheorie nach der Curriculumreform der 70er Jahre wieder an der Humboldtschen Bildungstheorie angeknüpft.

Neben dieser der alten bildungstheoretischen, pädagogischen Tradition entstammenden Richtung wird in der Schule des Neukantianismus nach 1945, vor allem von katholischen Pädagogen an normativ philosophischen Fragen orientiert, pädagogische Reflexion betrieben, die die transzendentalkritische Frage nach der normativen Legitimität pädagogischen Handelns stellt und die Problematik einer Anthropologie als Grundlegung der Pädagogik kritisch reflektiert. Begründet wurde diese neuere neukantianische Richtung durch Alfred Petzelt, dessen Schüler Wolfram Fischer mithilfe neukantianischer methodologischer Reflexion verdeutlichen konnte, daß Erziehungsphilosophie heute keine metaphysischen Ansprüche mehr begründen kann.

Der Ausbau der empirisch orientierten Erziehungswissenschaft, die mit quantitativen, qualitativen und experimentellen Methoden pädagogische Sozialforschung und pädagogische Psychologie betreibt, und der sich vor allem in Begleitforschungsprojekten zur Schulreform, in der Unterrichtsforschung und in Forschung zu Sozialisationsprozessen niederschlug, fand relativ unabhängig von diesen verschiedenen wissenschaftstheoretischen Entwicklungen statt. Die wissenschaftstheoretische Ausrichtung dieser vielfältigen empirischen Forschungen ist durchaus nicht einheitlich und reicht von „Kritischer Theorie", vor allem dem Ansatz von Jürgen Habermas verpflichtet, bis hin zu positivistischen Vertretern.

Neuerlich scheint die Philosophie wieder stärker innerhalb der Grundlagendiskussion der Pädagogik in den Vordergrund zu rükken, wie die vielfältigen pädagogischen Reflexionsbemühungen der 80er Jahre belegen. Im weiteren Umfeld der geisteswissenschaftlichen Pädagogik hat es immer eine starke Affinität zur Phänomenologie gegeben, die sich in der Rezeption des holländischen Pädagogen Martinus Langeveld durch einige ihrer Vertreter ebenso zeigt, wie im Schülerkreis Otto Friedrich Bollnows und neuerdings in den erziehungsphilosophischen Arbeiten von Käthe Meier-Drawe. In diese von philosophischer Diskussion angeregte pädagogische Reflexion fallen auch die Überlegungen, die sich um den Begriff „Postmoderne" gruppieren. Ebenso wie die Rede vom „Ende der Geschichte" aufgekommen ist, wird jetzt „das Ende der Erziehung" postuliert, beschworen oder jedenfalls diskutiert. Mag manches an dieser Diskussion modischer Attitüde geschuldet sein, so ist eine gewisse Skepsis gegenüber anthropologischen Grundannahmen der Moderne nicht von der Hand zu weisen und beeinflußt die wissenschaftliche Reflexion von Erziehung. Die „Erziehbarkeit des Menschen", die in Harmonie mit den gesellschaftlichen Normen seine einzigartige Individualität als „autonomes Individuum" hervorbringen wird, erscheint ebenso in Frage gestellt zu sein durch qualitativ neue mediale Formen der menschlichen Beeinflussung wie durch Angriffe auf die aufklärerische Autonomievorstellung, beispielsweise von feministisch orientierter Wissenschaftskritik, die das Konzept als androzentrisch bezeichnet oder von außereuropäischen Standpunkten, die weder Autonomie noch Individualität im Sinne der europäischen Moderne kennen. Theorien unterschiedlicher Provenienz, von der Kritischen Theorie über die Systemtheorie bis zur französischen postmodernen Philosophie, die diesen Tendenzen der modernen Welt Rechnung tragen, sind für die jüngsten Grundsatzdebatten in der Pädagogik zu Leittheorien geworden. Eine Wissenschaft, die wie kaum eine andere durch die Moderne geprägt ist, ja deren Gegenstand selbst, Erziehung als Prozeß von „Unmündigkeit zur Mündigkeit" ein Produkt der Moderne ist, muß ihr Selbstverständnis am Ausgang einer Epoche, die das Versprechen auf die Befreiung des Menschen aus der Unmündigkeit nicht nur vielfach gebrochen hat, sondern die die Gattung an den Rand der Selbstvernichtung gebracht hat, neu reflektieren. Nicht nur der Glaube an die Errichtung dieser Welt zum Wohle des Menschen ist in Frage gestellt, sondern auch der Glaube an die Erziehbarkeit des Menschen als Postulat der Mündigkeit des autonomen Individuums. Der Widerspruch, der in aller Aufklärung liegt, zugleich Befreiung des Menschen und Zerstörung zu bedeuten, von Max Horkheimer und Theodor W. Adorno nach der Erfahrung des Nationalsozialismus in ihrer Schrift „Dialektik der Aufklärung" (1947) entfaltet, bedeutet für die neuzeitliche Pädagogik die größte praktische und theoretische Herausforderung: Die theoretische Herausforderung liegt in der nach wie vor immer wieder geforderten Aneignung und Prüfung der europäischen Bildungstradition, die praktische in der dauernden Bemühung der Erwachsenen, dafür Sorge zu tragen, daß Kinder so aufwachsen, sich entwickeln und lernen können, daß die Zukunft für sie nicht abgeschlossen ist.

Literatur:

Eckhard König, Peter Zedler (Hrsg.), Erziehungswissenschaftliche Forschung: Positionen, Perspektiven, Probleme, Paderborn-München 1982

Dietrich Hofmann (Hrsg.), Bilanz der Paradigmendiskussion in der Erziehungswissenschaft, Weinheim 1991

Auswahlbibliographie

Philippe Ariès, Geschichte der Kindheit, München 1975;
Klaus Arnold, Kindheit und Gesellschaft in Mittelalter und Renaissance, Paderborn, München 1980
Theodor Ballauff/Klaus Schaller, Pädagogik. Ein Geschichte der Bildung und Erziehung. Bd.I: Von der Antike bis zum Humanismus, Freiburg 1969; Bd.II: Vom 16. bis zum 19. Jahrhundert, Freiburg 1970; Bd.III: 19. und 20. Jahrhundert, Freiburg 1973
Herwig Blankertz, Geschichte der Pädagogik, Von der Aufklärung bis zur Gegenwart, Wetzlar 1982
Josef Blass, Modelle pädagogischer Theoriebildung, 2 Bde., Stuttgart 1968
Josef Dolch, Lehrplan des Abendlandes, 3. Aufl., Darmstadt 1971
Ludwig v. Friedeburg, Bildungsreform in Deutschland, Geschichte und gesellschaftlicher Widerspruch, Frankfurt a.M. 1989
John Gillis, Geschichte der Jugend. Tradition und Wandel im Verhältnis der Altersgruppen und Generationen in Europa von der zweiten Hälfte des 18. Jahrhunderts bis zur Gegenwart, Weinheim-Basel 1980
Handbuch der deutschen Bildungsgeschichte, hrsg. von *Christa Berg* u.a.; bisher erschienen: Bd.III: 1800–1870. Von der Neuordnung Deutschlands bis zur Gründung des Deutschen Reiches, München 1987; Bd. V: 1918–1945. Die Weimarer Republik und die nationalsozialistische Diktatur, München 1989
Hans-Georg Herrlitz/Wulf Hopf/Hartmut Titze, Deutsche Schulgeschichte von 1800 bis zur Gegenwart, Königstein 1981
Heinz-Joachim Heydorn, Über den Widerspruch von Bildung und Herrschaft, Frankfurt a.M. 1970
Peter Lundgreen, Sozialgeschichte der deutschen Schule im Überblick, Bd.I: 1770–1918; Bd.II: 1918–1980, Göttingen 1980/81
Henri-Irené Marrou, Geschichte der Erziehung im klassischen Altertum, Freiburg – München 1957
Jochen Martin (Hrsg.), Sozialgeschichte der Kindheit, Freiburg 1986
Friedrich Paulsen, Geschichte des gelehrten Unterrichts auf den deutschen Schulen und Universitäten vom Ausgang des Mittelalters bis zur Gegenwart, Leipzig 1885, Neudruck der dritten Auflage von 1919/1921 Berlin 1965
Heinz-Elmar Tenorth, Geschichte der Erziehung. Einführung in die Grundzüge ihrer neuzeitlichen Entwicklung, Weinheim – Basel – München 1988

Register

Abacus 19, 30
Abiturientenprüfung,
   Reifeprüfung 120, 153, 181, 212f., 153
Adler, Alfred 206
Adolf-Hitler-Schulen 198
Ägidius Romanus 39
Adorno 216, 218
Aeneas Sylvius 45
agon 10
Agricola 45
Akademien 44, 59, 63, 71, 85, 89, 153
Albertus Magnus 35
Alexander de Villa Dei 38
Alexandria 17, 22
Alkuin 28, 31
Alsted 81, 85
Altenstein 157
Andreä 78, 85, 88
Antisemitismus 161
Araber 30, 34
Arbeitserziehung 188
Arbeitsschule, -unterricht 189
Archimedes 17
Aristarchus von Samothrake 17
Aristoteles 16, 21, 31, 34, 51, 62, 100, 177
Arithmetik 21f., 29, 35
Armenschule 144, 160, 166
Arndt 155, 157, 169
Artes liberales,
   sieben freie Künste 21, 29, 34

Artistenfakultät 34f., 38, 49, 50, 55, 57, 153
Äsop 12, 30, 54, 102
Ästicampianus 49
Astronomie 21, 29, 35
Athenisches Bildungswesen 11
Aufbauschule 194
Aufklärung 47, 68, 71, 89, 96, 99ff., 128, 132, 135, 136f., 162, 202f., 218
Augustinus 23, 27, 40

Baccalarius 35, 55, 58, 60
Bacon 63, 74, 85, 100
Bader 203
Bäumer 190,
Bäumler 207
Banause 18
Barop 168
Basedow 109ff., 117, 126, 128, 161
Basilius 23
Bayern 158, 163, 209
Becher 97
Beckedorff 160
Beda 31
Beginen 39
Benedikt von Nursia 26
Berechtigungswesen 159
Bernfeld 206
Bernhard 126
Berufsschulen 183, 189
Bettelorden 35, 39

Bibelkreise 183
Biedermann 186
Bildungsrat 211
Bismarck 177
Blankertz 216
Blasche 113
Blindenanstalten 167
Boccaccio 43, 75
Bodelschwingh 165
Boethius 31
Bollnow 217
Bologna 33
Braille 167
Braunschweiger
  Kirchenordnung 59, 66
Brezinka 215
Brüder v. gemeinsamen Leben 48
Buchstabieren 66
Bugenhagen 54
Bundesrepublik Deutschland 193, 210
Bürgerschule 173
Buschius 49
Buß 147f.

Cäsar 20
Camener 48
Campe 113, 117, 124, 126, 137
Canisius 67
Cartesius s. Descartes 74
Casa giocosa 45
Cassiodorus 26, 31
Cato 19, 30, 54
Celtes 49
Charakterbildung 142, 188

Cherbury, Herbert von 75
Chiliast 81, 85
Christentum 25, 54, 91, 133
Christine de Pizan 69
Cicero 22, 45, 54, 61, 64
Claudius de Aquaviva 60
Comenius 63, 78, 80ff., 109

Dahmer 201
Dahrendorf 212
Deklamationen 50
declamationes 44
Dekurien, Dekurio,
  Dekurionen 49, 61, 83
Demosthenes 45
Descartes 74, 77
Deutsche Erziehungsanstalt 168
Deutscher Ausschuß
  für das Erziehungs- und
  Bildungswesen 210
Deutsche Schule 80
Dialektik 18, 29, 34, 53
dictamina 30
Didactica magna
  (Große Unterrichtslehre) 81
Didacticus 79
Didaktik, didaktisch 21, 80, 81, 82, 190, 216
Didaskalion 39
Diesterweg 121, 160ff.
Dilthey 140, 191f., 200ff.
Dinter 123
Dionysius Thrax 17
Disputationen 35, 50, 63, 102
Doctrinale 38

Register

Dogmatik 53
Doktor 60
Dominikanerinnen 39
Domschule 27, 31, 33, 35, 37, 48, 52
Donat 30, 38, 54
Dörpfeld 177

Eckhardt, Meister 35
Einheitsschule 129, 208
Eiselen 155
Ekkehard 29
Elementarbildung, -unterricht, -schule 121, 147ff., 163
Elementarbuch 110, 147
eloquens pietas 53, 57
Emile 103ff., 110, 113, 115f., 124, 144
Engelbert v. Admont 39
Englische Schwestern 64
enkyklios paideia 18, 21
Enzyklopädie 18
Enzyklopädisten 103
Epeé, de le 166
Epikureer 17
Epistolae classicae 57
Epistola de litteris colendis 28
Erasmus 47, 50, 54, 63
Eratosthenes 17
Ernesti 129
Ernst der Fromme 87
Erziehungslehre 113, 140, 191
Erziehungswissenschaft 140, 215, 217

Ethik 20, 22, 35, 74, 93, 115, 132, 139, 141
Euklid 17
exercitia spiritualia 61
Experiment 39, 74, 79, 113, 191
Experimentelle Pädagogik und Didaktik 200

Fachschulen 97, 140, 158, 178f.
Falk, Joh. 166
Falk, Minister 163f., 175
Fechner 190
Felbiger 119, 122
Fellenberg 166
Fichte 132, 136f., 139, 150, 152, 160, 169, 203
Fischer 217
Flitner 200, 202
Förderklassen 182
Förderstufe 210
Fortbildungsschulen 177f., 182f., 189
Francke 90ff., 99, 165
Fraterherrn 48, 57
Frauenbewegung 190, 203
Frauenbildung 71, 106, 171
Frauenfrage 174
Frauenoberschule 195
Frauenschule 181
Frauenverein, Allgemeiner deutscher 174
Freud 206
Friedrich II. 117
Friedrich Wilhelm I. 118
Friedrich Wilhelm IV. 162, 172

Friesen 160
Fröbel 114, 167ff.
Fürsorgeerziehung 165, 182
Fürstenberg, Frhr. v. 122
Fürstenschulen 55

Galanthomme 89
Galilei 62, 73
Gansberg 187
Gaudig 189
Gedike 120
Geheeb 185
Gegenreformation 58
Geisteswissenschaften 192
Geisteswissenschaftliche Pädagogik 204, 216
General-Landschulreglement 118
Geometrie 21, 22, 29, 35, 102, 119
Gesamtschule 208f., 212
Gesellenverein 183
Gesellschaft Jesu 60
Gesner 109f., 128f.
Gewerbelehrer 183
Gleim, Betty 127
Goethe 131, 133f., 152, 202
Götze 186
Gothaischer Schulmethodus 87
Grammatik 18, 21, 28f., 30, 45, 49, 53, 83f., 119, 130, 138
Grammatikos 18
Grammatikschulen 19, 45
Grammatisten 12, 18, 55
Gregor von Nazianz 23
Gregor von Nyssa 23

Griechisch 19, 27, 34, 45, 47, 52, 55, 57, 61, 84f., 112, 119, 153, 158
Griechische Bildung 9
Groote 48
Grotius 75
Grundschule 194, 209f., 212
Guggenmoos 167
Guggenbühl 167
Gurlitt 187
Guts Muths 114, 155
Gymnasium 11, 13, 18, 57, 63, 89, 111, 119f., 122f., 129, 153, 157ff., 172f., 180, 186, 193ff., 208, 211ff.
Gymnastik 11, 16, 18, 114

Habermas 217
Hamburger Schulabkommen 211
Hamburger Schulbewegung 184
Handarbeitsunterricht 182
Handwerksschulen 140
Hardenberg, v. 117, 152
Harkort 178
Harnisch 160
Hauptschule 122, 211f.
Hauswirtschaftlicher Unterricht 182
Haüy 167
Hebräisch 47, 55, 84f.
Hecker 97, 118f., 158
Hegel 132, 138f., 157, 203
Heilerziehung 165
Heinicke 166

Heinrich VIII. von England 63
Hellenismus 13, 17, 31, 131
Hentig, v. 214
Henricus Cornelius
  von Nettesheim 70
Herbart 140ff., 176f., 200
Herder 133, 137, 156, 202
Heron 17
Herrenhuter 96
Hesiod 12
Heusinger 114
Heyne 130, 152
Hieronymus 23, 40
Hildegard von Bingen 40
Hilfsklassen 182
Hilfsschulen 182
Hippel 71, 125
Hofmeister 102
Hofakademie 28
Hölderlin 131
Holst 125
Homer 10, 12, 15, 45, 131
Horaz 19, 30
Horkheimer 218
Hrabanus Maurus 31, 53
Hroswitha von Gandersheim 29, 40
Huber 126
Hugo v. St. Victor 39
Humanismus, Humanisten 42, 50, 52, 58, 63, 68, 73, 75, 131
humanitas 20
Humanität 136
Humboldt 130, 137, 150, 152, 157, 216
Hutten 49

Ickelsamer 67
Ickstatt 122
Idealismus, philosophischer 132, 138
Ignatius von Loyola 60
Induktion 74, 79
Industrieschulen, -unterricht 122, 144, 152
Institutiones 31
Instruktion 159, 172
Iselin 145
Isidor von Sevilla 31
Isokrates 13, 16f.
Italien 42, 68

Jacobi 203
Jahn 155ff., 160
Janua 81, 88
Jahrhundert des Kindes 187
Jean Paul 135
Jenaplan 205
Jesuiten 60, 63, 67, 121f.
Juden 196
Judentum 133
Jugendbewegung 184, 186, 199, 203
Jugendkunde 190
Jugendpflege 183
Julian Apostata 24
Jünglings- u. Jungfrauenverein 183
Juristische Fakultät 34, 58
Justi, v. 125

Kalokagathie 12
Kalvinismus 58
Kant 115, 120, 126, 136, 203, 216

Kantor 31, 66
Karl der Große 27f.
Karl Martell 36
Karlsschule 123
Katechetenschulen 22
Katechismus 55, 61, 65, 87, 106, 118f.
Katechumenat 23
Katharina von England 64
Kathedralschulen 27, 33
katholische Reform 62
Kepler 73
Kerschensteiner 182, 186, 188f.
Key 187
Kinderbewahranstalt 167
Kindergarten 167f., 170, 182, 212
Kinderhorte 182
Kindermann 122
Kinderschutz 182
Kitharist 18
Klafki 201, 216
Kleinkindererziehung 165, 167f., 202
Klippschulen 38
Klopstock 131
Klosterschulen 33, 35, 37, 52, 55
Knabenschulen 40
Knappe 35
Koedukation 195
Kollegien, -häuser 35, 61
Kolumbus 73
Kopernikus 73
Kosmopolit 17
Kotzebue 157, 160
Kretineninstitut 167
Krieck 206

Krippen 167
Kromayer 87
Krüsi 147f.
Kulturkampf 163f.
Kultusministerium 185
Kultusministerkonferenz 210f.
Künste, freie 21, 29, 34
Kunsterziehung 184f., 186f., 203
Kursachsen 56, 123
Kursächsische Schulordnung 54, 66
Küster 65, 118

Landerziehungsheime 184f.
Landesschulen u. Landesschulordnungen 55
Langbehn 184
Lange 174f., 190
Langen, R. v. 48
Langethal 168
Langeveld 217
Lauremberg 76
Lautiermethode 67
Lay 190
lectiones (Letzgen) 38
Lehrer, Lehrerbildung, Lehrerseminare, Lehrervereine 22, 37, 48, 52, 66, 83, 90, 97, 113, 114, 123, 130, 147, 150, 153f., 160, 162f., 174, 177, 187, 194f., 200, 205, 208f., 214

Lehrerin 126, 174, 187, 190, 205, 208

Lehrerinnenverein, Allgemeiner Deutscher 174

Leibesübungen, -erziehung 10, 14, 20, 45, 62f., 77, 101, 105f., 111, 114, 155, 180, 187
Leibniz 75, 88f., 97, 149
Leonardo da Vinci 43
Leporin 70
Lessing 131, 133, 149
Levasseur 104
Lichtwark 184
Lietz 114, 184f.
literator (ludi magister) 19
Litt 200
locati 38
Locke 75, 100ff., 105, 108f.
Logau 72
Logik 34, 102, 119
Lucanus 30
Luder 49
Luther 51, 53, 65
Lyzeum 181, 195

Mädchenerziehung 107, 112, 124
Mädchengymnasium 175
Mädchenschulen 40, 65, 126, 173ff., 181, 190, 195f.
Magdeburgische Schulordnung 87
Magelhaes 73
Magister 35, 60
Magister principalis 31
Magister scholarum 31
Mahrenholtz 97
Marenholtz-Bülow 168
Mapheus 45
Marbeau 167
Maria Theresia 117, 122

Marperger 97
Marsilius Ficinus 44
Martianus Capella 30
Marx 216
Mathematik 17, 35, 45, 54, 62, 78, 85, 88f., 112, 129, 153, 164, 169, 173
Medici 44
Meier-Drawe 217
Meierotto 120
Melanchthon 51, 56
Metaphysik 35, 138, 203
Methode, Methodik 80, 88, 108, 143, 148, 215
Meumann 190f.
Michelangelo 43
Middendorf 167
Mittelschulen 164, 181
Mollenhauer 216
Montaigne 76, 77, 102, 108
Montpellier 34
Möser 133
Moscherosch 76
Murmellius 48
Musik 10, 21, 22, 29, 35, 102f.
Muttersprache 21, 62, 75, 77, 79, 83f., 87, 102, 112, 121, 150

Nationalpolitische Erziehungsanstalten 198
Nationalsozialismus 195ff.
Natorp, Ludwig 152, 154, 160
Natorp, Paul 185
Naturwissenschaft 17, 43, 62, 73, 78, 171, 173, 192

Naturwissenschaftlich-
  mathematische Fakultät 179
Neander 56
Nelson 205
Neuhumanismus 102, 130f., 137f.,
  141, 150, 158f.
Neukantianismus 204, 216
Neuscholastik 58
Newton 73
Nicolovius 152, 154
Niederer 148
Niethammer 131
Nietzsche 183
Nohl 200ff., 215
Normativ 163

Oberlin 167
Oberlyzeum 181, 195
Oberrealschule 173, 179f., 194
Oberschule (Deutsche) 194
Odenwaldschule 185
Odilienberg 40
Odyssee 19
Oestreich, Paul 205
Opitz 76
Orator 43
Orbis pictus 81, 85f., 88, 109f.
Organist 66
Orosius 30
Orthodoxia 58
Ostendorf 180
Österreich 67, 122, 163
Otto, Berthold 188
Otto der Große 29
Overberg 122

Ovid 19, 30, 54
Oxenstierna 82

Pädagoge (Knabenführer) 12, 19
Pädagogik, experimentelle 190, 200
Pädagogium 92, 97
Page 35
Paideia 10, 12, 20
Paidotribe 18
Palastschule 28
Pallat 191
Pansophia (Allweisheit) 81
Pariser Universität 33f.
Parochialschule 27
Partikularschulen 54
Pauline von Lippe-Detmold 167
Paulsen 3, 114
Paulus Diakonus 28
Pavia 33
Perikles 13
Pestalozzi 114, 136, 144ff., 152,
  154, 160f., 163, 166f., 169, 173
Petersen 205
Petrarca 43, 75
Petrus Mosellanus 54
Petrus von Pisa 28
Petzelt 217
Pfarrschulen 27, 37
Philanthropismus, Philanthro-
  pisten 42, 109, 113f., 121, 124,
  131, 147
Philologie 17, 44, 130, 156, 192
Philologos 18
Philosophie 22, 43, 55, 74, 100,
  120, 129, 132f., 156, 192, 217

Philosophische Fakultät 57, 179
Physik 35, 53, 62, 85, 89, 105, 129
Piaristen 67, 86
Pietismus 90ff., 99, 165
Plamann 155, 160
Platon 14, 16, 21, 44, 64, 153
Plautus 54
Plutarch 22
poetae 43
Polen 67, 81
Polis 11
Praeceptor Germaniae 31, 53
Preußen 152, 154f., 159, 164, 168, 175, 194
Preyer 190
Prinzenerziehung 39
Priscian 30, 38
Prudentius 30
Psychologie (experimentelle) 190, 200
Ptolemäer 17
Pufendorf 75
Pythagoras 13

Quadrivium 21, 29, 35, 53, 58,
querelle des femmes 68, 124f.
Quintilian 21, 45, 50, 61

Radewins 48
Raffael 43
Rahmenplan 210
Rahmenvereinbarung 211
Rationalismus 74, 77, 100, 108, 183
Ratke = Ratichius 78, 86f., 88
Ratsschulen 37, 51, 55

Rauhes Haus 166
Raumer 163
Ravenna 33
Realgymnasien 173, 179f., 194
Realschulmännerverein 173
Realschulen 67, 96f., 111, 118f., 158f., 172f., 212
Rechtswissenschaft 33, 42
Reformation 9, 50, 54, 59
Reformatoren 65
Reformpädagogik 109, 171, 185, 198f., 205
Reformschulen 180
Reichsschulkonferenz 194
Reichsverfassung 193
Reifeprüfung
 (Hochschulberechtigung)
 s. Abiturientenprüfung 120, 153, 181
Rein 177
Reinhardt 180
Rektor 31, 34, 38, 61
Renaissance 43, 80
Reuchlin 47, 50
Reyher 87
rhetor 20
Rhetorenschulen 13, 14, 18, 20, 45
Rhetorik 13, 21, 29, 45, 53, 102, 119, 129
Riese, Adam 38
Ritterakademie 89, 109, 111, 114, 152
Rochow 120f., 161
Rollin 128
Romantik 102, 135, 150, 156

Römische Bildung 9
Rosenkranz 138
Roth 215
Rousseau 100, 103ff., 109f., 115f., 124ff., 134, 145, 150, 187
Rudolphi 126f.
Rühle 206
Rühle-Gerstel 206

Sappho 12
Salerno 34
Salle, de la 67
Sallust 30
Salzmann 113f., 126
Sand 157
Scharrelmann 187
Schelling 169, 203
Schenkendorff 185
Schiller 131, 134, 152, 202
Schlee 180
Schlegel, Brüder 130
Schlegel-Schelling 126
Schleiermacher 139f., 157, 160, 192, 201, 203
Scholar 33
Scholastik 33, 35, 44, 49, 57
Schrader-Breymann 168
Schreibschulen 37
Schröder, W. v. 97
Schulärzte 182
Schulbrüder 67
Schulgemeinde 177, 185
Schülerausschüsse 185
Schülerrepublik 56
Schulkonferenz (zu Berlin) 179f.

Schulordnungen 87, 129
Schulpflicht 87
Schulreformer Bund, entschiedener 205
Schulspeisung 182
Schulze 157f., 172
Schupp 78
Schurmann, v. 70
Sedelius 30
Selbsttätigkeit 161, 169, 189
Semler 97
Seneca 22, 30
Shaftesbury 128, 131
Shakespeare 131
Siegel 204
Simultanschule 164, 209
sodalitates 44
Sokrates 14, 16
Sophisten 13
Sophokles 131
Sozialpädagogik 185, 200f., 215f.
Spartanische Erziehung 10
Spilleke 158, 172
Spinoza 75
Spranger 200, 202
Staatsbürgerliche Erziehung 188
Stadtschulen 37, 157
Statius 30
Stein, Freiherr vom 117, 152
Steiner 214
Stern 191
Stiehl 163
Stiftsschulen 27
Stoiker 17
Stoy 143

Register

Strukturplan 211f.
Studienanstalt 181, 195
studio inferiora, -superiora 61
studium generale 35
Sturm 49, 57, 63
Süvern 152f., 154, 157
Swieten, v. 122
Syllabieren 66
Syssitien 10

Taubstummenanstalt 167
Terenz 54, 79
Thaulow 138
Theologie 35, 81, 94, 96, 130
Thiersch 158
Thomasius 99
Thomasschule 129
Thomas von Aquino 35, 61
Tobler 147f.
Trapp 112f., 117, 130
Trivium 21, 29, 34
Trotzendorf 56
Turnbewegung 157

Universitäten 34, 38, 45, 56, 68, 71, 93, 117, 123, 130, 153, 156f., 160, 172, 175, 179, 181, 209, 215
Ursulinerinnen 64

Vaganten 35
Vasco da Gama 73
Veit-Schlegel 126
Verein für das höhere Mädchenschulwesen, deutscher 174
Verein für lateinlose Schulen 173

Verein für Schulreform 173
Vegius 45
Vergerius 45
Vergil 19, 45
Vinzenz von Beauvais 39
Vittorino von Feltre 45
Vives 63, 85
Volksbildung 37, 146f., 150, 202
Volksschule 122f., 150, 152f., 154, 159f., 162, 164, 175, 181f., 189, 193f., 196f.
Voss 130

Wandervogel 186
Weber, Max 93
Wehrli, Wehrlischulen 166
Weigel 97
Weimer, Hermann 3
Weniger 201, 215
Werkschulen, -erziehung 97, 178
Wichern 166
Wickersdorf,
   Freie Schulgemeinde 185
Widukind 29
Wieland 131
Wiener Kongreß 156
Wiese 172
Wilberg 121
Wilhelm I. 172
Wilhelm II. 179
Willmann 177
Winkelmann 131
Winkelschulen 38, 67
Wolf, Fr. A. 130, 152f., 158
Wolf, Hieronymus 56

Wolff, Christian 100, 122
Wolgast 184
Wolke 111
Wundt 190
Württemberg 123
Württembergische
   Schulordnung 55, 66
Wyneken 185

Zedlitz, v. 118f., 130
Zeller 154
Zentralinstitut für Erziehung
   und Unterricht 191
Zertieren 61
Ziller 142f., 176f.
Zucht 141f.
Zuchtmeister 36
Zwangserziehung 18